国际关系研究丛书
国家社会科学基金项目最终成果

美国"民主联盟"战略研究

刘建飞 著

当代世界出版社
·北京·

图书在版编目（CIP）数据

美国"民主联盟"战略研究 / 刘建飞著. —北京：
当代世界出版社，2013.3
ISBN 978-7-5090-0881-2

Ⅰ.①美… Ⅱ.①刘… Ⅲ.①外交战略-研究-美国
Ⅳ.①D871.20

中国版本图书馆 CIP 数据核字（2013）第 008669 号

书　　名：	美国"民主联盟"战略研究
作　　者：	刘建飞
责任编辑：	贾丽红
出版发行：	当代世界出版社
地　　址：	北京市复兴路4号（100860）
网　　址：	http://www.worldpress.org.cn
编务电话：	（010）83908456
发行电话：	（010）83908409
	（010）83908455
	（010）83908377
	（010）83908423（邮购）
	（010）83908410（传真）
经　　销：	全国新华书店
印　　刷：	北京振兴源印务有限公司
开　　本：	710毫米×1000毫米　1/16
印　　张：	17.75
字　　数：	227千字
版　　次：	2013年3月第1版
印　　次：	2013年3月第1次
书　　号：	ISBN 978-7-5090-0881-2
定　　价：	48.00元

如发现印装质量问题，请与承印厂联系调换。
版权所有，翻印必究；未经许可，不得转载！

目 录

前 言 ………………………………………………………………… 1

第一章 美国意识形态外交在后冷战时期的发展变化 ……………… 1
 一、美国意识形态外交的根源 ……………………………… 3
 二、推进民主与意识形态外交 ……………………………… 19

第二章 美国推进民主战略与霸权战略及反恐战略的关系 ………… 43
 一、推进民主与霸权战略 …………………………………… 45
 二、推进民主与反恐战略 …………………………………… 48
 三、新保守主义：布什政府高调实施推进民主战略的理论
  武器 ………………………………………………………… 57
 四、对美国推进民主战略的评价 …………………………… 66

第三章 "民主共同体"的发展变化与美国推进民主战略 ………… 71
 一、"民主共同体"的产生背景 …………………………… 73
 二、"民主共同体"的发展变化 …………………………… 80
 三、"民主共同体"与美国推进民主战略 ………………… 119

1

第四章 "民主联盟"的基本内容及美国的战略意图 ………… 125

    一、《普林斯顿报告》与"民主联盟"构想 ………… 127
    二、"民主联盟"的组织形态及特点 ………… 139
    三、"民主联盟"战略与国际新秩序 ………… 141
    四、"民主联盟"与推进民主战略 ………… 145

第五章 "民主联盟"战略的前景 ………… 149

    一、美国战略研究界对"民主联盟"战略的批评 ………… 152
    二、"民主联盟"战略遭遇的困难 ………… 156
    三、"民主联盟"战略并未胎死腹中 ………… 161
    四、美国模式与"民主联盟"战略 ………… 170
    五、实施"民主联盟"战略的有利条件 ………… 174

第六章 "民主联盟"战略对国际政治可能产生的影响评估 ………… 183

    一、"民主联盟"战略对国际秩序的影响 ………… 185
    二、"民主联盟"战略对国际安全的影响 ………… 192
    三、"民主联盟"战略对世界政治格局的影响 ………… 196

第七章 "民主联盟"战略对中国外交可能产生的影响评估 ………… 205

    一、"民主联盟"战略对联合国及中国国际地位的影响 ………… 207
    二、"民主联盟"战略对中国与西方关系的影响 ………… 211
    三、"民主联盟"战略对中国周边环境的影响 ………… 217

第八章 中国应对"民主联盟"战略的方略初探 ………… 227

    一、科学评估"民主联盟"战略的挑战 ………… 229

二、坚定不移地稳步推进中国民主政治建设 …………………… 230
三、加强同世界各国的民主合作 ……………………………………… 256

致　谢 ……………………………………………………………………… 265

前　言

本书是我承担的国家社会科学基金项目"美国'民主联盟'战略研究"（项目批准号：07BGJ022）的最终成果之一，历时三年完成。然而，我对相关问题研究的历程，要跨越数个"三年"。

一

我从20世纪90年代中期就开始关注"国际政治中的民主"这个问题，特别是"民主与中国外交"。动因之一是对美国意识形态外交的研究。我的博士学位论文就是研究"美国对社会主义国家的意识形态外交"（中国社会科学出版社以《美国与反共主义——论美国对社会主义国家的意识形态外交》为名于2001年出版）。以后，我继续关注美国的意识形态外交，特别是在其影响下的对华政策。冷战结束后的前10多年，中美关系一直波折不断，究其原因，除了战略上美国不再需要借助中国来牵制苏联外，恐怕主要在于中国是一个社会主义大国。这个社会主义大国不仅没有被苏东剧变的冲击波冲倒，反倒随着新一轮改革开放高潮而快速发展，越来越强大。随着克林顿政府将"推进民主"作为美国全球战略的三大支柱之一，冷战后美国意识形态外交主要表现为在全球推进西方式民主。中国作为唯一的社会主义大国，自然会成为美国"推进民主"的重要对象。这是客观现实，是不依任何人的主观意志而转移的。在美国主流战略界看来，共产党领导的国家属于"极权主义"国家，比那些君主制或军人掌权的"威权主义"国家还要可怕。如果说极权主义和威权主义都是民主的"敌人"的话，那么前者的威胁更大，因为它有强大的意识形态力量和组织力量。美国的这种外交政策倾向得到了其他西方国家的呼应。记得90年代末，中国一位领导人到澳大利亚访问时表达了发展中澳关系应当超越意识形态的良好愿望和主张，但澳国领导人的反应是，直言澳国的对外政策是讲意识形态的。

促使我研究"民主问题"的另一个动因是对中美关系的研究。进入21世纪后，有两个重要因素对中美关系影响深刻：一是"9·11"事件；二是国际社会热议的中国崛起。

"9·11"事件促使美国将全球战略的首要任务放在反恐防扩上，为此美国需要与像中国这样的大国合作。这是2001年后中美"蜜月期"得以存在的一个重要原因。但是，另一方面，布什政府却高调强调推进民主，将推进民主作为实现反恐战略以及推进霸权战略的重要途径。中国在美国全球战略中的角色是两面性的。

中国崛起对中美关系带来双重影响：一方面美国担心崛起的中国会成为美国的战略竞争对手；另一方面又更加看中更有能力的中国，想要借重她的力量来实现自己的战略目标。美国之所以担心中国会成为战略竞争对手，主要是对中国的政治制度和意识形态还持有异议，认为中国还不是一个美国所认可的民主国家，而不民主国家强大后更有可能挑战美国的世界地位，甚至威胁美国的安全。民主问题实际上成了影响美国对华战略信任的最重要因素。美国在判定战略竞争对手时除了看它的能力外，还要看它的身份，看它是否有挑战、威胁美国的意愿。民主国家较少有挑战、威胁美国的意愿。不仅如此，民主国家还更容易接受美国这个最强大民主国家的领导，认可美国的霸权。这也是美国"推进民主"战略的一个重要逻辑。

1999年，我撰写了研究报告《民主与我国外部环境》，主要讨论了民主问题对中国外部环境带来的挑战。报告受到一些专家的好评。2002—2003年，我在《战略与管理》上先后发表《民主对21世纪国际关系的影响》（2002年第3期）、《后冷战时代的中美关系与台湾问题——基本特征与发展趋势》（2002年第6期）、《中国民主政治建设与中美关系》（2003年第2期）三篇论文，论述了民主问题对国际关系特别是中美关系以及两岸关系的影响。文章受到国内外学界的广泛关注。美国 FBIS（Foreign Broadcasting Information Service）杂志全文翻译、转载了后两篇文章。令笔者略感惊讶的是，似乎我触到了研究的"雷区"。一些好心的朋友劝我"小心点"。有的关心地问："没事吧？"有的美国学者甚至称我是位"英雄"。我理解，他们一定是以为：中国民主政治问题是个很敏感的问题，很容易触及"政治正确性"，研究这个问题是有风险的。将这个问题与国际关系特别是中美关系联系起来，很容易产生这样的推理：既然美国和西方要推进民主，那么中国为进一步发展中美关系以及同整个西方世界的关系，就应该迎合美国和西方的要求，在国内大力推进"民主化"。而"民主化"很容易被与"西化"、"自由化"联系到一起。学界的反应，朋友的关心，更促进我下定了深入研究"民主问题"的决心。难道在民主问题上中国总是要处在被动挨打的境地？中国就心甘情愿地戴着西方扔给的"不民主国家"这顶帽子？在民主这个世界潮流中，中国难道是置身事外的？中国能融入全球化大潮，却同民主这个潮流格格不入？中国民主政治就一直作为影响中国同西方国家关系的一个重要负面因素而存在下去？

2003年秋至2004年春，我在美国哈佛大学费正清东亚研究中心和位于首都华盛顿的大西洋理事会做访问学者，着重研究中美关系在可预见时间内的发展态势。我利用这个机会走访了美国60位战略专家,听取他们对中美关系的看法。①受访专家可以分成四个流派:自由派,基本上都是民主党的支持者,如布热津斯基、托尼·雷克;务实派,多为共和党的支持者,如斯莱辛格、斯考特罗夫特;进攻性现实主义者,以《大国政治的悲剧》一书的作者米尔斯海默为代表,其观点比较受军方的欢迎;新保守主义者,以威廉·克里斯托尔和盖瑞·斯密特为代表,对布什政府的对外政策影响较大。在"推进民主"问题上,务实派与进攻性现实主义者不太强调"推进民主",不赞成将"推进民主"作为美国对外政策的目标,如果讲"推进民主",也主要是作为实施对外政策的手段;而自由派与新保守派都比较强调"推进民主",主张把"推进民主"作为美国对外政策的重要目标,甚至是最重要的目标。在访谈中,属于自由派和新保守派的美国专家几乎都把中国民主政治作为影响未来中美关系发展的关键因素。其他两个流派的专家虽然不完全认同这种观点,但也承认,如果中国民主政治建设有了明显的进步,会有利于中美关系的发展。

我的专著《大博弈》(浙江人民出版社2005年版)系统探讨了中长期内中美关系的发展态势,梳理了影响中美关系的积极因素和消极因素。在第六章"中美对抗:不是没有动力"中,我用一节专门论述了中美之间在意识形态和民主政治上的对立及可能对中美关系产生的影响。当美国在判定"谁是敌人,谁是朋友"时,在很大程度上受意识形态和社会制度的影响;"民主和平论"已经成为冷战后美国各届政府制定对外政策的主要理论依据之一;就目前来看,中国的民主政治状况与美国的期望值之间仍然存在着很大差距,这是影响中美关系发展的一条鸿沟。

---

① 全部访谈内容登载在《亚洲论坛》2005年9月号,总第126期上。我的有关中美关系的专著《大博弈:中国的"太极"与美国的"拳击"》(浙江人民出版社2005年版)也反映了他们的主要观点。

二

对中美关系的研究使我强烈意识到,"中国民主政治建设与中美关系"是将中国国内事务与对外事务结合在一起的重大问题,双方存在着互动性,可以良性互动,也可以恶性互动。中国民主政治建设首先是中国自身发展的需要,但发展进程如何会影响中美关系;反过来,从历史经验来看,中美关系的状况又会影响中国民主政治建设的进程。

"中国民主政治建设与中美关系"既然是一个重大的现实问题,就不应当因其"敏感"而回避,而是应当抱着实事求是的态度,将这个问题的本来面貌搞清楚,找出解决问题的思路和办法。回避问题,实际上是搞"鸵鸟政策",虽然有利于减缓当事双方在这方面的摩擦和冲突,在某种程度上比"针锋相对"要好,但并不是解决问题的最好姿态。最好的姿态应当是正视存在的问题,搞清双方在这个问题上的分歧点和共同点,然后设法化解、消弭分歧,同时在有共同利益的方面寻求合作。如果用一句格言来形容处理"中国民主政治建设与中美关系"这一问题的姿态选择和战略思维的话,那应当是"化干戈为玉帛"。目前在民主问题上双方是对立的,都手持干戈,只不过对立双方从战略上考虑没有相互将干戈指向对方,但毕竟干戈是在手的,随时可以把它举起来。更高境界是"化干戈为玉帛"。手持玉帛就不会让人感到有威胁,而且必要时还可以将玉帛展示给对方示好。如果冷静思考一下,可以发现:中美两国在民主问题上并不是截然对立的。中国要发展民主,美国要推进民主。尽管双方所说的"民主"之间有很大区别,但毕竟都是民主,本质属性是相同的,都是专制、独裁的对立物。从这个意义上说,中美都是民主的推进者,在发展民主上,双方是盟友,而不是敌人。盟友之间存在各种各样的分歧是正常的。但那是在较具体层面上的分歧,如民主的模式、道路、时间表等。如果理解了这些，双方就应该寻求在民主问题上进行合作，而不是对抗。

我还想用"化壑为渠"来表达在处理"中国民主政治建设与中美关系"问题上的姿态选择和战略思维。中美关系是多维的，有经济关系、安全关系、文化关系、政治关系（指在政治制度和意识形态上的关系，而不是双方总体关系的定位，后者实际上是战略关系）等。如果说经济关系、安全关系等方面的沟通、交往是畅通的话，那么在政治关系上则是不畅通的。民主问题就犹如一条鸿沟，阻碍着中美关系的发展。双方可以绕过鸿沟，在其他方面进行交往，但这并不是最好的办法，毕竟有一面是不畅通的。如果把这条深壑变成一条水渠，那么双方就可以在渠上架设浮桥，或者行船、游泳，直接抵达对岸，或者在水上接触、交往。如此，中美关系又多了一条沟通渠道，少了一个障碍。更进一步，双方还可以寻求在建设、利用这条渠上进行合作。

2005年，我将"中国民主政治建设与中美关系"课题在中央党校立项并成功地向福特基金会申请资助。按照立项计划，除了撰写论文和专著外，还从事了三个方面的工作：一是于2006—2007年在国内进行中国民主政治新发展的调研，总共考察了10个案例，包括山西省永济市农民协会、浙江省杭州市建立"人大代表之家"、浙江省台州市试行党代会常任制、山西省昔阳县大寨村创建民主监督委员会、黑龙江省齐齐哈尔市龙沙区居民委员会建设、河北省邯郸峰峰矿区供电公司职工代表大会、浙江省温岭市民主恳谈、湖北省潜江市村委会选举、浙江省台州市村委会选举、贵州省兴义市村委会选举，其中8份考察报告发表在中央党校主办的《学习时报·党校教育专刊》上；二是于2007年秋赴美国就"中国民主政治建设与中美关系"问题采访美国的专家，共采访了45人，我们的看法印证了我的基本思路是站得住脚的；三是于2007年底组织了"中国民主政治与中美关系"国际研讨会，在研讨会上，中美专家虽然唇枪舌剑,就许多问题进行了激烈辩论,但还是达成许多共识,这些共识与我的基本思路是相符的。

"中国民主政治建设与中美关系"项目最终成果的出版虽然遇到困难,主要是出版社认为"民主问题"过于敏感,深怕把握不好犯"政治错误",影响出版社的声誉和发展,但最终还是找到了有胆又有识的出版社,这就是新世界出版社。在出版社领导和编辑的不懈努力下,课题成果已经以《民主中国与世界——中国民主政治建设及其国际战略意义》为名于 2010 年底出版。更可喜的是,出版社还以 "DEMOCRACY AND CHINA" 为名出版了该书的英文版,用于国家对外宣传材料。

三

在"中国民主政治建设与中美关系"课题的研究过程中,2006 年 9 月,美国普林斯顿大学伍德罗·威尔逊公共与国际事务学院发表了一份题为《锻造法治下的自由世界》的研究报告,该报告是名为"普林斯顿国家安全项目"的最终成果。报告全面阐述了美国面向 21 世纪的国家安全战略构想,其中,建立一个"民主联盟"就是最引人注目的内容。笔者当即就感觉到,这是一个非常重要的国际战略问题,如果"民主联盟"战略构想得以实施,将对国际政治和中国外交产生重大而深远的影响,而且主要是负面影响。"民主联盟"战略构想的基本思路就是:美国要维持霸权地位并打赢反恐战争,就要继续实施推进民主战略;为此要建立国际新秩序并改造联合国,而联合国改革困难重重,美国很难实现自己的改革目标;因此,应当建立一个由民主国家组成的国际组织,即"民主联盟",必要时用以取代联合国,同时也可以用它来对联合国改革施加压力,促使联合国改革按照美国的意愿推进。按照这样的宗旨和思路,第一,如果"民主联盟"建立起来了,势必会削弱联合国的地位，甚至使之边缘化。如此，中国作为联合国安理会常任理事国的国际地位和影响就会相应地被削弱；第二，如果"民主联盟"在某些问题上取代联合国，成为一个重要的国际机制，而中国在这个机制中没有发言权，这不可避免地会导致中国在国际事务中被边缘化；第三，"民主联盟"肯定会强化国际政治中"民主国家"与"不民主国家"之间的分野，刺激双方的对立。而中国很难被"民主联盟"接纳，因此属于处于弱势的"不民主国家"阵营之列，这势必会恶化中国的外部环境；第四，"民主联盟"会加强西方国家之间的联合，促使西方在关于民主和人权问题上用一个声音说话，进而可能会促使西方进一步将"推进民主"的矛头指向中国，这不利于中国同西方国家关系的发展；第五，"民主联盟"会容纳许多发展中国家，即那些实行西方模式的民主制度而又在经济社会发展和国际事务中表现不错的国家，加强这些国家与西方国家之间的关系，从而使这些国家更容易受西方的影响，在国际事务中与西方站到一起，这对中国外交也是个重大挑战；第六，"民主联盟"会增强"民主力量"的声势或软实力，进而会刺激西方更倾向于采用强硬手段来干涉"不民主国家"的内部事务，包括中国自己和同中国友好的国家，这对中国外交也是个严峻考验。

《普林斯顿报告》发表不久，笔者撰写了研究报告《建立民主同盟：21世纪美国安全战略的基石》，并经常在学术交流及文章中提及"民主联盟"问题，阐述一些观点。

实际上，关注"民主联盟"问题的专家学者还大有人在。2007年，"美国'民主联盟'战略研究"这个课题被列入国家社会科学基金项目申报指南中。我抱着试一试的态度申请了该课题，出乎预料地一举中的。

在课题研究过程中，除了搜集、整理、分析文献资料外，还于2008年两度利用赴美开学术会议之机对数十位美国专家进行访谈。与此同时，也利用在国内的学术交流机会，同美国学者交流对"民主联盟"战略的看法，其中包括访谈《普林斯顿报告》的主笔之一斯劳特女士。课题立项后一直按计划进行，包括完成中期成果。中期成果共发表论文4篇：《世界民主政治发展态势及对国际关系的影响》（《新远见》2008年第10期）；《冷战后美国推进民主战略及其对世界的影响》（《理论动态》2008年12月30日）；《解读冷战后美国"推进民主"战略及其对世界的影响》（《当代世界与社会主义》2009年第1期）；《美国"民主联盟"战略的产生背景与内涵及前景》（《国际关系学院学报》2010年第6期）。此外，《国外理论动态》杂志还对我做了专访，主题是"美国'民主联盟'战略与中美关系"，访谈内容发表在该刊2009年第11期上。

就在课题研究过程中，始于美国的全球金融危机爆发，不久，奥巴马民主党政府上台。我预感到，这两件事将对美国"民主联盟"战略产生重大影响。但是，影响到底如何？金融危机会持续多久？对美国的打击有多重？奥巴马政府对"民主联盟"战略构想会持什么样的态度？是采纳，还是拒绝，抑或是搁置？如果不采纳，是出于战略考虑，还是策略考虑？……要回答这些问题，就需要对奥巴马政府的外交进行一段时间的观察。于是，我提交了申请课题延期的报告，获批准。2010年5月，奥巴马政府的首份《国家安全战略报告》出炉，等于是奥巴马政府对美国全球战略和外交政策的调整基本定型。从《国家安全战略报告》和奥巴马政府执政一年多的行动，基本可以找出与"民主联盟"战略相关问题的答案，我对"美国'民主联盟'战略"的研究也就可以告一段落并呈上最终成果。

当然，"美国'民主联盟'战略"是一个重要的国际战略问题，还处在发展变化中。我的研究只是一个开端，而且出于各种条件限制，难免有各种纰漏，甚至纰缪。衷心希望学界同仁不吝指教，对本研究成果提出宝贵的批评意见。更希望这项研究成果能起到抛砖引玉的作用，促使更多有实力的研究者投入到这个问题的研究中。

第一章

美国意识形态外交在后冷战时期的发展变化

第一章 美国意识形态外交在后冷战时期的发展变化

这里所讨论的美国"民主联盟"战略是专指2006年美国普林斯顿大学伍德罗·威尔逊公共与国际事务学院发表的题为《锻造法治下的自由世界》的研究报告中所提出的建立全球范围的民主国家联盟（Concert of Democracy）这一战略构想。这一战略构想的提出有其深厚的历史、国际和战略背景。本章仅探讨其美国外交历史背景。"民主联盟"战略构想的美国外交历史背景就是美国的意识形态外交。美国的意识形态外交源远流长，可以说自美国立国后就开始逐渐形成。到了冷战结束后，美国的意识形态外交集中表现在推进民主战略上。与美国的推进民主战略适应，在美国出现了相应的战略思潮，为推进民主提供理论依据和学术支持。

一、美国意识形态外交的根源

所谓意识形态外交，就是将维护、推广某种意识形态作为重要目标的外交。[①] 在外交史上，美国是推行意识形态外交最为突出的国家。这

---

① 关于什么是意识形态，不是本文探讨的问题。学界对意识形态概念虽然没有一致的定义，但其本质内容大同小异。这里借用王缉思教授所下的定义："意识形态，一般是指在一定的社会经济基础上形成的系统的思想观念，代表了某一阶级或社会集团（包括国家和国家集团）的利益，又反过来指导这一阶级或集团的行动。"（《美国意识形态的新趋势》，载中国社会科学院美国研究所编：《美国年鉴2000》，中国社会科学出版社2000年版，第206页）。依据这个定义，可以说意识形态就是一种思想观念，不过不是一般的思想观念，它有三个特征：第一是群体性，即不是个别人的思想观念，而是已经被某个群体（阶级或社会集团）所接受的思想观念，它代表这个群体的利益并指导其行动；第二是系统性，即不是支离破碎的想法和观念，而是形成了体系；第三是历史性，即是在一定的社会经济基础上形成的。

一点，学界已达成共识。就连现实主义大师基辛格都承认，"在追求其历史传承的道德信念上"，"没有比美国更理想主义的国家"。① 所谓美国的理想主义，就是要将美国立国后传承下来的道德信念，实际上就是以自由、民主、人权、法治等价值观为核心内容的自由主义意识形态，在加以维护的基础上，传播、推广到全球。美国的意识形态外交有着深刻的政治文化根源，而美国的政治文化，又深植于美国特殊的历史进程中。

1. 美国政治文化的渊源

美国虽然是个非常年轻的国家，但是早已形成自己特有的政治文化，并对国民行为产生了深刻的影响。美国的政治文化源于清教传统，并且汲取了欧洲特别是英国政治文化中的许多东西。

美国文化源于最早殖民、开拓北美新大陆的欧洲，是对欧洲文化的继承和发展。说欧洲文化与美国文化为母子关系一点都不过分。人们将欧洲与美国通称为"西方"是有道理的。

在美国文化的形成上，当属英国的影响最大。法国著名的政治学家夏尔·托克维尔指出："任何人都不能同过去完全脱离关系，不管他们是有心还是无意，都会在自己固有的观念和习惯中混有来自教育和祖国传统的观念和习惯。"②美国人也不例外。应该说，在美国人的"混有来自教育和祖国传统的观念和习惯"中，最多的是来自英国的。就拿立法来讲，正如托克维尔所分析的，美国的许多法律都是从英国照搬来的，"尽管这些法律与美国立法的主旨和美国人基本思想相抵触"。③在政治文化上，美国也同样受到英国的深刻影响。

---

① ［美］亨利·基辛格：《大外交》，顾淑馨、林添贵译，海南出版社1998年版，第10页。

② ［法］托克维尔：《论美国的民主》上卷，董果良译，商务印书馆1988年版，第49页。

③ 同上，第50—51页。

现今的美国人虽然包含着很多种族、族群和民族,①但主流社会仍然以英裔为代表。从1607年第一批英国移民到达北美弗吉尼亚建立詹姆斯顿定居点到1776年美国《独立宣言》发表的169年,基本上是英国人的历史。美国建国后的相当长一段时间内,英裔仍是美国社会的主体民族。英裔不可避免地将英国的文化、传统、习俗、价值观念带到了新大陆。美国独立后,语言上的一致为两国文化的交流创造了极为便利的条件,从而使美国文化更易受英国文化的影响。WASP (White Anglo-Saxon Protestant,白种英裔新教徒)一词就充分体现了英美之间在种族和文化上的密切关系。当然,英裔只是美国人的一部分。随着美国领土的扩张和经济的发展,欧洲大陆及其他地区的人不断移居到美国,并带来本国特色的文化。所以,美国政治文化的源头是多重的,只是以英国文化和欧洲文化为主。

基督教,特别是新教中的清教,是美国文化的最主要源头。最早到达北美的欧洲人把基督教带到了新大陆。直到今天,在美国信基督教的人仍有13000万人,占美国总人口一半以上。基督教教义对这些人的思想观念的影响是根深蒂固的,美国人的一些基本价值观与基督教原则是一脉相承的。托克维尔评论了宗教与自由的关系:"宗教认为公民自由是人的权利的高尚行使",而"自由认为宗教是自己的战友和胜利伙伴,是自己婴儿时期的摇篮和后来的各项权利的神赐依据。自由视宗教为民情的保卫者,而民情则是法律的保障和使自由持久的保证。"②美国人崇尚自由与此不无关系。发表于1963年的天主教会的社会教义《人世和平》,在绪论中阐述了基本的"基督教的原则":"任何秩序良好和健康

---

① 关于种族、族群和民族的含义,见庞中英:《族群、种族和民族》,载资中筠主编:《国际政治理论探索在中国》,上海人民出版社1998年版。
② [法]托克维尔:《论美国的民主》上卷,董果良译,商务印书馆1988年版,第49页。

的社会的基础"是对个人的尊重,个人应当享有一系列"普遍的、不受侵犯的和不容剥夺的权利"。①这个原则完全适用于美国。

在基督教中,新教的影响更大一些,因为当初建立英属北美殖民地的人都是新教徒,而且英国还在一切可能的地方将英国国教定为官方宗教。新教教义更符合美国人的思想观念。恩格斯在评价新教主要教派之一加尔文教的创始人约翰·加尔文时指出:"他以真正法国式的尖锐性突出了宗教改革的资产阶级性质,使教会共和化和民主化。当路德宗教改革在德国已经蜕化并把德国引向灭亡的时候,加尔文的宗教改革却成了日内瓦、荷兰和苏格兰共和党人的旗帜,使荷兰摆脱了西班牙和德意志帝国的统治,并为英国发生的资产阶级革命的第二幕提供了意识形态的外衣。"②英属北美殖民地能够奋起进行独立战争并建立起民主共和的国家,与新教理念不无关系。

在新教中,又属清教对美国人的影响最大。清教于16世纪中叶起源于英国,属新教的分支,17世纪英国资产阶级革命时期,清教徒广泛参加社会政治活动,主张民主共和,反对君主专制和封建等级制度。在开拓北美殖民地时,英国的清教徒起了重要作用,他们的信仰对美国的政治文化也产生了深刻的影响。正如美国著名政治学家梅里亚姆所说:"清教徒的政治观念和道德观念在美国国民特征的发展过程中一直是一种强大的力量。"③1620年乘"五月花号"横渡大西洋来到北美的第二批英国人中就有一批清教徒。他们不满英国政府对清教徒的迫害,想到新

---

① 转引自[英]罗纳德·欧文:《西欧基督教民主党》,吴章彬等译,上海译文出版社1987年版,第75页。

② [德]恩格斯:《路德维希·费尔巴哈和德国古典哲学的终结》,见《马克思恩格斯选集》第4卷,人民出版社1972年版,第252页。

③ [美]查尔斯·爱德华·梅里亚姆:《美国政治学说史》,朱曾汶译,商务印书馆1988年版,第3页。

大陆"建立一个由清教徒领导的共和国"。① 清教主义具有浓厚的自由民主主义倾向。托克维尔在评价清教教义时指出:"清教的教义不仅是一种宗教学说,而且还在许多方面掺有极为绝对的民主和共和理论。"② 除了政治制度上的偏好外,清教教义还强调个人的自主和社区的共同性,强调人与人之间的平等,强调现世的生活秩序,这构成了美国市民社会的道德基础,对形成美国特色的政治文化"起了奠基性的作用"。③

美国政治文化的第二大源头是欧洲的自由主义思想。直到今天,欧洲移民后裔仍占美国人口的75%,在主流社会和精英阶层中,欧裔的地位更为突出。在欧洲诸多思想体系中,对美国影响最大的是自由主义。欧洲自由主义萌发于古希腊、古罗马时期,历经宗教改革、文艺复兴、尼德兰革命,最后形成于英国资产阶级革命和法国启蒙运动时期。在美国立国之时,创建美国的思想家们基本上都接受了欧洲自由主义思想。能够集中体现美国政治思想和价值观的《美国宪法》的每一条原则都或多或少地继承了欧洲的思想。对此,美国的国父们也都供认不讳。约翰·亚当斯说:"它们是亚里士多德和柏拉图的原则;利维和西塞罗、西德尼、哈林顿和洛克的原则。"④

同基督教的影响一样,在接受欧洲自由主义思想时,美国也是更多地接受英国版的自由主义。在诸多自由主义思想家中,洛克的思想对美国的影响最大。《独立宣言》的起草者托马斯·杰斐逊就接受了洛克的"自然法"学说,并将其进一步发展。洛克认为:人在自然状态,或者说在上帝面前是自由、平等的;人由自然赋予生命权、自由权和财产

---

① [美] 纳尔逊·曼弗雷德·布莱克:《美国社会生活与思想史》上册,许季鸿等译,商务印书馆1994年版,第7页。
② [法] 托克维尔:《论美国的民主》上卷,董果良译,商务印书馆1988年版,第36页。
③ 朱世达:《当代美国文化》,社会科学文献出版社2001年版,第7页。
④ 转引自严维明主编:《比较美国学》,西安交通大学出版社1999年版,第55页。

权；人通过自由承诺建立一个主权政府来保护这些权利；当这个主权政府撕毁合同，践踏这些权利时，人民有推翻这个主权政府并合法地建立另一个政府的自由。这些思想与《独立宣言》开篇所表达的思想何其相似。

除了清教传统和自由主义之外，19世纪以后在欧洲特别是英国出现的许多政治思想都对美国的政治思想和文化产生了重要影响，比如社会达尔主义和改良主义。但是这些只是对美国政治文化起了修补、发展作用，其意义远不如上述因素的奠基作用大。

2. 自由主义——美国的主流意识形态

清教主义与欧洲自由主义在很大程度上是相辅相成，殊途同归的。他们最终都形成了几乎相同的信念、道德原则和价值观。当今美国的主流意识形态实际上就是自由主义，其源头就是清教主义和欧洲自由主义。

自由主义虽然有不同的流派，但作为保守主义和社会主义对立面的一种意识形态，自由主义有其基本的含义和原则。美国学者萨皮罗将自由主义定义为关于自由的学说，他认为："自由主义在所有时代的典型特征是它坚定地相信自由对于实现任何一个值得追求的目标都是不可或缺的。对个人自由的深深关切激发自由主义反对一切绝对权力，不论这种权力来自国家、教会或政党。"[①]

自由主义的核心就是个人主义。从一定意义上说，"自由主义是一种代表个人主义的政治语言"。[②] 英国政治学家霍布豪斯认为："自由主义是这样一种信念，即社会能够安全地建立在个性的这种自我指引力之

---

① ［美］萨皮罗：《自由主义》。转引自李强：《自由主义》，中国社会科学出版社1998年版，第19页。

② 朱世达：《当代美国文化》，社会科学文献出版社2001年版，第7页。

上，只有在这个基础上，才能建立起一个真正的社会，这样建立起来的大厦，其基础深厚广阔，其范围无法予以限制。"①从某种意义上说，自由主义与个人主义是一对孪生姐妹。

最早移居北美新大陆的清教徒就是为了追求个人自由才远涉重洋，历尽千辛。清教教义本身就含有自由主义的思想观念，崇尚自由、民主和共和。美国立国时期的思想家全盘接受并发扬了欧洲的自由主义思想和传统。后来美国资本主义的发展又为自由主义思想的扎根、传播、发展创造了良好的条件。不过与个人主义相比，自由主义带有更浓厚的政治色彩，在北美独立战争时曾作为革命的意识形态和口号，在美国立国后，则成为美国官方和主流社会的意识形态。《独立宣言》所阐述的"不言而喻的真理"实际上就是自由主义的理论：人人生而平等，被造物主赋予各种权利；于是人有选择政府的权力。换句话说，人首先是自由的，为了保障自由，需要民主，需要共和、宪政和法治。所以，自由是美国人的第一价值观，平等、民主、共和、宪政、法治等都是自由主义的应有之义和基本原则。

自由主义是美国政治文化和思想的核心内容。美国政治学家罗伯特·达尔说："美利坚是一个高度注重意识形态的民族，只是作为个人，他们通常不注意他们的意识形态，因为他们都赞同同样的意识形态，其一致程度令人吃惊。"②在美国，不同种族之间虽然存在相当深的矛盾，但是无论是有种族优越感的白人，还是曾受过种族歧视之苦的黑人，或是固守传统民族文化的唐人街的华人，都坚定地崇尚自由、民主、个人主义等价值观，即自由主义，在这方面，他们有着惊人的一致性。在主

---

① [英]伦纳德·霍布豪斯：《自由主义》，朱曾汶译，商务印书馆1996年版，第61—62页。

② 转引自[美]杰里尔·A·罗赛蒂：《美国对外政策的政治学》，周启朋、傅耀祖译，世界知识出版社1997年版，第354页。

流美国人看来,自由主义已经成了美国人必有的精神。"如何回答'作一个美国人意味着什么?'这个问题具有特殊的意义。热爱自己的国家就意味着爱自由主义。要证明自己对国家的忠诚,就要表示出对个人主义、自由、机会平等这些价值观的尊崇。作为一个美国人,不仅要表现出对这片特殊的土地的忠诚,更要表现出对经典自由主义的无保留的接受。"①约翰·肯尼迪在1946年美国独立日庆典演说中发出这样的评论:"美国人民具有这样几个特性:对宗教有深刻的感受力,对理想主义有深刻的感受力,对爱国主义有深刻的感受力,对个人主义有深刻的感受力。"②可见以个人主义为核心内容的自由主义意识形态在美国社会中的影响力。

在现今美国,民主、共和两大党分别以自由主义和保守主义为其意识形态。实际上,共和党的保守主义已经吸纳了许多自由主义的要素,认同了自由主义的基本价值观,只不过是在思维方式上保留着保守主义的特色罢了。所以共和党的意识形态实际上是"自由保守主义",而民主党的意识形态用"自由民主主义"来称呼可能更确切一些。双方在基本价值观上并没有多大区别。

3. 美国意识形态外交的文化根源

美国特有的政治文化促成了自由主义意识形态在美国生根、开花、结果。同时,美国的政治文化又促使美国极其重视维护自由主义意识形态在美国的地位和影响,进而推行意识形态外交。对美国意识形态外交影响较大的政治文化因素有:遏制"非美因素";敌视激进的革命;排

---

① John Kenneth White, *Still Seeing Red: How the Cold War Shapes the New American Politics*, Westview Press, Colorado, 1997, p. 11.

② 转引自 John Kenneth White, *Still Seeing Red: How the Cold War Shapes the New American Politics*, Westview Press, Colorado, 1997, p. 11.

除实现"天定命运"的障碍。

（1）遏制"非美因素"

所谓"非美因素"，就是可以导致美国社会解体的因素。

美国政治文化的一大特点是：在意识形态上既多元，又高度一致。美国是个移民国家，原有的印第安人在美利坚民族中只是微不足道的部分，在欧洲人来到新大陆建立殖民地之前，这里被看成是无主的土地。虽然美国最早是由13个英属殖民地独立后形成的，并且英裔人成了美国最大的单一种族，英语是单一的国语，但是，随着时间的流逝，英国人并未构成美利坚民族真正意义上的主体或"多数民族"。据统计，目前可以辨别的英裔人只占美国人口的15%，比德裔人（占13%）或黑人（占11%）实在多不了多少。① 就是英裔人占美国人口最多的时候，即1890年第一次人口调查时，也未超过50%。② 美国是个公认的移民国家，美国社会是由许多种族、民族组成的大杂烩，各种族、民族的人在移入美国时都将其母族文化带到美国，使其在新大陆生根、发芽。从这一点来说，美国的文化是多元的，并不像有些多民族国家那样有一个主体民族或人口占绝对多数的民族。美国历史短暂，没有充分时间让各种文化融合，以消化各种外来因素。而美国社会又非常需要一种能将各种族、民族维系在一起、使社会保持"一体化"的纽带，③这个纽带就是政治上的共识，也就是意识形态或主要价值观念上的基本一致性。这种一致性对美国社会来说是至关重要的。正因为这样，美国主流社会一方面

---

① ［美］托马斯·索威尔：《美国种族简史》，沈宗美译，南京大学出版社1993年版，第3页。

② 参见［美］纳尔逊·布莱克：《美国社会生活与思想史》上册，许季鸿等译，商务印书馆1994年版，第36页。

③ 美国社会学家塔尔科特·帕森斯认为，每个国家、社会和复合组织总是面临着一项长期的基本任务，即"一体化"任务；一体化包括使那些不同的活动变得和谐，以及使人们的期望和动机与他们所要扮演的角色相一致等内容。见［美］卡尔·多伊奇：《国际关系分析》，周启朋等译，世界知识出版社1992年版，第19页。

容忍各种差异存在，另一方面却极端坚持为维护社会统一所必需的起码的一致性。任何对基本一致性的威胁，都将受到美国主流社会和主流文化的坚决反击。

在美国历史上，那些与自由主义价值观相对立的意识形态都被看成是"非美因素"，共产主义和法西斯主义在美国人眼中就是处于左和右两个极端的意识形态，是"非美因素"。所以在外交上，美国要站在信奉这些意识形态的国家的对立面。

(2) 敌视激进的革命

美国是经过革命而诞生的国家，独立战争实际上是一场资产阶级民主革命。然而，在美国却形成了敌视激进革命的传统，尽管美国人不像英国保守党人那样反对革命。美国学者麦克尔·亨特考察了美国立国后对世界上发生的若干次较有影响的革命的态度，得出了美国主流社会是敌视激进革命的结论。[①] 对1789年法国大革命后的君主立宪派和吉伦特派、1830年法国七月革命、1848年法国二月革命、1911年中国辛亥革命、1917年俄国二月革命，美国都表示同情和支持；而对1793年后的雅各宾专政、1848年法国六月起义、1871年巴黎公社革命、1917年俄国十月革命则持敌视态度。美国主流社会之所以会形成这样的传统，主要由如下三个因素决定：

第一，美国人喜欢用自己熟悉的标准来判断是非。亨特指出："美国人用约翰·亚当斯和托马斯·杰斐逊曾用过的标准来判断外国的革命。革命是一个神圣的事情，在进行过程中必须保持最低限度的混乱，要由可尊敬的公民来领导，致力于一个适当的政治目标，并幸运地只是在制定了一部平衡的宪法后而结束。最基本的，革命要保障人权和财产

---

① Michael H. Hunt, *Ideology and U. S. Foreign Policy*, Yale University Press, New Haven, 1987, pp. 98 – 108.

权利。换句话说，一个成功的革命在美国人的头脑中，无法摆脱地同他们所熟悉的他们自己的革命的方法、目标以及政治文化联系在一起。"① 美国主流社会所敌视的革命，基本上都是不符合上述标准的，它们都引起了"严重混乱"，领导者不是"可尊敬的公民"，政治目标不适当，等等。尤其是布尔什维克所领导的十月革命，与这些标准更是相差甚远。

第二，价值观的影响。美国革命的第一价值目标是自由而不是民主，民主体制之所以被采用是因为它相对于其它政治形式最能保障自由。美国立国时最重要的两份文件——《独立宣言》和《美利坚合众国宪法》都更强调自由。《独立宣言》中有一段最能表达美国价值观的话，就是："我们认为以下真理是不言而喻的：人人生而平等，造物主赋予他们某些不可转让的权利，其中包括生命权、自由权以及追求幸福的权利。"这里，核心内容是自由。为了保障自由，即各种权利，"人们建立起政府，而政府的权力必须来自于被统治者的同意；任何形式的政府，一旦破坏这些目标，人民就有权利去改变它或废除它，建立一个新的政府。"可见，采用民主政体的目的是为了保障自由。美国制宪者们在根本大法的序言中开宗明义阐明了制定宪法的目的，其中一个重要方面就是"保证我们自身和子孙后代永享神赐的自由权力。"② 这种自由至上的观念严重影响着美国人的思维方式。在美国人看来，激进的革命虽然可能符合民主的要求，但它损害了自由原则，因此是不可取的。

第三，美国人有政治温和的倾向。美利坚民族中最大的种族是英国人，英国文化对美国主流文化有着深刻的影响。在英国，托利—保守党长期主政，其意识形态——保守主义对英国社会和文化产生了潜移默化

---

① Michael H. Hunt, *Ideology and U. S. Foreign Policy*, Yale University Press, New Haven, 1987, p.116.
② Jay M. Shafritz, Concise Edition, *The Harper Collins Dictionary of AMERICAN GOVERNMENT AND POLITICS*, Harper collins Publishers, 1993, p.523/527.

的影响。19世纪初，埃德蒙·伯克的保守主义产生于英国不是偶然的。保守主义的基本精神是：尽可能保持社会现状，如果需要变革，要尽量使变革对社会带来的震动限制在最小的限度内。①由于历史、地理、语言及宗教方面的原因，美国很容易接受英国的文化。在英国保守主义的影响下，美国的主流意识形态——自由主义逐渐打上了保守主义的烙印，从而形成"保守—自由主义"意识形态，并造就出一大批"政治温和的美国人"②。他们对激进的革命普遍抱有怀疑和敌视的态度，推崇互相妥协，主张有控制的变革。因此有人把主流美国人称作"反革命的革命派"。③

英国的保守主义还对美国一些政要的思想直接产生了影响。1894年，威尔逊就是在伯克著作的影响下，谴责法国大革命为"激进的罪恶和腐败思想的根源"。④

第四，美国的内政需要反对激进的革命。每当激进革命发生时，美国统治集团都加以敌视和反对，在相当程度上还与美国的国内政治密切相关。麦克尔·亨特指出：巴黎公社革命时，美国人之所以反应异常激烈，还因为"巴黎事件触及了国内敏感的政治神经。《纽约时报》的编辑们在公社失败后马上坦率地承认，公社是'埋在现代社会下面的深刻的爆炸性的力量'。美国城市都充满它们自己的'反叛的暴民'，他们中的很多人都是最近的欧洲移民，他们带着同样的曾将公社社员带动起来的无政府主义和社会主义的烙印。这些移民使劳动队伍膨胀，劳工们已开始向财产所有权挑战并助长了阶级冲突。警觉起来了的保守主义者和

---

① 详见刘建飞：《英国保守主义的主要特征》，载《国外社会科学》1997年第6期。
② Michael H. Hunt, *Ideology and U. S. Foreign Policy*, Yale University Press, New Haven, 1987, p.105.
③ 金灿荣：《政治—文化分裂与美国政局演变》，载《美国研究》1995年第1期。
④ Michael H. Hunt, *Ideology and U. S. Foreign Policy*, Yale University Press, New Haven, 1987, p.105.

排外主义者声称：这些就是在美国土壤里的革命的种子。"① 为了确保革命的种子不发芽，美国主流社会和统治集团必须对巴黎公社革命采取旗帜鲜明的敌视态度。

十月革命发生时，美国国内政治也存在着相似的情况。当时美国正处于"更遭的时候"，"美国正经受着全国性的自信心危机"。美国人"惊恐地注视着布尔什维克'疾病'蔓延到德国和匈牙利，还有，苏维埃领导组织起了第三国际。这可能只是一个长期颠覆运动的开始，甚至美国也不能逃脱。"于是，保守主义和排外主义联合起来，向布尔什维主义宣战，"以将国家从革命的病毒蔓延中拯救出来"。②

美国敌视激进革命，自然在外交上要把经过激进革命而诞生的国家作为对手或敌人，至少是存有敌意。如果不考虑其他因素，让美国选择盟友和敌人，美国肯定要选择同样是自由民主的国家为盟友，而选择经过激进革命而产生的专制国家为敌人。

（3）排除实现"天定命运"的障碍

19世纪中叶，美国出现了"天定命运"这一思潮，对美国的外交政策产生了很大影响。"天定命运"是在美国大陆扩张进入高潮时应运而生的扩张主义的意识形态。1845年7月，美国正式兼并得克萨斯数月后，《联邦杂志和民主评论》发表了一篇题为《兼并》的文章，呼吁"现在是反对兼并得克萨斯的人们罢手的时候了"，并宣称，"现在应该是爱国主义和对国家的共同责任感代之而起的时候"。这种"责任感"在文章中被命名为"天定命运"，意即美国负有天定的使命拓展到上帝为美国的自由发展而指定的整个大陆。从此，"天定命运"被美国扩张主义者作为鼓吹扩张，包括后来的海外扩张的口号，构成美国外交的一

---

① Michael H. Hunt, *Ideology and U. S. Foreign Policy*, Yale University Press, New Haven, 1987, p.105.
② Ibid., p.115.

个重要指导思想。

"天定命运"具有深厚的思想基础。首先是"种族优越论"。虽然美国是个移民国家,是民族的大熔炉,但却存在着根深蒂固的"白人种族优越论",即"白人至上"的观念。① 美国的种族优越论虽不像希特勒的种族理论那样被公开宣扬,但却存在于主流美国人的观念中,体现在美国社会生活的各个方面。本杰明·富兰克林在 1751 年时就讲过这样的话:"世界上纯正白人的数量所占的比例是很小的。非洲人全都是黑色或黄褐色的;亚洲人主要是黄褐色的;美洲人(包括新来者)各种肤色都有;在欧洲,西班牙人、意大利人、法兰西人、俄罗斯人以及瑞典人总体来看属于那种我们称之为肤色黝黑的人;德意志人也是如此;只有撒克逊人是个例外,他们使用英语,构成了地球表面上白种人的主体。我期望他们的数量不断增加……或许我对我的国家的人的肤色存有偏爱,因为这种偏爱对人类来说是自然天生的。"② 这种自然天生的对本种族的偏爱逐渐演化成种族优越观念。麦克尔·亨特认为,美国人的种族优越观念反映在 19 世纪的大量绘画作品中。比如,在一幅被用在学生课本中的名为"人的种族"的人物画中,白人的头像摆在中间,正脸全貌,是个仪表端庄、面容秀丽、神态安详的贵妇人形象;而周围的其它有色种族的人则被描绘得或侧脸半面、或胡须遮面,而且目光呆滞,面无表情。③ 在有种族偏见的白人看来:"白色象征善良、纯洁、美丽,而黑色却象征着罪恶、腐朽、丑陋。"④ 美国扩张主义者认为,以白人为主

---

① [美]托马斯·索威尔:《美国种族简史》,沈宗美译,南京大学出版社 1992 年版,第 368 页。

② 转引自 Michael H. Hunt, *Ideology and U. S. Foreign Policy*, Yale University Press, New Haven, 1987, p. 46.

③ Michael H. Hunt, *Ideology and U. S. Foreign Policy*, Yale University Press, New Haven, 1987, p. 49.

④ [美]纳尔逊·曼弗雷德·布莱克:《美国社会生活与思想史》上册,许季鸿等译,商务印书馆 1994 年版,第 19 页。

体的美利坚人是最优秀的民族,他们有征服劣等民族的权利,这是"天定命运"。他们还"希望这种天定命运的向外扩张权利不被赋予除美国外的任何其它民族。"①

其次是"美国伟大"的思想。"种族优越"感,再加上美国特殊的历史,使美国主流社会产生了"美国伟大"的思想。早在美国立国前,托马斯·潘恩就在著名的《常识》中宣称:"我们拥有使世界重新开始的力量。"②以后,先是以亚历山大·汉密尔顿为代表的联邦党人提出了"美国伟大"的概念,然后又为以托马斯·杰斐逊为代表的反联邦党人所接受。汉密尔顿从独立战争的经验教训中领悟到:人是有野心、有报复心和贪婪的,这是人类的本性,因此人与人之间的冲突是生活的法则;国家和人一样,必定会为财富和荣誉这些古老的野心目标而发生冲突,斯巴达、雅典、罗马、迦太基的经历都证明了这一点;美国人必须认识到,他们也生活在一个与完全理智和完全道德的幸福帝国相距甚远的世界里;因此,美国必须成为一个像欧洲那样在世界起支配作用的国家,积极参与国际事务,成为一个伟大国家。③"美国伟大"思想成了美国扩张主义的另一个重要意识形态。"美国伟大"就意味着美国人"天定命运"具有拯救落后民族并使之获得新生的能力和"使命",④就意味着美国应该成为世界的领导者。

第三是"民主制度优越论"。美国人认为,美国所创立的立宪民主制度是世界上最好的政治制度,最能保障人们的自由权利,因此应当被

---

① Albert K. Weinberg, *Manifest Destiny*, *A Study of Nationalist Expansionism in American History*, The Johns Hopkins Press, Baltinore, 1935, p.143.

② 转引自 Michael H. Hunt, *Ideology and U. S. Foreign Policy*, Yale University Press, New Haven, 1987, p.19.

③ Michael H. Hunt, *Ideology and U. S. Foreign Policy*, Yale University Press, New Haven, 1987, pp.23-24.

④ Albert K. Weinberg, *Manifest Destiny*, *A Study of Nationalist Expansionism in American History*, The Johns Hopkins Press, Baltimore, 1935, p.171.

世界各国效法,而"伟大的美国"则负有"使命"和"责任"向整个美洲大陆乃至全世界传播、推广这种制度。美国兼并俄勒冈时,参议员丹尼尔·迪金森(Daniel S. Dickinson)在国会辩论中说,俄勒冈问题是"两大体系之间的问题,即君主制和共和制之间的问题";众议员威廉·索耶(William Sawyer)认为,合并俄勒冈可以"把我们从革命先辈那里接受过来的自由制度纯纯正正地传给后代"。1845 年,国务卿詹姆斯·布坎南(Jumes Buchanan)表示,为了捍卫共和制,合并加利福尼亚是可行的。《纽约先驱报》的文章甚至宣称,为了保卫自由制度,不仅要合并加利福尼亚,而且要占领全部墨西哥。众议员查尔斯·卡思卡特(Charles Cathcart)在第 29 届国会上宣称,将"使整个大陆的居民组成一个共和主义大家庭"。① 美国完成大陆扩张开始向海外扩张后,推进民主成了其外交政策的一个重要内容。第一次世界大战时,美国加入协约国一方参战,一个重要考虑就是德国、奥地利等国是专制国家,而英、法以及二月革命后的俄国是民主国家。威尔逊要"站在欧洲民主力量一边而战斗,反对野蛮的威廉统治的德国。""而且对威尔逊来说,只是击败德国是不够的,他还要打败那些人类的祸根,即德国所追求的帝国主义、军国主义和专制制度。""一场胜利的战争只能是全球性变革的前奏。"②美国参加第二次世界大战也存在相似的因素。美国学者西格尔认为:"美国人随着他们传统观念的发展,一直确信未来是他们的,民主政治将传遍全球。"③

上述"天定命运"的思想基础同时也构成了其重要内涵。作为"优

---

① Albert K. Weinberg, *Manifest Destiny, A Study of Nationalist Expansionism in American History*, The Johns Hopkins Press, Baltimore, 1935, p. 110/111/147.
② Michael H. Hunt, *Ideology and U. S. Foreign Policy*, Yale University Press, New Haven, 1987, p. 134.
③ [美]费雷德里克·西格尔:《多难的旅程——四十年代至八十年代初美国政治生活史》,刘绪贻等译,商务印书馆1990版,第9页。

越种族"的国家、民主制度的发源地,"伟大的美国"应该领导整个世界。

从历史来看,美国更倾向于将那些强大而又专制的国家看成是实现"天定命运"的障碍,尽管它对那些强大而民主的国家也有防范之心。

二、推进民主与意识形态外交

民主是美国重要的价值观,是自由主义意识形态的核心内容之一。因此,推进民主一直是美国意识形态外交的重要内容。对此,许多美国学者都有过精辟论述。斯帕尼尔认为:"美国外交政策的基本方针就是通过联盟,来支持一切新、老民主国家","美国外交的根本目的毕竟是要在一个双方敌对的世界上保卫民主的社会秩序"。① 美国卡内基国际和平基金会副总裁、著名国际问题专家托马斯·凯若瑟斯说:"上百年来,美国领导人一直强调在海外推进民主是美国发挥国际作用的关键因素。""无论如何,推进民主是美国国际传统的一个重要组成部分,尽管它的应用经常是不一贯的。不认真关注民主理想,就不能解释过去100年的美国对外政策。"② 著名国际问题专家、美国普林斯顿大学教授约翰·艾肯伯瑞认为:"美国在国外促进民主,特别是像自第二次世界大战结束以来它所实行的那样,反映了它对如何建立稳定及相对和平的世界秩序的现实的、逐渐发展的和深刻的理解。它即是所谓美国'自由化'大战略。它也基于非常现实的观点,即其他国家的政治特性对美国能否确保

---

① [美] J·斯帕尔尼:《第二次世界大战后美国的外交政策》,段若石译,商务印书馆1992年版,第204—214、448页。
② Thomas Carothers, *Aiding Democracy Abroad: The Learning Curve*, Carnegie Endowment for International Peace, Washington, D.C, 1999, p.3-4.

其安全和经济利益有重大影响。"①

实际情况也是这样,美国所参加的任何一次国际性战争,都是站在"民主阵营"一边,比如两次世界大战。尽管美国参战可以找出很多地缘政治方面的理由,但是意识形态也是美国做出这种选择的重要促动因素。基辛格在《大外交》一书中分析二战前及二战期间各种国际政治力量进行战略博弈时,一直将包括美国在内的"民主国家"作为一方,尽管他是现实主义者,极其反对将意识形态作为对外政策目标。

在冷战结束前,推进民主这一外交目标往往不是直接表现出来的,而是隐含在其他目标中,而且在不同的历史阶段表现形式不同。在20世纪之前,美国奉行孤立主义政策。因为这时美国的综合实力尚弱,无力与欧洲列强争雄,孤立主义最符合美国的利益。从意识形态外交和推进民主的角度讲,维护美国的民主制度是首要任务,为此,奉行孤立主义政策有利于美国民主制度免受欧洲专制国家的侵害。到了第一次世界大战,当欧洲两大军事集团相互厮杀、两败俱伤之时,美国看到了它介入欧洲事务,发挥大国领导作用的机会。而加入英法"民主阵营"一边,反对德奥这些专制的帝国,则是合理的选择。20世纪上半叶,法西斯主义在欧洲兴起,美国把法西斯主义看成是民主的最大敌人。尽管此时孤立主义思潮在美国仍然影响甚大,但罗斯福政府还是尽其所能支持英国的对德作战。罗斯福总统呼吁美国立志成为"民主兵工厂"。最后,美国终于在罗斯福总统的引导下直接参加战争,并站在"民主阵营"一边。罗斯福之所以做出这种选择,正如基辛格所评价的:"罗斯福清楚地看到美国的安全空间在缩减中,而轴心国若获胜,美国将无安全可言。最重要的是,他发现美国历来所拥护的价值观都被希特

---

① G. John Ikenberry, "Why Export Democracy?: The 'Hidden Grand Strategy' of American Foreign Policy", *The Wilson Quarterly*, Vol. 23, No. 2, Spring 1999.

勒恨之入骨。"① 这里，基辛格这位现实主义大师道出了一个深刻道理：如果专制国家取得战争胜利，就会更加强大，进而就会使美国无安全可言；如果民主国家取得胜利，也会更强大，但不会使美国无安全可言；意识形态对美国做出加入哪一方作战起了关键作用。

如果说美国的推进民主和意识形态外交在第一次世界大战期间主要表现为反对专制制度，在第二次世界大战期间主要表现为反对法西斯主义的话，那么到了冷战时期则主要表现为反对共产主义（反共主义）。

美国的反共主义既有深厚的政治文化根源，也有自由主义意识形态与共产主义、社会主义意识形态直接对抗的因素。

就政治文化根源来说，影响美国意识形态外交的几个政治文化因素都体现在反共主义上。首先，社会主义、共产主义正是属于那种可以破坏美国意识形态基本一致性的"非美因素"，因此很自然地遭到美国主流社会的敌视和反对。这也正是在美国这样一个共产主义运动几乎无成功希望的国家，反共主义却如此根深蒂固并时常表现得极其猖狂的原因所在。②"新政"时期美国流行的一首被称作本土主义的小调，十分形象地反映了这种倾向以及美国多元文化与共产主义之间的关系："上帝保佑美国，犹太人拥有它，天主教徒管理它，黑人喜爱它，清教徒建立它，但是，共产党人将摧毁它。"③其次，在美国主流社会看来，以十月革命为代表的社会主义革命是有史以来最激进的革命，最不合美国人的评判标准，最易引起社会动荡，对美国社会稳定的威胁最大，因此最应受到敌视。正如美国学者理查德·鲍尔斯所说："1917 年后的共产主义不同于所有先前的激进主义，因为它是以莫斯科为牢固根基的世界网络

---

① ［美］亨利·基辛格：《大外交》，顾淑馨、林添贵译，海南出版社 1998 年版，第 362—363 页。
② 参见金灿荣：《政治—文化分裂与美国政局演变》，载《美国研究》1995 年第 1 期。
③ 转引自［美］费雷德里克·西格尔：《多难的旅程——四十年代至八十年代初美国政治生活史》，商务印书馆 1990 年版，第 7—8 页。

的一部分；与之相应，美国的反共主义也不同于所有先前的反激进运动，因为它的首要敌人是国际性的并针对国外的。"① 最后，在美国主流社会看来，社会主义国家的存在构成了美国实现领导世界这一"天定命运"目标的巨大障碍，特别是当共产主义具有向全球蔓延之势的时候。

就意识形态对抗来说，社会主义、共产主义与美国的自由主义确实存在着明显的差异和对立，主要表现在如下三个方面。

（1）社会主义、共产主义与自由主义在价值体系上相对立

美国统治集团认为，社会主义、共产主义与在美国占统治地位的意识形态——自由主义是相对立的价值体系，并对之构成严重威胁，进而会威胁到资本主义制度的生存。1950年公布的"美国国家安全的目标和计划"指出："法治政府所具有的自由思想与克里姆林宫实行严厉寡头统治的奴役思想之间存在根本的冲突"，而"消灭来自自由的挑战是奴役成性的国家不可改变的目标"。② 另一位现实主义大师、美国总统理查德·尼克松认为：意识形态是冷战时期美国与苏联进行争夺的根源。"苏联企图扩张共产主义，消灭自由；而美国则要阻止共产主义，扩大自由。如果我们在意识形态斗争中打了败仗，我们所有的武器、条约、贸易、外援和文化关系都将毫无意义。"③ 美国学者托马斯·威斯科波夫认为，资本主义和社会主义是两种对立的社会经济组织形式，分别有四个主要特征：资本主义要求生产资料私人占有，而社会主义则要求生产资料公共占有；资本主义要求劳动力无产阶级化，而社会主义则追求无产者的解放；资本主义要求少数企业统治者控制生产过程，而社会主义则要求由企业全体成员民主参与来控制生产过程；在资本主义社会，劳

---

① Richard Gid Powers, *Not Without Honor: The History of American Anticommunism*, Simon and Schuster Inc., New York, 1995, p.426.
② 梅孜编译：《美国国家安全战略报告汇编》，时事出版社1996年版，第312页。
③ ［美］理查德·尼克松：《1999年：不战而胜》，朱佳穗等译，世界知识出版社1989年版，第96页。

动者的生产积极性主要是靠对个人的物质刺激来获得,而在社会主义社会,劳动者的生产积极性则主要是靠非物质的手段,而且刺激对象是集体而不是个人。威斯科波夫进一步认为,资本主义和社会主义之所以存在上述几方面的对立,是因为这两种社会经济组织形式分别建立在不同的价值体系基础之上。资本主义价值体系强调个人而不是社团的重要意义,鼓励竞争而不是合作,并且将物质产品和服务放在首位,以满足人们的需求,促进人们的幸福;社会主义价值体系则强调社团而不是个人的重要意义,鼓励合作而不是竞争,并且贬低货币收入和物质消费的重要性,强调对劳动者进行精神奖励。[①]

很显然,社会主义的价值观念如果在美国和世界传播开来,确实会使美国的资本主义制度受到威胁。所以美国统治集团对社会主义、共产主义意识形态感到极为恐惧和仇视。

十月革命爆发后,美国统治集团认为"布尔什维克革命对美国价值观形成直接的挑战","布尔什维主义是一颗能炸毁"资本主义制度的"炸弹"。威尔逊总统于1918年秋发出警告,"布尔什维主义的精神正潜伏在各处"。一年后,他又宣称,"一些革命的'毒素'实际上已渗透进这个自由国家人民的血管里。"[②] 被称为"冷战之父"的乔治·凯南在分析冷战根源时指出:美苏"冲突根源中首要的而且也是最根本的一个,当然就是布尔什维克共产党的领导集团在意识形态上所承担的义务。这在美国的政治经验中,还是一个崭新的东西。这也是美国人以前从未遇到过的一种敌对方式的表现。""俄国保证要实现的纲领旨在使美国社会遭到损害,这种损害,在绝大多数美国人看来,甚至比单纯军事上惨败

[①] 见 G. John Ikenberry: *American Foreign Policy*, Theoretical Essays, Scott, Foresman and Company, Glenview, 1989, pp. 171–173.

[②] Michael H. Hunt, *Ideology and U. S. Foreign Policy*, Yale University Press, New Haven, 1987, p. 115.

于传统的对手可能带来的种种苦难还要可怕。"正因为共产主义意识形态被认为有如此严重的威胁,所以被美国统治集团"看作是一种应当加以隔离的瘟疫"。① 并且在社会主义国家出现之前,美国资产阶级就打出了反共的旗号。

(2) 社会主义制度妨碍垄断资本主义的扩张

垄断资本的本性决定它是要不断向外扩张的,而以生产资料公有制为基础的社会主义制度则成了其扩张的一大障碍。正如列宁所分析的:"垄断占统治地位的最新资本主义的特征是资本输出。"其输出的一个主要方向就是那些落后国家,"因为那里资本少,地价比较贱,工资低,原料也便宜。"但是这种输出并不是无条件的,"其所以有输出资本的可能,是因为许多落后的国家已经卷入世界资本主义的流通范围……"② 可见,如果落后国家没有卷入资本主义的流通范围,则资本输出是难以实现的。而在美国垄断资产阶级看来,社会主义国家是不会卷入资本主义的流通范围的。威尔逊认为:"美国贸易在世界的扩展是与美国自由主义的输出分不开的。"③ 正因为这样,十月革命后,美国把新生的苏俄社会主义制度看成是极大的威胁。国务卿兰辛说:"归根结底,布尔什维主义对于美国安全的威胁比德国更大,因为它既否定民族性又否定财产权,并以革命威胁美国。"④ 正是基于这种认识,在20年代相当长一段时间,美国官方多次拒绝苏俄关于两国开展平等贸易的呼吁,甚至提出除非苏俄保障私人所有制,对目前的社会制度作根本改变,才有可能重新考虑。

---

① 参见张宏毅:《现代美国对外政策中的意识形态因素》,载《世界历史》1988年第6期。
② 《列宁选集》第2卷,人民出版社1960年版,第782—783页。
③ N. Gordon Levin, J. R., *Woodrow Wilson and World Politics*, Oxford University Press, Oxford, 1968, p. 18.
④ Ibid., p. 72.

第一章　美国意识形态外交在后冷战时期的发展变化

美国左翼学者诺姆·考姆斯基在解释冷战初期美国实施马歇尔计划的真实意图时说："美国采取马歇尔计划等措施并不是为了对付苏联侵略的威胁，而是要对付经济崩溃和民主政治崩溃的威胁，这种威胁可能导致美国占统治地位的世界秩序框架外的社会经济的发展。"① 这里所说的"美国占统治地位的世界秩序框架外的社会经济"实际上就是苏联模式的社会主义经济，很显然这种经济的发展对美国垄断资本的利益是个严重损害。

1955年，在美国颇有声望的研究机构——伍德罗·威尔逊基金会和全国计划协会曾这样解释"共产主义"的含义："共产主义"的主要威胁是共产主义力量在经济上的变化，其变化方式减小了他们补充"西方"工业经济的意愿和能力。"西方"包括日本资本主义，它理解这些工业资本主义经济将坚定地保持在美国控制下的"整体秩序框架"之内……简单地说，"共产主义者"就是那些企图将他们的资源用于其自己的目的的人，这是和美国外交政策核心原则——偷盗和剥削的权利——相抵触的。自然地，美国是一贯的"反共产主义者"，但却只是有选择的"反法西斯主义者"。②

约翰逊总统最亲密的国家安全事务顾问 W·W·罗斯托曾对工业化国家和不发达国家之间的关系作了如下阐述："不发达国家的地理位置、天然资源和人口是如此重要：要是它们果真依附于共产主义集团的话，那么美国在这个世界上就会变成一个二等国家……如果不发达国家地区落入共产主义的统治下，或者如果它们发展到对西方采取固执的敌视态度，那么，西欧和日本在经济上和军事上的实力就会削弱……总之，不发达国家的这种演变，不但严重影响到西欧和日本的命运，而且还严重

---

① Noam Chomsky, *On Power and Ideology*, South End Press, Boston, 1987　p.28.
② Ibid. ,p.10.

影响我们的军事安全和生活方式。"① 罗斯托的话一方面表明了不发达国家的政治取向对美国等西方发达国家是至关重要的,另一方面也体现了社会主义国家的存在是与美国的经济利益相抵触的。

(3) 社会主义制度对美国"立宪民主"构成威胁

对美国来说,共产主义、社会主义不仅是与自由民主主义相对立的价值体系,不仅会阻碍垄断资本的扩张,而且还会对美国的政治制度即"立宪民主"制度构成威胁。

十月革命后,美国统治集团认为,新生的苏维埃制度是与美国的政治制度根本对立的。继兰辛之后任国务卿的贝恩布里奇·考尔比说,苏维埃政权不是基于公众的支持,而是通过"暴力与狡诈"上台的,是靠着"残酷镇压所有反对派以继续保持其地位的"。而这种政治制度无疑构成了对美国"立宪民主"制度的威胁。正如美国总统伍德罗·威尔逊说,"莫斯科政体在一切方面都是对美国的否定"。② 到了冷战时期,美国统治阶级更强烈地感受到了这种威胁。尼克松认为:"苏联人矢志不移地要实现建立共产主义世界的目标。我们则矢志不移地要实现建立自由世界的目标,使各国人民有权选择谁来统治他们以及如何进行治理。苏联人认为历史在他们一边。我们应确保在书写下一世纪的历史时,它是在我们这一边。"③

美国反共主义外交集中体现在冷战时期。对美国来说,冷战是以反共主义为旗号的特殊战争。在作为"杜鲁门主义"产生标志的那篇著名的演说中,杜鲁门就是以两种制度和意识形态的对立作为美国奉行对苏

---

① 转引自[美]哈里·马格多夫:《帝国主义时代——美国对外政策的经济学》,伍仞译,商务印书馆1975版,第53页。

② Robert Paul Browder, *The Origins of Soviet-American Diplomacy*, Princeton University Press, Princeton, 1953, p.13.

③ [美]理查德·尼克松:《1999年:不战而胜》,朱佳穗等译,世界知识出版社1989年版,第13页。

"遏制"政策的理论基础的。他说："在当前世界历史关头，几乎每一个国家都面临着两种生活方式的抉择"，"一种生活方式建立在多数人的意志的基础之上，其特点是自由体制，代议制政府，自由选举，保证个人自由、言论和宗教信仰自由，以及不受政治压迫的自由。第二种生活方式以少数人把意志强加于多数人为基础，依靠恐怖和压迫、受控制的新闻和广播、指定的选举和取消个人自由。"于是，"美国的政策必须支持那些人民，他们正在抵抗武装起来的少数人或是外来压力企图加于他们的奴役。"美国"必须援助自由人民以自己的方式来规划自己的命运。"[①] 杜鲁门先是将世界以意识形态和社会制度为标准分成两部分，然后把美国封为自由民主世界的领袖，再赋予美国要率领自由民主世界同共产主义世界做斗争的历史使命。这一思想一直指导了美国整个冷战时期的外交战略和政策。可见，冷战时期美国推进民主和意识形态外交主要表现为反共主义，因为在美国心目中，这时民主的最大敌人是共产主义，正如布热津斯基所说，"共产主义已成了民主的反义词"。[②]

在冷战期间，由于美国面对苏联这样一个强大的意识形态和地缘战略对手，只能将推进民主纳入反苏反共这个大战略框架中来。而且在这个大战略框架下，美国有时还从战略利益出发，支持一些专制独裁的政权，做一些与推进民主理念不符的事情。冷战结束后，由于苏联因素的消失，推进民主就浮上了前台，成为美国意识形态外交的核心内容。

1. 推进民主是后冷战时期美国意识形态外交的核心内容

如果说在冷战结束之前，推进民主只是美国意识形态外交的部分内

---

① 转引自资中筠主编：《战后美国外交史——从杜鲁门到里根》上册，世界知识出版社1994年版，第60页。
② [美] 兹·布热津斯基：《大失败——二十世纪共产主义的兴亡》，军事科学院外国军事研究所译，军事科学出版1989年版，第18页。

容和隐含的内容,那么冷战结束后,推进民主则浮上美国外交政策的表面,而且成了美国意识形态外交的核心内容。

在1990年发表的国情咨文中,(老)布什总统说得非常明确:"40多年来,美国和它的盟国一直在遏制共产主义,以确保民主继续存在。今天,由于共产主义开始崩溃,我们的目标必须是确保民主向前发展,在缔造和平与自由的最大希望——一个伟大的并且不断扩大的自由国家联邦——方面走在前面。"① 国务卿詹姆斯·贝克说得更透彻:"在遏制之后等待着的是民主制","我们的新任务是促进和巩固民主制度"。② 从这位美国政要的话可以看出,冷战结束之前,推进民主是隐含在反共主义中;而冷战结束后,推进民主则成了直接的外交政策目标。

冷战结束、苏联解体,共产主义"大失败",美国及资本主义世界"不战而胜",于是美国人宣布"我们已经进入了一个新的时代","我们可以按照我们自己的价值观和理想建立一种新的国际体系了"。③ 冷战结束不仅使"威胁"了美国40多年的"共产主义不断扩张的时代"终结,而且还如美国学者弗朗西斯·福山所宣称的,使"西方自由民主已取得最终胜利,再没有什么意识形态力量可以挑战西方的自由民主"。④ 杰里尔·罗赛蒂对冷战后的反共主义形势做过如下分析:"首先,美国人可以肯定共产主义在美国很可能不会再有吸引力了。所以在可预见的将来,美国人没有理由担心共产主义的威胁了。第二,尽管很多极端组织仍然能够看到共产主义的幽灵还在游荡,但国际共产主义运动的衰落意味着反对共产主义已不再是保守派的首要任务了。换言之,保守派和

---

① 梅孜编译:《美国总统国情咨文选编》,时事出版社1994版,第773页。
② 转引自[美]塞缪尔·亨廷顿:《文明的冲突与世界秩序的重建》,周琪等译,新华出版社1998年版,第211页。
③ 见《1991年美国国家安全战略报告》,梅孜:《美国国家安全战略报告汇编》,时事出版社1996年版,第188—190页。
④ 参见刘靖华:《霸权的兴衰》,中国经济出版社1997年版,第73页。

右翼势力已经改变了他们的政策,贯穿于整个20世纪的布尔什维克主义和共产主义已不再具有象征意义,抵制它们已难以像过去那样成为团结保守派和吸引美国公众支持的口号了。第三,共产主义的威胁已不再是需要存在庞大的国家安全机构及其下属组织的依据。"① 罗赛蒂的分析基本符合实际情况。理查德·鲍厄斯认为,在反共主义者看来,尽管共产主义仍然存在于古巴、北朝鲜、越南和中国,但前途并不美好,"作为世界历史上的一支力量,共产主义已经死亡"。与之相应,反共主义的历史也应该结束。在这种认识的支配下,许多以反共为宗旨的刊物和组织都不再运作,声称它们完成了自己的使命。② 据此,反对共产主义不应该在美国外交政策中占有重要地位。理查德·哈斯将冷战后美国所要对付的"困难角色"分为三种类型:"第一,那些能对美国及其公民构成威胁的角色,它们可能是能够攻击美国领土的武器(飞机或导弹)或恐怖主义活动。第二,那些对亚洲、海湾地区和欧洲等关键地区的权力平衡构成威胁或潜在威胁的角色。第三,无赖国家(伊朗、伊拉克、利比亚、北朝鲜、可能也包括叙利亚)、与美国没有盟国关系的大国(中国和俄罗斯)以及形形色色的恐怖主义组织。"③ 在这里,共产主义国家只是"困难角色"中的一小部分,而且主要并不因为它们是"共产主义国家"。

2. 后冷战时期美国推进民主战略的理论依据

就在美国将推进民主作为外交政策的直接目标和意识形态外交的核心内容的时候,美国战略界和学术界出现了一些思潮,这些思潮客观上

---

① [美]杰里尔·A·罗赛蒂:《美国对外政策的政治学》,周启朋、傅耀祖译,世界知识出版社1997年版,第457页。
② Richard Gid Powers, *Not Without Honor*: *The History of American Anticommunism*, Simon and Schuster Inc., New York, 1995, pp. 422–423.
③ [美]理查德·N·哈斯:《"规制主义":冷战后的美国全球新战略》,陈遥遥、荣凌译,新华出版社1999年版,第121页。

成了美国推进民主战略的理论依据和学术支撑。

（1）民主和平论

与美国实施推进民主战略相配合，冷战后美国战略界和学术界掀起了"民主和平论"的热潮，将"民主"与"和平"这两样东西捏到一起。"民主和平论"成了美国推进民主战略的最重要理论依据和学术支撑。

亨廷顿认为："民主的扩展对国际关系也有重要意义。"①此言极是。冷战后，对西方国家的对外政策影响最大的理论之一就是"民主和平论"，这一理论突出地体现了民主问题对国际关系的影响。

"民主和平"的思想在 200 多年前就已出现。德国古典哲学的奠基人伊马纽尔·康德在其 1795 年撰写的《论永久和平》一文中提出了由自由国家联合起来建立"永久和平"的设想，这被看成是"民主和平"思想的发端。在 20 世纪，伍德罗·威尔逊、西奥多·罗斯福、哈里·杜鲁门都不同程度地提出过"民主和平"的思想。迈克尔·亨特在《意识形态与美国外交政策》一书中揭示了"民主和平"思想对杜鲁门政府推行对苏遏制政策的影响："一方面，像美国这样的民主国家是天生爱好和平的，即使有不足之处。最基本的假设（用哈利·杜鲁门的话）是：'人民在国家政策形成中的声音越强烈，侵略危险就越小。'另一方面，反民主的国家，无论是共产主义、法西斯主义、还是纳粹，可能依赖追求一个敌对过程并向外扩展权力，就像他们在国内追求压制政策一样。正如杜鲁门的有影响的国防部长詹姆斯·佛瑞斯托尔（James Forrestal）1948 年宣称的，'专制主义，无论其形式如何，都有无情地、强制性地侵略的倾向'。"② 不过，直到 20 世纪 80 年代，"民主和平"

---

① ［美］塞缪尔·亨廷顿：《第三波——20 世纪后期民主化浪潮》，刘军宁译，三联书店 1998 年版，第 29 页。

② Michael H. Hunt, *Ideology and U. S. Foreign Policy*, Yale University Press, New Haven, 1987, p. 152.

第一章　美国意识形态外交在后冷战时期的发展变化

思想才真正成为一种"理论",并对国际关系产生深刻的影响。1983年,美国学者迈克尔·多伊尔在《康德、共和政体的遗产和外交事务》一文中正式提出并系统阐述了"一个自由民主国家同另一个自由民主国家从不打仗"这一命题,① 被学术界认为是"民主和平论"的创始人。不过,那时多伊尔的思想并未引起美国学术界的重视。

进入20世纪90年代以后,美国的一些学者对"民主和平论"的兴趣陡然大增,纷纷著书立说,对迈克尔·多伊尔的观点进行大力阐发,从而形成一套较完整的理论。② "民主和平论"的主要论点是:从200多年国际关系史的现实看,实行民主制度(指欧美成熟的民主制度)的国家很少或不易彼此开战;当它们之间产生利益冲突时,它们很少威胁使用武力,而是采用和平的方式加以解决或调和;即使有一定程度的冲突,也多半被有效地抑制在战争的临界点以下。民主国家之所以不互相进行战争的原因有两方面:一是自由民主制度的约束,即民主国家的国内政治机制和公共舆论对政府起着有效的监督和平衡作用,进而制约政府的外交决策;二是民主理念和传统所形成的自律,即民主国家之间有着相互尊重、合作与妥协的共同特点。③ 最后的结论是:只要民主国家不打仗"这种现象持续下去,民主在世界范围内的扩张就意味着和平地带在世界范围内的扩展"。④

值得注意的是,"民主和平论"在美国以外的西方国家也很有市场。

---

① Michael Doyle, "Kant, Liberal Legacies, and Foreign Affairs", *Philosophy and Public Affairs*, Vol. 12, No. 3, Summer 1983, p. 205.

② 有关"民主和平论"的代表作有:Bruce Russett, ed. *Grasping The Democratic Peace: Principles for a Post - Cold War World*, Princeton University Press, N. J, 1993. John M. Owen, *How Liberalism Produces Democratic Peace*, International Security, Fall 1994.

③ Michael E. Brown, Sean M. Lynn - Jones and Steven E. Miller, *Debating the Democratic Peace*, Massachusetts, The MIT Press, Cambridge, Massachusetts, 1997, preface xxiv - xxix.

④ [美]塞缪尔·亨廷顿:《第三波——20世纪后期民主化浪潮》,刘军宁译,三联书店1998年版,第29页。

比如西班牙学者费德里科·马约尔在谈论民主问题时就说："民主教育就是和平教育。"① 这里他也将民主与和平紧密联系起来。

"民主和平论"在学术界特别是在中国引起了强烈反响，许多人对这一理论持批评态度，指出了这一理论中的种种逻辑错误和与事实相违背的地方。② 在西方学术界，也有对"民主和平论"持批评态度者。他们认为，民主和平这种现象虽然存在，特别在二战以后，但是"民主和平论"的解释力却比较有限。二战以后，民主国家之间无战争发生，取决于许多因素，如面临共同的安全威胁，经济上相互依赖，等等。如果没有这些因素发挥作用，民主国家之间很难说不会发生战争。所以，"民主和平的观念应当被超越"。③著名思想家托克维尔在他的名著《论美国的民主》中论证了"民主国家的人民自然希望和平而民主国家的军队自然希望战争"这一观点。④

美国的两位学者爱德华德·曼斯菲尔德和杰克·斯奈德提出了与"民主和平论"针锋相对的论点，即民主战争论。他们在1995年5—6月号的美国《外交》季刊发表了一篇题为《民主化与战争》的论文（后来又出版了相同名字的专著）。文章将国家分成五种类型，即民主型、专制型、混合型、由专制型向民主型过渡和由混合型向民主型过渡；通过对它们进行统计分析得出结论，两种向民主过渡型国家最倾向于同它国进行战争，而民主型、专制型和混合型则较少倾向于战争。文章最后

---

① [西]费德里科·马约尔：《冷战之后》，闵宛胤译，中国社会科学出版社1997年版，第78页。

② 评论"民主和平论"的主要作品有：《欧洲》1995年第4期载李少军的文章《评"民主和平论"》；第6期载王逸舟的文章《国际关系与国内体制——评"民主和平论"》；同期载庞中英的文章《对"民主和平论"的若干意见》；李靖华著《霸权的兴衰》第七章《民主与和平不是因果关系》。

③ Karen Rasler and William R. Thompson, *Puzzles of the Democratic Peace: Theory, Geopolitics, and the Transformation of World Politics*, Palgrave Macmillan, New York, 2005, p.227.

④ [法]托克维尔：《论美国的民主》，董果良译，商务印书馆1988年版，第812—819页。

得出的结论是:"就长期而言,稳固的民主制度区域的扩大,可能会增强和平的前景。就短期而言,在使动荡的过渡时期(指民主化)所存在的危险减至最小程度方面,仍然有许多工作要做。"① 从某种意义上说,"民主战争论"并未否定"民主和平论",而是修正了"民主和平论",将能够带来和平的"民主"限定在"稳固的民主制度"这一范围内,从而使得"民主和平论"显得更加与事实相符,立论更加稳固。为"民主和平论"辩护的学者,对"民主战争论"提出了质疑。斯坦福大学民主、发展与法治研究中心主任麦克尔·麦克法尔在为《民主化与战争》撰写的书评中对"民主战争论"做了系统的批判。②

本文不想对"民主和平论"内容本身进行评价,只想说明这一理论对国际关系的影响。实际上,"民主和平论"早已为美国政府接受。首先是克林顿民主党政府。早在入主白宫前,克林顿就在乔治城大学发表的竞选演说中专门谈论民主问题,声称由公民选择领导人的国家,比用其他形式组成政府的国家更倾向于成为可信赖的贸易和外交伙伴,更不易威胁和平。③克林顿在当选总统后不久就宣称:"民主国家并不互相进行战争"是"颠扑不破的真理","民主国家在贸易和外交上结成更好的伙伴;民主国家尽管有内在的问题,但为保护人权提供了最好的保证。"④在1994年底公布的《美国国家安全战略报告》中,克林顿阐述道:"民主国家不大可能给我们的利益构成威胁,它们更可能与美国合作,以共同对付给安全造成的威胁并促进世界经济持续发展。""我们的

---

① Edward D. Mansfield and Jack Snyder, " Democratization and War", *Foreign Affairs*, May/June 1995, p. 97.

② Michael McFaul, "Are New Democracies War – prone?", *Journal of Democracy Volume*, 18, Number 2, April 2007, pp. 160 – 167.

③ Strobe Talbott, "Democracy and the National Interest", *Foreign Affairs*, November/December 1996, p. 47.

④ 克林顿在乔治城大学发表的对外政策演说,1993年1月18日。

国家安全战略是建立在扩大市场民主国家大家庭的基础上的"。① 在同年的国情咨文中，克林顿声称：从未有过两个民主国家之间进行战争的事情发生，这对为什么在海外推进民主会成为他的外交政策一大支柱做了最好的解释。② 1996年，总统国家安全事务助理安东尼·雷克在一次演讲中宣称："经验告诉我们，民主国家之间很少能发生战争或者滥用其人民的权利。这些国家致力于成为更好的贸易伙伴。在与各种可憎而偏狭的势力作斗争时，每一个民主国家都是潜在的盟友。"③ 在1998年公布的《新世纪国家安全战略报告》中，克林顿强调："民主国家的政府在面临共同的威胁时彼此之间更易于进行合作，鼓励自由贸易和促进经济持续发展。它们发动战争和侵占人民权利的可能性较小。"④ 正如基辛格所说："直到今天，和平有赖于民主体制推广这个观念，仍是美国思想的要义之一。"⑤

"民主和平论"对其他西方国家的对外政策也都有不同程度的影响。从某种意义上说，"民主和平"已经成了西方国家决策层和战略家特别是有自由主义思想倾向者的外交理念。正如美国著名国际问题专家约翰·艾肯伯瑞所说："学者们找出了一些民主国家普遍和睦相处的原因。他们指出：选举产生的议会及其他民主机构往往可以限制领导人动员社会进行战争的能力；民主国家制订的在国内和平解决冲突的准则进而应用于外交中；与非民主国家相比，民主国家的机构可提供有关政府意图

---

① 梅孜编译：《美国国家安全战略报告汇编》，时事出版社1996年版，第244、248页。
② Edward D. Mansfield and Jack Snyder, "Democratization and War", *Foreign Affairs*, May/June 1995, p.79.
③ ［美］理查德·N·哈斯：《新干涉主义》，殷雄、徐静译，新华出版社2000年版，第240—241页。
④ 新华社华盛顿1998年12月1日英文电。
⑤ ［美］亨利·基辛格：《大外交》，顾淑馨、林添贵译，海南出版社1997年版，第17页。

的较诚实和可靠的信息"。①

"民主和平论"对国际关系产生了深刻的影响。按照"民主和平论"的逻辑，世界被截然分成民主的和不民主的两部分，民主成了划分国际阵线的标尺，正像冷战时期"反对共产主义"是划分国际阵线的标尺一样。不仅如此，照此逻辑，"民主国家"在世界推进民主还是符合全人类利益的；既然民主能带来世界的永久和平，那么"民主国家"在全世界推广西方式的民主则是非常正义的事业了，为了正义的事业，"民主国家"完全可以对它国的事务进行干涉；那些非"民主国家"，从世界和平大局出发，应当实行"民主化"，向"民主国家"学习，甚至接受"民主国家"的"帮助"和"指导"，最后被纳入民主国家所主导的国际体系。

(2) 历史终结论

美国日裔学者弗朗西斯·福山的"历史终结论"是美国实施推进民主战略的另一个重要理论依据。

还在苏联东欧剧变刚刚开始的时候，出身于哈佛的政治学博士、在美国国务院思想库当副主任的福山就在新保守主义的期刊《国家利益》1989年夏季号上发表了一篇题为《历史的终结?》的文章。此文立即引起了很大反响，被译成多种文字，并被多国的报刊转载。以后，福山又出版了《历史的终结》一书，对他的思想进行了更为系统、详尽的阐述。

福山的核心观点是：苏联东欧的剧变不只是冷战的结束，也是意识形态进化的终点；西方的自由民主已经战胜包括共产主义和法西斯主义在内的各种极权主义，已经成为人类政治的最佳选择，也是最后的形

---

① G. John Ikenberry, "Why Export Democracy?: The 'Hidden Grand Strategy' of American Foreign Policy", *The Wilson Quarterly*, Vol. 23, No. 2, Spring 1999.

式。福山这样表述他的观点:"关于作为一个统治体系的自由民主的正统性,一个值得注意的共识这几年已在世界出现,因为自由民主已克服世袭君主制、法西斯与共产主义这类相对的意识形态。可是,我更进一步指出,自由民主可能形成'人类意识形态进步的终点'与'人类统治的最后形态',也构成'历史的终结'。换言之,以前的统治形态有最后不得不崩溃的重大缺陷和非理性,自由民主也许没有这种基本的内在矛盾。"在福山看来,自由民主社会是人类社会的最后阶段和形式。当然,福山承认,这个最后阶段并不是尽善尽美的。历史的终结"并不是说,美国、法国、瑞士这些今日已安定的民主国家没有不公正或深刻的社会问题"。而且人类达到这一理想境地的进程也不会是一帆风顺的。"目前一些国家也许不能达成安定的自由民主;其他一些国家可能回到神权政治或军事独裁这一类更原始的支配形态。"但是,在福山看来,自由民主是人类进步的大方向,"自由民主的'理念'已不能再改良了"。①

福山继承了"民主和平论"的思想。按照福山的逻辑,将来人类都实现自由民主了,那么世界和平也就有了可靠保障,因为"自由民主会把希望自己国家被认为比其他国家优秀的合理欲望,改变为希望被认为与其他国家平等的合理欲望。在自由民主构成的世界中,因为所有国家都互相承认对方的正统性,引发战争的原因才减少。"②

这里不想对"历史终结论"做详细介绍,只是要指出这个理论中所渗透着的反共主义因素。首先,福山将自由民主作为"人类统治的终点",实际上是否定了共产主义作为人类社会最高形态的地位。福山认为:马克思也设定了一个"历史的终结",即"共产主义社会",但是苏联东欧的剧变表明,共产主义不会成为"历史的终结"。他还反驳一些

---

① [美]弗朗西斯·福山:《历史的终结》,翻译组译,远方出版社1988年版,第1页。
② 同上,第11页。

社会主义者所提出的"资本主义全面的胜利,正是为下一阶段社会主义做准备;而社会主义运动只有在整个世界都进入资本主义的时候才有可能成功"的观点,指出:"过去几十年,只是为了实现那种'可能',世界上的某些国家已经尝到恶果,我想,没有那种可能!"① 福山的这种武断说法,反映了他对社会主义、共产主义的偏见。在他看来,"社会主义之下"是"恒常的贫穷"。

其次,"历史终结论"为西方国家推行意识形态外交提供了有力的理论依据。既然自由民主是人类的"理念",那么那些"已经安定的民主国家"自然有义务和责任去促进人类"理念"的实现。而社会主义国家自然也就是需要促进的对象。尤其是从实现永久世界和平的目标出发,更应该大力推进自由民主。

不过,在事过20年后,面对中国经济快速发展而并未照搬西方民主模式的现实,福山修正了他的观点。他说:"历史终结论还有待于进一步推敲和完善,人类思想宝库需要为中国留下一席之地。"②

（3）新干涉主义

与"民主和平论"和"历史终结论"相比,"新干涉主义"对美国推进民主战略的影响较为短暂,它只是在科索沃战争期间火热一时。而且,提出这一理论的人并非一般的学者,而是克林顿总统和布莱尔首相这两位政治家以及他们执政团队中的成员。

对他国进行干涉一直是美国对外关系的一项重要内容。从1798年至1945年这147年中,美国军队侵犯其他国家168次;第二次世界大战

---

① [美] 弗朗西斯·福山:《历史的终结》,翻译组译,远方出版社1988年版,第391页。
② [日]《中央公论》2009年9月号对福山的专访:"日本要直面中国世纪"。转引自赵启正、[美] 约翰·奈斯比特、[奥] 多丽丝·奈斯比特:《对话中国模式》,新世界出版社2010年版,第10页。

后,美国对全世界60多个国家进行了干涉。① 随着"干涉"的实践,在美国逐渐形成了为实践辩护的理论——干涉主义。干涉主义最早可追溯到20世纪初。1904年,西奥多·罗斯福总统在国情咨文中说:"在美洲和在其他各地一样,如果有哪一个国家祸乱时起,政事弛废,结果使文明社会的关系为之破坏,最后一定需要由某一个文明国家出兵干涉。这就会迫使美国不得不对那些公然目无法纪或政事弛废的现象执行国际警察的权力。"② 行使国际警察的权力,对目无法纪或政事弛废的国家进行干涉,这就是"干涉主义"的核心内容。在冷战期间,美国将"干涉主义"与"反共主义"紧密联系在一起,将"反对共产主义的威胁和扩张"作为其推行干涉主义的主要依据和内容。

冷战后,"反共主义"不再适合作为对外干涉的依据,于是美国开始为干涉行为寻找新的理论依据。随着对外干涉的实践,从海湾战争到在索马里"重建国家"的干预升级,到入侵海地,再到占领波斯尼亚,直到科索沃战争,美国的"新干涉理论"逐渐形成。乔治·布什总统退职前,在提出建立美国领导的世界秩序和促进民主的外交目标的同时,提出了他的干涉理论。他强调:"真正的领导地位要求具有使用武力的愿望。而且武力可以作为一种外交手段的有益后盾和补充,如果需要的话,还可以作为一种临时性的替代方案。""如果利害关系要求这么做,如果使用武力能起作用,如果没有其他的有效政策,如果对使用武力的范围和时间加以限制,如果潜在的利益值得我们付出这些潜在的代价与牺牲,那么作为一项政策来说,使用武力是有意义的。"③虽然布什没有

---

① 墨西哥《至上报》1999年4月18日刊登的贝塞拉·阿科斯塔的文章,题为《美国在147年中进行了168次入侵,本世纪对60个国家进行过干涉》,见新华社联合国1999年4月18日电。
② 转引自吕其昌:《值得警惕的"克林顿主义"》,载《国际论坛》1999年第5期。
③ [美]理查德·N·哈斯:《新干涉主义》,殷雄、徐静译,新华出版社2000年版,第217—218页。

系统提出"新干涉主义"的观点，但是他已将军事干涉与推进民主联系了起来。这实际上是"新干涉主义"理论的萌芽。

1996年，总统国家安全事务助理安东尼·莱克在一次演讲中提出了七项美国需要使用武力的情形，其中第四项是，"维护、促进和保卫民主"；第七项是，"出于人道主义目的，与饥荒、自然灾害以及严重践踏人权的行径作斗争"。①这里，莱克将使用武力与民主和人权问题联系起来，"新干涉主义"理论的核心内容已经具备。

在1999年的科索沃战争期间，在干涉行为达到登峰造极程度的同时，美国及其盟友英国将"新干涉主义"理论更加明确化、系统化。对美国来说，对"新干涉主义"的明确阐述是与"克林顿主义"的提出相伴而生的。1999年6月，克林顿对北约"维和"部队发表了演说，提出："如果有人出于种族、民族背景或是宗教的原因追赶无辜平民，试图对他们进行集体屠杀，而我们又有能力予以制止，这时我们可以向全世界人民——不管是在非洲、中欧或是其他地方——声明，我们将制止这种行动。"这是对"克林顿主义"的最集中阐述。说白了，所谓克林顿主义就是美国据以进行海外军事干预的原则，其核心就是"人道主义干涉"，实质是强制推行美国的价值观，贯彻美国的"民主外交"方针。实际上，新干涉主义就是克林顿主义的核心内容。

新干涉主义有两大理论支点：一是"捍卫人类普遍的价值观"，认为自由、民主、人权、法治等西方价值观是普世的，应该推广到全球，而西方国家则有推广的"权利"和义不容辞的"义务"。在科索沃战争期间，布莱尔声称"我们不是为土地而战，而是为价值观而战"；克林顿提出"文明世界不能容忍种族清洗和滥杀无辜"的原则，美国要为维

---

① ［美］理查德·N·哈斯：《新干涉主义》，殷雄、徐静译，新华出版社2000年版，第242页。

护这个原则而战。① 二是"人权高于主权",提出"人权无国界"、"主权有限论"、"主权过时论"等观点。布莱尔声称"国家主权不及人权和防止种族灭绝重要"。②

就第一个支点来讲,它并不是什么新鲜事物,美英等西方国家一直把捍卫它们的价值观作为外交政策的一个重要目标。冷战期间,它们认为共产主义是西方价值观的最大敌人,所以在它们的词语中,"反共"取代了"捍卫西方价值观"。冷战结束后,西方认为,"共产主义大失败",已不再对西方价值观构成直接威胁,于是"捍卫西方价值观"又被推到了外交政策的前台。不过,颇为值得注意的是,冷战后,"捍卫西方价值观"已经与军事集团联系在一起。北约战略新概念和重新定义了的美日同盟都特别强调以共同的价值观为基础,而科索沃战争从某种意义上说则是美欧同盟捍卫共同价值观的一次实践。

颇具"创造性"的是第二个支点。虽然西方国家早就大力倡导、推行"民主外交"、"人权外交",但一直没有在理论上突破传统的国际关系准则,即"国家主权神圣不可侵犯"原则。然而,传统的主权原则对西方国家的干涉行为构成了严重障碍,使其不名正言顺。"人权高于主权"论为它们干涉其他国家内政提供了不错的理论依据和极便利的借口。按说,"人权高于主权"的荒谬性是显而易见的,因为如果可以因人权而对主权国家进行干涉的话,那么就会出现一系列难以解决的问题:第一,在什么样的情况下进行干涉?侵犯人权的程度如何界定?事实表明,西方国家在因人权而进行干涉时,并不是一视同仁的,而是有选择的,并且实行双重、甚至多重标准。与科索沃战争相距时间并不长,在克罗地亚、卢旺达、塞拉利昂、车臣、达吉斯坦和东帝汶等地,

---

① Charles Krauthammer, 'The Clinton Doctrine', *Time*, April 5, 1999, p. 70.
② 路透社芝加哥 1999 年 4 月 22 日英文电。

美国就对种族清洗和残杀无动于衷。第二，采用什么样的手段进行干涉？是否可以像北约对南联盟那样，以更大的人道主义灾难为代价来维护"人权"？第三，由谁来进行干涉？是由联合国还是由北约这样的地区性组织？如果是后者，又由谁来干涉它自身的人权问题？当然，西方国家的潜台词是，它们是维护人权的楷模，应该由它们来行使评判、干涉别国人权问题的权力，于是什么时候、对谁、怎样进行干涉，也要由它们来定夺了。在人权问题上，西方似乎是当然的主宰，而其他则处于被主宰的地位。

从两大理论支点不难看出，"新干涉主义"实质上就是为西方国家自己的利益服务的工具，在这一点上它与殖民主义、反共主义等没有什么本质的差别。"新干涉主义"不仅散发着霸权主义和强权政治的气味，而且还具有浓厚的"西方中心论"的殖民思维色彩，特别是与"民主外交"、"人权外交"一样，渗透着反共主义的因素。就连曾任过美国国务院政策顾问、现任对外关系委员会主任兼高级研究员的罗伯特·曼宁教授都认为：以人权高于主权为实质内容的克林顿主义符合美国的冷战思维。[①]

"新干涉主义"与美国推进民主战略的关系不可忽视。以美英为代表的北约在"新干涉主义"旗帜下，发动科索沃战争，其潜台词就是，北约这个欧洲和北美"民主国家"的联合体，出动正义之师，讨伐前共产党人米洛舍维奇统治的专制的塞尔维亚，制止其制造的人权灾难。这正是维护、推进民主之举。面对北约的战争行径，反对者不仅显得非常无奈，而且在国际舞台上还很孤立。可以说，世界的"民主力量"这时达到鼎盛时期。"民主共同体"在次年成立，与这种"鼎盛"有很大关系。

[①] 《洛杉矶时报》1999年9月5日刊登的曼宁的文章：《克林顿主义：虚构多于现实》，见新华社联合国1999年9月6日英文电。

第二章

美国推进民主战略与霸权战略及反恐战略的关系

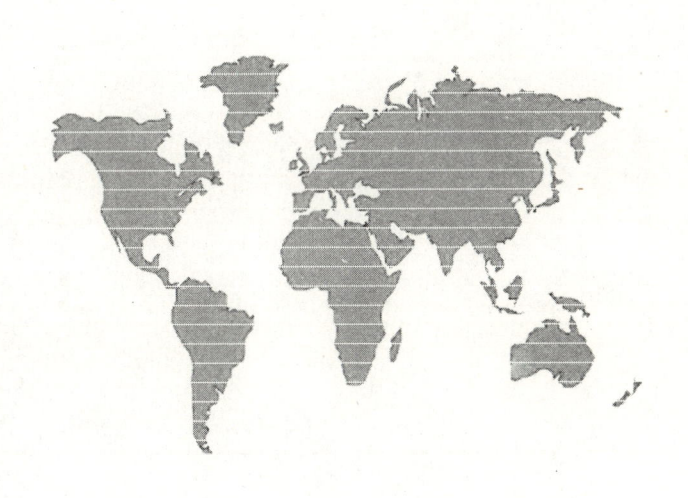

第二章 美国推进民主战略与霸权战略及反恐战略的关系

冷战结束后,美国确立了推进民主战略,并将之作为全球战略的重要组成部分。冷战后美国全球战略有两次大的调整:一是从(老)布什到克林顿,确立美国的维护霸权战略;二是"9·11"后确立以反恐为优先任务的反恐战略。这两次全球战略调整,美国都非常强调推进民主。无论是霸权战略,还是反恐战略,推进民主都拥有非常重要的地位,而且推进民主本身就构成一个独立的战略。霸权战略、反恐战略和推进民主战略,构成了"民主联盟"战略构想产生的美国全球战略背景。

一、推进民主与霸权战略

冷战时期,美国的全球战略是"遏制战略",即遏制以苏联为首的共产主义势力的扩张,实际上是在同苏联争夺霸权。冷战结束,特别是苏联解体后,美国的全球战略总目标就由争霸转为维护霸权,即尽可能长时间地维护美国的一超独霸地位。无论是(老)布什时期的"超越遏制战略"和"新秩序战略",还是克林顿时期的"参与与扩展战略",都是为了实现维护霸权这个总目标。(老)布什时期正处在苏联发生剧变的时候,1990年和1991年两年间就出台了两份国家安全战略报告,分别提出"超越遏制战略"和"新秩序战略",突显出美国正在迅速调整全球战略。在这两个战略中,美国都非常强调推进民主。但是由于白宫很快换了主人,这些战略并没有得到贯彻。最能反映霸权战略完整框架的是克林顿政府的"参与与扩展战略",而且这个战略在克林顿执政期间得到较充分的贯彻。

1. (老) 布什政府的推进民主战略

在1990年发表的国情咨文中，（老）布什总统说得非常明确："40多年来，美国和它的盟国一直在遏制共产主义，以确保民主继续存在。今天，由于共产主义开始崩溃，我们的目标必须是确保民主向前发展，在缔造和平与自由的最大希望——一个伟大的并且不断扩大的自由国家联邦——方面走在前面。"① 国务卿詹姆斯·贝克说得更透彻："在遏制之后等待着的是民主制"，"我们的新任务是促进和巩固民主制度"。② 1993年1月5日，（老）布什总统退职前夕在西点军校的讲话中提出要建立世界新秩序，并将"民主"作为新秩序的重要内容。"冷战以后，美国成了世界上惟一的超级大国，美国的职责就是运用自己的道德与物质资源，以促进民主与和平。我们有责任、也有机会进行领导。没有其他国家能担当这一职责。"③ 这里，促进民主、建立世界新秩序、美国领导世界三者是密切相关的，其中美国领导是最高目标，促进民主和建立新秩序则是实现这个最高目标的手段，同时也是一个子目标。在（老）布什看来，世界新秩序要由美国来领导，促进民主也应该在美国的领导下进行。

2. 克林顿政府的推进民主战略

在推进民主方面，克林顿政府完全继承了（老）布什政府的政策。1994年，克林顿政府出台了名为"参与与扩展战略"的国家安全战略报

---

① 梅孜编译：《美国总统国情咨文选编》，时事出版社1996年版，第773页。
② 转引自 [美] 塞缪尔·亨廷顿：《文明的冲突与世界秩序的重建》，周琪等译，新华出版社1998年版，第211页。
③ [美] 理查德·N·哈斯：《新干涉主义》，殷雄、徐静译，新华出版社2000年版，第215—216页。

告,明确地将推进民主同维护安全和经济利益并列为国家安全战略三大目标。克林顿指出,"这个新时代新的国家安全战略"的主要目标是:"用准备好进行战斗的军事力量,可靠地维护我国的安全。促使美国经济重新恢复活力。促使国外民主的发展。"[1]此后,克林顿政府基本坚持了这三项目标,只不过是在表述上有点差别罢了。比如1998年底公布的美国《新世纪国家安全战略报告》中,就这样表述美国的安全战略目标:"加强我们的安全。促进美国的经济繁荣。推动海外的民主。"并称"促进民主"是美国国家战略的"第三个核心目标"。[2]

看得出来,无论是(老)布什,还是克林顿,都不再将推进民主与遏制共产主义挂钩,或者使之从属于遏制共产主义,而是将推进民主作为一个独立的战略目标,或者说是服务于维护美国霸权这个总目标的一个子目标。如果说在冷战期间,推进民主是隐含在反共主义之下的一个目标的话,那么冷战后则是跃升到表面,成为一面公开的旗帜。

从实践上看,克林顿政府确实贯彻了推进民主的战略方针。克林顿对他在推进民主上的功绩还是感到相当满意的。1996年底,在大选获胜后不久在澳大利亚众议院发表讲话时,克林顿明确表示,在他的第二任期内要"负起特别的责任","在世界各地推进民主"。他还颇感自豪地宣称:"今天,地球上2/3的国家和一半以上的人民处在由本国人民选出的政府的治理之下,这是有史以来的第一次。"[3] 在1997年1月的就职演说中,克林顿又表达了同样的意思:"现在,有史以来第一次,在这个星球上生活在民主制度下的人民多于生活在独裁统治下的人民。"[4]客观地说,虽然民主国家的增多主要与"第三波民主化浪潮"密切相

---

[1] 梅孜编译:《美国国家安全战略报告汇编》,时事出版社1996年版,第244页。
[2] 新华社华盛顿1998年12月1日英文电。
[3] 新华社堪培拉1996年11月21日英文电。
[4] 新华社华盛顿1997年1月20日英文电。

关,并不完全是美国的"功劳",但是美国毕竟是这一进程的积极推进者,而且这一进程也符合美国的利益。

2001年布什政府上台后,强调传统安全,相应地降低了推进民主在全球战略中的地位,但是它并未放弃"推进民主"这个目标。

美国的推进民主战略首先是基于美国的国家利益,是其全球战略的重要组成部分。美国自认为是民主世界的领袖,如果世界都民主化了,它的世界领导地位也就更加稳固了。因为民主国家更倾向于接受美国的领导,而不是挑战美国的地位。正如亨廷顿所论述的:"民主在世界的未来对美国人具有特别的重要性。美国是现今世界中最重要的民主国家,其作为一个民主国家的身份与其对自由的价值所承担的义务是不可分离的……美国人在发展适合于民主生存的全球环境中具有一份特殊的利益","美国的未来因此在某种程度上取决于民主的未来。"[①] 此外,基于"民主和平论",美国战略家们认为,民主国家更缺少威胁美国安全的意愿,而且更愿意同美国结成联盟。

二、推进民主与反恐战略

"9·11"事件促使布什政府对美国全球战略做出重大调整,将反恐作为首要任务,与此同时突出防止大规模杀伤性武器扩散和打击极端伊斯兰势力的地位。与之相应,传统安全、扩展经济和推进民主的地位相对下降,特别是在布什第一任期内。但是,布什政府并未放弃推进民主战略,而是将推进民主战略与反恐战略有机结合起来。与此同时,美国

---

① [美]塞缪尔·亨廷顿:《第三波——20世纪后期民主化浪潮》,刘军宁译,三联书店1998年版,第30页。

第二章 美国推进民主战略与霸权战略及反恐战略的关系

也未放弃霸权战略，而是将反恐战略纳入到霸权战略中来，成为霸权战略的一个组成部分。可以说，霸权战略是全局性、长期性的，而反恐战略则是局部性、阶段性的。

随着反恐战争的进行，特别是伊拉克战争后，战略界有人估计，美国会结束反恐战争，将主要注意力再转回传统安全上。因为对美国来说，恐怖主义只是皮介之疾，虽然会对美国人的生命与财产造成巨大损失，但不会威胁美国的世界地位和国家安全。能够威胁美国世界地位和国家安全的是那些"潜在的战略竞争对手"，即正在崛起的大国。然而，这些战略家估计错了，美国仍然坚持反恐优先的战略。2006年公布的两份重要战略报告，即白宫的《国家安全战略报告》和国防部的《四年防务评估报告》，系统阐述了美国的全球战略。在这两份战略报告中，无论是国防部还是白宫，都明确表示，美国未来全球战略的核心任务仍然是反恐防扩。

《国家安全战略报告》由国家安全委员会制定，以白宫的名义发表，总统签署序言，所以它被看成是全面阐述美国未来全球战略的最高层次、最权威的文件，对美国的外交、国防政策都具有指导意义。2006年《国家安全战略报告》正文有49页，除总纲和结论外，共有九个部分：为维护人类尊严的渴望而战；加强打击全球恐怖主义的联盟并为防止针对美国及其盟友的袭击而努力；同其他力量一道化解地区冲突；防止敌人用大规模杀伤性武器威胁美国及其盟友和朋友；通过自由市场和自由贸易激发一个全球经济的新时代；通过开放的社会和建设民主的基础设施来扩大发展范围；制定与其他全球主要力量中心合作行动的日程；转换美国国家安全制度以迎接21世纪的挑战与机遇；抓住全球化的机遇并应对全球化的挑战。从内容、框架上来看，这份报告与2002年的报告如出一辙，除多了带有务虚性的"抓住机遇、应对挑战"这部分外，其他部分的标题及排序与后者完全一样。而且每一部分在行文上都采用一个格式：先是概括 2002 年国家安全战略的要点；然后总结自 2002 年后在这方面所取得的成就以及仍面临的挑战；最后提出前进道路即未来 4 年的应对方略。可见，新的国家安全战略与 2002 年的是一脉相承的，仍然是以反恐和维护国土安全为中心任务。布什在他签署的序言中说的第一句话就是"美国处在战争中。这是一项战时的国家安全战略。制定这项战略是我们面临的严重挑战所提出的要求。这个挑战就是以进攻性意识形态武装起来的恐怖主义兴起。2001 年的"9·11"事件就是这种以仇恨和杀戮为特征的意识形态针对美国的展示。"① 与反恐相应的是防止大规模杀伤性武器扩散、化解地区冲突和推进民主。

《四年防务评估报告》是国防部制定的，主要关注国防战略。2006 年《四年防务评估报告》的宗旨是贯彻 2005 年 3 月国防部出台的"美国国防战略"，实际上是国防战略的具体实施方案，而国防战略又是在国家安全战略的框架内，后者是前者的精神指导。换句话说，新出台的国防战略及实施方案仍然是以反恐为大背景，而且仍然将反恐防扩作为核心目标。国防部长拉姆斯菲尔德在《四年防务评估报告》前言中的第一句话就是："美国是一个已从事将要长期化的战争的国家。"然后，他就讲了"9·11"事件后美国所从事的反恐战争的情况，并称"这份 2006 年四年防务评估报告就是在这场长期战争的第五个年头提交的"。② 随后所讲的 35 点战略环境变化都是基于这个大前提，再后所提出的 17 项国防部未来四年工作任务都是围绕继续进行"全球反恐战争"这个总任务。整个报告就是在这个基调上展开的。在国防战略目标上，报告提出四个优先领域：打击恐怖主义网络；深度保卫国土安全；塑造处在战

---

① The White House, *The National Security Strategy of the United States of America*, March 2006, p. i. http://www.whitehouse.gov/nsc/nss/2006.

② Department of Defense of USA, *Quadrennial Defense Review Report*, February 6, 2006, p. v. http://www.comw.org/qdr/qdr2006.pdf.

略十字路口国家的选择；防止敌对国家和非国家行为体获取或使用大规模杀伤性武器。报告指出，美国面临着四个方面的挑战：非常规的挑战（如恐怖主义）；毁灭性的挑战（如核扩散）；扰乱性的挑战（比如某些国家掌握一些先进武器，从而使美国的传统军事优势丧失，进而扰乱其全球战略的实施）以及传统的挑战。其中传统的挑战趋于减弱，其他三种挑战趋于增强。上述的四个优先领域就是应对这三种挑战的。

奥巴马民主党政府上台后，于2010年公布了本届政府的首份《国家安全战略报告》和《四年防务评估报告》，基本精神仍然是坚持反恐战略的框架。就《国家安全战略报告》的内容来看，与2006年的报告相比，除了在推进民主上降低了调门、突出核扩散和核恐怖主义的威胁、将反恐战争限定为针对"基地"组织及其支持者的战争外，精神实质没有多大变化。就推进民主来说，2010年的报告只是同2006年的报告相比较降低了调门，但是仍然占有重要的位置。

可以看出，反恐防扩在未来一段时间内，至少在奥巴马第一任期内，仍然是美国全球战略和国防战略的首要任务。

反恐战争一开始，美国就把推进民主与反恐联系起来。美国战略界认为，反美的恐怖主义和极端伊斯兰势力都滋生在中东的不民主国家，所以，"不民主"是产生恐怖主义的根源。要想彻底铲除反美的恐怖主义，必须推进民主，首先是在中东地区推进民主。这一点在第二任布什政府时期尤为突出。

布什在2005年1月20日的就职演说中宣称，在全球推进民主是美国"国家安全提出的迫切要求"，是"美国的政策"，"其最终目标是结束我们这个世界上的暴政"。新任国务卿赖斯两天前在参议员外交委员会的听证会上也是大谈美国在世界推进民主上的作用与贡献，不仅提出与布什如出一辙的"结束暴政"观点，而且还列出了六个"暴政前哨"国家，即古巴、缅甸、伊朗、朝鲜、白俄罗斯、津巴布韦，用以取代美国此前所用的"邪恶轴心"和"无赖国家"。"暴政前哨"与"邪恶轴心"及"无赖国家"相比,不仅地域分布有很大差异,而且内涵上也有明显不同。"邪恶轴心"与"无赖国家"除朝鲜和古巴外都是中东(大中东)伊斯兰国家;而"暴政前哨"则分布在世界各大洲(非洲、美洲、欧洲、亚洲),其中只有伊朗是中东伊斯兰国家。"邪恶轴心"与"无赖国家"基本上都是"反美的"、"专制的"国家,多数都在发展大规模杀伤性武器;而"暴政前哨"只是以"专制"为标准,多数国家并未搞大规模杀伤性武器,也没有"反美"的言行。

更能体现布什政府推进民主战略的是《国家安全战略报告》。与2002年的相比,2006年的《国家安全战略报告》虽然在基调、框架上完全一致,但是有一点明显的差别,就是2006年的报告特别强调推进民主。虽然2002年报告也提推进民主,但是相比之下,2006年的报告将推进民主的地位拔得更高。可以说,推进民主是布什第二任期国家安全战略的最重要关键词。在美国的全球战略中,无论是作为全球战略的一个子目标,还是作为实现反恐等安全目标的手段,推进民主都占有非常突出的位置。

当然,在美国的对外政策中,推进民主一直是一个重要手段,布什政府也不例外。2006年《国家安全战略报告》第一部分是"为维护人类尊严的渴望而战",主要是给美国全球战略奠定一个道义基础,向世人表明,美国是高尚的,是为全人类的利益着想的。而维护人类尊严的根本途径就是推进民主。报告写道:"美国必须捍卫自由和公正,因为这些原则是正确的,对任何地方的所有人都是真实的。在民主制度中,这些没商量的人的尊严得到了最可靠的保护"。报告列举了过去4年世界在促进自由、民主和人的尊严上的成就:阿富汗和伊拉克人民用民主取代了暴政;黎巴嫩人民摆脱了外国统治者的掌握;埃及人民经历了虽有暇疵但更公开的选举;沙特阿拉伯已采取了一些初步的步骤使其公民在政府中有更多的选择；约旦在政治进程公开上取得了进步；科威特和摩洛哥正寻求政治改革日程；颜色革命在格鲁吉亚、乌克兰和吉尔吉斯斯坦取得成功，给跨欧亚大陆的自由带来新的希望；民主在非洲、拉丁美洲和亚洲也进一步推进，司法独立和法治在加强，选举实践在改进，政治和经济权利在扩大。随后列举了在这方面存在着的问题。在"前进道路"即应对方略部分，报告强调："因为民主国家是国际体系中最负责任的成员，所以推进民主是加强国际稳定、减缓地区冲突、对付恐怖主义及支持恐怖分子的极端主义，以及延长和平与繁荣的最有效的、长期的措施。"① 看来，美国找到了解决安全问题，维持国际稳定、和平与繁荣的灵丹妙药。在后面的关于反恐、维护地区安全等内容中，报告也一再强调推进民主。比如，在关于反恐的部分，报告说"民主是恐怖主义暴政的对立物"；在化解地区冲突部分，报告说"推进民主是防止并解决地区冲突的最有效手段"；在"扩大发展范围"这部分，专门用"转型外交与有效民主"作为一个小标题。

布什政府还将民主作为美国的一项重要国家实力。布什在 2006 年《国家安全战略报告》序言中提到，美国要想对付各种威胁和挑战，就必须保持并扩展它的国家力量。这种国家力量不仅仅是"无可匹敌的军事力量"，还有赖于经济繁荣和有活力的民主，有赖于强大的联盟、朋友和国际制度。② 由此可见，对美国来说，民主是国家力量的重要方面。特别值得注意的是，美国在选择盟友和朋友时，也非常注重民主因素。虽然报告坦言战略手段是实用主义的，但在选择合作伙伴时，仍强调要同民主国家结为伙伴，共同推进自由和民主；强调美国最亲近的盟友、

---

① The White House, *The National Security Strategy of the United States of America*, March 2006, p. 2 – 3. http://www.whitehouse.gov/nsc/nss/2006.

② The White House, *The National Security Strategy of the United States of America*, March 2006, p. ii. http://www.whitehouse.gov/nsc/nss/2006.

朋友都同美国分享共同的价值观和原则。报告特别强调，印度是个伟大的民主国家，是与美国分享促进自由、民主和法治义务的主要力量，共同的价值观是双方良好关系的基础。相比之下，对美国的传统盟友巴基斯坦，态度却大不相同，报告称，"我们渴望看到巴基斯坦走上一条稳定、平安和民主的道路"。对俄罗斯，报告虽然承认，俄罗斯在欧洲、中东、中亚和东亚都有很大影响，美俄有许多共同战略利益，但却认为，俄最近在民主上有所退步，强调"我们必须鼓励俄罗斯在国内尊重自由和民主价值观，不要在上述地区阻碍自由和民主事业"。在推进民主上，特别重视发挥国际组织和机制的作用。报告强调，要加强"民主共同体"，并使之制度化；要在亚洲、中东、非洲及其他地区培育建立在民主基础上的地区制度；要通过像联合国民主基金这样的工具来增强联合国及其他多边机制促进自由的能力；同国际金融机构和地区发展银行进行更有效的协调，使之在推进民主上做出独一无二的贡献。

总的来看，在第二任布什政府时期，推进民主一方面被作为实现反恐战略的根本途径，另一方面又是霸权战略的一个重要子目标，是推进霸权战略的重要手段。

正是由于推进民主战略如此重要，所以在实践上，布什政府对推进民主是不遗余力的。较为突出地表现在支持"颜色革命"和北约东扩上。对发生在格鲁吉亚、乌克兰、吉尔吉斯斯坦的"颜色革命"，美国都旗帜鲜明地表示支持。2006年11月18日，共和党控制的美国参议院一致通过了支持格鲁吉亚、乌克兰、阿尔巴尼亚、克罗地亚和马其顿加入北约的法案。法案中申明，美国国会将呼吁及时接纳上述国家加入北约，但是要有条件，这就是这些国家要继续进行民主改革、国防改革和经济改革。可见，美国正在利用北约所能提供的安全保障作为诱使东欧和独联体国家推进民主改革的工具。该法案还规定，在2007年财政年度，美国从联邦预算中向格鲁吉亚拨款1000万美元，向阿尔巴尼亚拨款 320 万美元，向克罗地亚拨款 300 万美元，向马其顿拨款 360 万美元，以便在这些国家进行加入北约的准备工作时提供"安全方面的协助"。①

布什政府在推进民主上的另一突出表现是推进美印关系。在发展美印关系时，布什不仅强调这是"最强的民主国家"与"最大的民主国家"之间的关系，而且还不惜损害国际核不扩散体系，牺牲美国在防扩散方面的利益，同未参加国际核不扩散体系并且一再无视国际社会的要求而进行核试验的印度签订核合作协议。2008 年 10 月 8 日，布什在《美国和印度民用核能协议》(U. S. – India Nuclear Civil Agreement) 签字仪式上的讲话中，大讲美印拥有共同的价值观。布什称："尽管美国和印度相隔半个地球，但我们在迈进 21 世纪时自然而然地结为伙伴。我们两国都在走过殖民历史后建立起生机勃勃的民主制度。""我们已经显示出我们珍视自由，维护人类尊严，尊重法治。"②虽然分析家们都认为布什政府此举有在地缘战略上联合印度牵制中国的考虑，但是推进民主的理念也是不容忽视的。在美国心目中，中国是"不民主国家"而印度则是合格的"民主国家"，这是不争的事实。而联合民主国家对付不民主国家对美国来说是顺理成章的事。正如美国参议院对外关系委员会资深共和党议员卢格 (Richard Lugar) 所说，这项议案将有助于"与一个同我们有共同的民主价值观并将在世界舞台上有越来越大影响力的国家发展战略伙伴关系"。③

布什政府在贯彻推进民主战略上虽然有一定的成绩，但总体上是不成功的，这主要在于伊拉克战争的负面影响。托马斯·凯若瑟斯对此评价道："作为美国对外政策组成部分的民主推进，其将来是不确定的。

---

① 俄新社华盛顿 2006 年 11 月 18 日电。转引自《参考消息》2006 年 11 月 19 日。
② 美国白宫："布什总统在美印核合作法案签字仪式上发表讲话"，美国国务院国际信息局：《美国参考》2008. 10. 8。http://embassyusa.cn。
③ 同上。

在乔治·W·布什的领导下，民主推进因它与伊拉克战争的密切关系而信誉受损。现在只有少数美国公众支持将民主推进作为美国的政策目标，而且无论是共和党还是民主党，内部在这个问题上都存在着严重分歧。"[1]与克林顿政府相比，虽然布什政府将推进民主的地位拔得更高，但成效远不如前者。

布什政府将推进民主战略与反恐战略有机结合起来，试图通过在大中东地区推进民主来铲除滋生恐怖主义的根源，但结果却是事与愿违。案例之一就是哈马斯掌权。单单从推进民主的角度看，2006年巴勒斯坦搞公平开放的议会选举，应该是一大进步，但是持激进反美立场并被美国认定为恐怖组织的哈马斯却赢了选举，这不仅出乎美国的预料，而且也让美国难以接受。从反恐的角度讲，哈马斯掌控巴勒斯坦的政权绝对不是好事。案例之二是伊朗。同中东其他伊斯兰国家相比，伊朗的民主程度是比较高的，但是经民主选举而产生的内贾德政权却是极端反美的，并且致力于发展核力量，在中东称霸，从而使伊朗成为美国最难对付的"邪恶轴心"之一。正如著名学者于时语所分析的："西方世界在中东地区面临的最大挑战，是伊斯兰民主化潮流。再说白了，真实穆斯林民意的伸张，是美国主导的现有世界秩序面对的一个主要威胁。"[2] 美国战略家一直将以反美为主要特征的极端伊斯兰势力看成是恐怖主义的温床，而上述两例民主进步的结果却是这种反美的伊斯兰势力借"伊斯兰民主化潮流"而成长壮大。

不过，布什政府在中东推进民主也有成功之处。中东问题专家马晓霖认为："虽然美国民主化中东大战略遭遇失败，但是伊拉克战争、反

---

[1] Thomas Carothers, *U. S. Democracy Promotion: During and after Bush*, Carnegie Endowment for International Peace, Washington DC, 2007, Executive Summary, p v.
[2] 于时语:《"蟑螂"们的民主——大中东地区对西方的挑战》，载《南风窗》2009年第3期。

恐战争造成的压迫态势，以及美国的民主化外交攻势，也使其在这方面有所斩获。"除了"黎巴嫩'雪松革命'外，伊拉克已经顺利举行了两届大选，而且投票率均保持相当高的水准。虽然此届大选后政府长达半年不能完成组阁，但国家机器和社会生活正常运转。此外，沙特同意举行市政委员会选举，卡塔尔颁布新宪法，巴林进行首次选举，科威特进行国民议会直选、任命首位非王储身份的首相，摩洛哥规定男女经济和政治平等，埃及成立国家人权委员会等，都是美国民主化外交攻势的胜利果实。"①

以"变革"为旗帜赢得2008年总统选举的奥巴马试图吸取布什政府的教训，在大中东地区推进民主问题上进行了政策调整。据英国《卫报》文章分析，奥巴马新政府成员在上任后所作的外交政策发言中，都没有提到"在阿富汗建设民主的问题"，相反，"他们发言的重点都放在实现可持续安全、防止塔利班扩大对这个国家的控制等问题上"。② 在阿富汗的政策调整很有可能扩大到整个大中东地区。奥巴马政府上台后的外交实践表明，它确实降低了推进民主的调门，但是仅此而已，推进民主作为一项战略，实际上在奥巴马时期仍然得到贯彻。

三、新保守主义：布什政府高调实施推进民主战略的理论武器

推进民主战略在布什第二任期内被抬到登峰造极的高度，这与新保守主义得势有密切关系。而新保守主义得势又得益于美国保守主义运动

---

① 马晓霖：《美国在伊拉克得大于失》，载《参考消息》2010年10月7日，第13版。
② 《奥巴马阿富汗政策转向"新现实主义"》，载《参考消息》2009年2月11日，第3版。

处于高潮时期。

意识形态差异是美国两大党的主要分水岭。民主党信奉自由主义，而共和党则信奉保守主义。经过长期的演变，两大党在许多经济社会及外交政策上都趋同，据此有人说美国只有一种主流意识形态，即自由主义，而民主、共和两党的意识形态只不过是自由主义的不同派别。民主党倾向于照顾下层平民的利益，强调平等和变革，所以可称作自由民主主义；共和党倾向于照顾上层富人的利益，强调自由和维持现有秩序，所以可称作自由保守主义。尽管如此，这两种思想体系毕竟源于不同的哲学理念，还是有相当大差异的。

风水轮流转。在美国政治生活中，表面上是两大党轮流执政，但在社会深处，在意识形态层面，则是自由主义和保守主义相互交替发挥主导作用。如果从19世纪中叶保守主义作为一种重要社会思潮在美国兴起算起，它与自由主义的较量可分为三个大的阶段。第一阶段从1854年共和党诞生开始。当时正是美国工业化取得突飞猛进的大发展时期，社会矛盾加剧，新兴的美国工商业资产阶级需要一种理论来为贫富悬殊的社会不平等现象进行辩护，保守主义应运而生。此时美国保守主义的主张恰恰是古典自由主义的东西，即自由放任主义，具体说，就是为了人身权利和财产权利而最严格地限制政府权力。共和党一开始就宣称自己是美国工商业资产阶级的政治代表，所以自然要承接过保守主义的意识形态。南北战争后，共和党在美国政坛上居支配地位，而民主党则甘拜下风。这一阶段，一直到1932年民主党人罗斯福上台实行新政才结束。这72年间，共和党控制白宫长达56年，国会参议院64年，众议院50年。第二阶段从1932年开始，到1994年结束。1929—1932年大萧条和罗斯福新政给自由主义复兴创造了机遇，与之相应，保守主义势微。这62年间，民主党控制白宫34年，参议院52年，众议院58年。特别值得注意的是，从1955年至1994年这40年间，众议院一直为民主党所控制。①第三阶段从 1994 年开始，现在仍在进行中。以 1994 年中期选举共和党一举控制参众两院为标志，保守主义重新夺回在美国社会政治生活中的主导地位。到 2000 年，共和党不仅继续控制着参众两院，而且夺回了白宫。2004 年大选，不仅布什的总统宝座更加稳固，而且共和党在参众两院的优势还进一步扩大，在参议院，共和党甚至赶走了民主党领袖汤姆·达施勒。按照常规，美国选民受分权制理念的影响，在选举总统和国会议员时，通常是将自己的选票分别投给两个党，如果总统选了共和党候选人，国会议员就要选民主党人，除非是某种意识形态占了绝对优势。此外，美国选民还受任期制理念的影响，不愿意让白宫宝座长期由一个党把持。所以在两党各自的兴盛时期，一般控制国会的时间要相对长于控制白宫时间。特别是，选民在选总统时，比较看重候选人的个人因素。比如艾森豪威尔在成为共和党候选人之前，还不知道自己要先加入哪个党。

　　保守主义在 20 世纪末的重新崛起，并不是一蹴而就的。在经历了 1932—1964 年的低潮后，保守主义开始了复兴的进程。这个复兴进程伴随着共和党的自身改革，而这场改革带有脱胎换骨的性质，史称"保守主义革命"。这场"保守主义革命"的核心内容就是告别过去 30 多年来的"共识政治"，即当共和党执政时，也奉行民主党实行过的以国家干预为主要特征的自由主义政策。简言之，这场"保守主义革命"就是要使共和党保守化，与民主党在政治上划清界线。这场革命始于 1964 年戈德华特作为共和党保守派代表在党的全国代表大会上赢得总统候选人提名。戈德华特虽然输掉了这次大选，但却开启了共和党内的保守主义革命，因此成了这场革命的第一代旗手。此后，共和党内保守派的力量

---

① 参见林宏宇：《美国社会政治思潮与美国总统选举》，载《国际关系学院学报》2004 年第 3 期。

逐渐上升。以1980年里根赢得共和党提名并入主白宫为标志，保守派在共和党内战胜了温和派，成了党内的主流力量。里根则成了这场保守主义革命的第二代旗手。不过，在1980—1994这14年间，民主党的自由主义虽然面对保守主义的进攻处于守势，但毕竟余威仍在，而且共和党的保守化尚未完成，所以共和党很难同时控制白宫和国会，特别是国会，仍是民主党的天下。但是，保守主义在美国的影响在继续增强。正因为这样，在克林顿执政的8年间，不得不走"第三条道路"，抛弃了一部分新政自由主义政策，向保守主义的政策靠拢。

保守主义革命是由乔治·W·布什来完成的。布什赢得2000年大选，很大程度上得益于保守主义革命和共和党的崛起。1994年中期选举胜利表明共和党已经在美国政坛上翻身，现在所需的是寻找一位新的保守主义革命的旗手。恰在此时，布什登上美国政治舞台。双方一拍即合。共和党得到了领袖，布什得到队伍。于是，布什成了共和党保守主义革命的第三代旗手。领袖与队伍相得益彰。此时的共和党，保守派已占绝对优势；而布什则比前两任旗手更坚定地坚持保守主义的基本原则。共和党同时控制白宫和参众两院，则表明保守主义又一次取代自由主义成了影响美国民众思想的最主要意识形态。2004年大选，由于民主党采取了动员下层选民出来投票的战略，投票率较高，而根据常规，下层选民通常投民主党的票。但是，这一次民主党却失算了，被民主党动员出来的选民多数并未将选票投给克里。何以至此？原因就在于保守主义革命已取得硕果。据估计，2004年时只有1/3的美国人支持民主党，而这其中又只有1/3称自己为自由主义者；与之相对应的是，2/3的共和党人称自己为保守主义者。在这次大选中，布什时常攻击克里为"极端自由主义"者，而克里却不敢攻击布什为"极端保守主义者"，这也说明了保守主义在美国远比自由主义受欢迎。实际上，"9·11"之前，保守主义已经击败了自由主义，而"9·11"则为保守主义进一步扩张实力创造了良好的机遇。

保守主义的得势还可以从第一届布什政府的人员构成和内外政策得到印证。当年里根以绝对优势击败对手，但鉴于自由主义仍有很强的影响力，以及党内的温和派仍有一定实力，为了搞平衡，不得不将许多温和派人士拉进了政府，（老）布什就属于共和党温和派。而小布什以少数选民票并靠法院裁决入主白宫，却组成了几乎是清一色的保守派内阁，像鲍威尔这样军人出身的人却不得不扮演温和派的角色。民主党人及共和党温和派对布什的保守主义政策虽多有批评甚至攻击，但有强大保守主义势力支持的布什对之却听而不闻，漠然置之。若是在20年前，这种情形是不可想象的。

新保守主义就是在保守主义运动高潮这个大环境中脱颖而出的一个能量很强的支流。

新保守主义是从自由主义分裂出来的，实际上是极端的自由主义。在外交政策方面，它与自由主义在理念上一致，都主张将价值观、意识形态作为美国对外政策的重要目标，甚至是最主要的目标之一。但是在实现目标的手段上，新保守主义却与主流自由主义大不相同，后者主张通过接触、合作、融合来达到目的，而前者则主张不惜采取任何手段达到目的，包括使用武力。

新保守主义在20世纪60年代就已诞生，但是，起初并不为人们重视，对美国政治特别是对外政策的影响也不大。直到里根执政时期，一些新保守主义者才有机会进入内阁，进而影响决策。里根政府的对外政策，在相当大程度上是受了新保守主义的影响，尽管里根本人算不上新保守主义者。1982年，里根总统在英国国会作的一次演讲表明，他与新保守主义的观点是多么的接近。他说，"我们必须采取行动支持民主斗争。我们的目的很简单，就是要培育民主的基础设施……让人们选择自己的文化发展道路。"① 正是在这样的思想指导下，里根政府和新保守主义者采取了一系列的实际行动，包括向安哥拉、阿富汗等国的"自由战士"和反共"抵抗运动"输送武器，拒绝向波兰提供经济援助。并且，进一步扩大民主战线涵盖的范围：支持南朝鲜、菲律宾等亲美政权镇压国内的"左翼力量"，援助尼加拉瓜和萨尔瓦多两国的反共势力，在中美洲和加勒比地区开辟对苏联、古巴的第二战场。

里根的继任者老布什是温和的保守主义者，不像里根那样青睐新保守主义，而且在其任内，随着冷战结束、苏联解体，新保守主义的对外政策主张都过时了。新保守主义自然要进入一个低潮期和调整期。随后的民主党克林顿政府，新保守主义更是受到冷落，在八年任期内，新保守派无一人进入内阁。没有机会影响决策，自然就会势微。

然而，新保守主义并未在低潮中走向死亡，而是及时进行理论调整和政策创新，在队伍上也实现了代际过渡。

面对苏联解体、美国成为唯一超级大国这一现实，第二代新保守主义者极力鼓吹美国的霸权地位，并宣扬要在全球保持美国的领导地位，把美国政府是否愿意承担这个角色当作世界和平与否的重要保证因素。这种观点背后的逻辑十分简单，他们认为冷战的结束所代表的是民主制度对专制制度的胜利，是资产阶级民主对共产主义的胜利，是"历史的终结"；同时由于苏联的解体，美国成为世界唯一的超级大国（super-power），其综合实力是别的国家无可企及的。所以为什么不借助美国无与伦比的实力，把已经被历史证明具有极大优越性的资本主义民主制度推广到世界其它地区，让全世界的人民都沐浴在资本主义民主的春风之中呢？要想达到这种目的就要维持美国的全球的霸主地位，没有了美国

---

① John Ehrman, *The Rise of Neoconservatism: Intellectuals and Foreign Affairs 1945～1994*, New Haven and London: Yale University Press, p. 161.

第二章　美国推进民主战略与霸权战略及反恐战略的关系

将不会有世界的太平。正如新保守主义的两位代表人物威廉·克里斯托尔和罗伯特·卡根在合写的一篇文章有所说,"美国的霸权是唯一能够维持国际秩序稳定与世界和平的武器。因此,美国外交的正确目标应当是尽可能长时间地维持这种霸权。"①

第二代新保守主义的理论和政策主张,深受小布什的青睐。特别是在"9·11"事件后。"9·11"事件使美国遭受沉重打击,然而,新保守主义者却善于从危机中看到机遇,适时提出并鼓吹"新帝国论"。他们认为,"9·11"后美国的实力进一步提升,达到了空前的程度。《时代》杂志和《华盛顿邮报》专栏作家查尔斯·克劳萨默的文章《单极时代》较为系统、全面地阐释了新帝国论的观点。克氏认为,"9·11"事件并没有根本损伤美国的实力,反倒强化了美国与世界其他力量之间实力对比的不对称性。这种强化体现在三个方面:首先,也是最明显的,"9·11"使"迄今为止仍隐伏着的美国军事实力得以展示"。科索沃战争虽然展示了美国的空中打击能力以及美国与欧洲在军事能力上的巨大差距,但是阿富汗战争使美国的军事能力更充分地释放出来。而拿下阿富汗是当年英国和苏联想干而未干成的事情。"如果没有'9·11',这个庞然大物或许要沉睡更长的时间。世界或许已经知道美国的幅员和潜力,但是并不知道它的凶猛和强壮。"其次,"9·11"展示了美国还拥有一种新的力量形式,这就是美国力量的复原能力。"9·11"打破了美国不易受攻击的神话,但是也展现了美国的复原能力。美国人民的生活仅在"9·11"后几天内就恢复正常,体现了美国经济和政治制度有深厚的根基。这从另一个角度说明美国是坚不可摧的。最后,"9·11"加速了现存大国的重新组合,而这种组合的一大趋向就是追随美国。在

---

① William Kristol and Robert Kagan, "Towards a Neo-Reaganite Foreign Policy", *Foreign Affairs*, July-August 1996, p. 23.

1990年代，美国的主要盟友是北约。十年后，它的联盟基础已包括前华沙条约组织的成员国，但仍有一些主要力量同美国保持着距离，如俄罗斯、中国、印度。"9·11"后，这些力量都向美国靠拢。这种实力不对称性的强化，使美国成了一个"超超级大国"（hyperpower），而不只是个"超级大国"（superpower）。①

除了"新帝国论"，新保守主义的另一个理论支点就是推进民主，因为推进民主既符合霸权战略的要求，也与反恐战略密切相关。

第二任布什政府特别强调推进民主，这在某种意义上说是接受了新保守主义的思想。新保守主义就是将推进民主作为美国对外政策的最主要目标，并且主张采用一切手段来推进民主。2006年出台的《国家安全战略报告》将这种推进民主的理念固定下来。布什在序言中讲完美国国家安全战略的"最神圣义务——保卫美国人民的安全"后，接着就讲"美国还有为将来和平奠定基础的前所未有的机会"，这个机会就是，"自由、民主和人的尊严，这些曾影响我们历史的理想，正不断地激励着遍及世界的个人和民族。因为自由的国家趋向于和平，所以自由的推进将使美国更安全"。布什声称，打赢反恐战争和推进自由是不可分割的两项优先考虑。而在美国的逻辑中，自由与民主是不可分割的。在短短两页篇幅的序言中，"民主"一词用了7次，"自由"一词也用了7次。布什还强调：美国对外政策的目标是理想主义的，而实现目标的手段是现实主义的。在序言结尾，布什提出，美国的国家安全战略是建立在两根支柱上的：第一根是促进自由、公正和人的尊严，即为结束暴政、推进有效的民主、扩展繁荣而工作；第二根是通过领导正在成长的"民主共同体"来应对我们时代的挑战。序言的最后一句话是："美国必

---

① Charles Krauthammer, "The Unipolar Era", see Andrew J. Bacevich (edited), *The Imperial Tense: Prospects and Problems of American Empire*, Ivan R. Dee, Chicago, 2003, pp. 50–51.

须继续领导。"① 在总纲中,第一句话就是:"在每一个民族和文化中寻求并支持民主运动和制度,以实现在我们这个世界中最终结束暴政的目标,是美国的政策。""我们的政治家的目标就是帮助创建一个民主的、良好治理的世界"。接着讲到,"实现这个目标是几代人的工作。美国正处在一场长期运动的早期,与我们国家在冷战早期所面临的情况相似。20世纪见证了自由战胜法西斯主义和共产主义的胜利。然而,现在一种新的极权主义的意识形态正带来威胁。这种意识形态不是根植于世俗的哲学,而是根植于一种妄自尊大的宗教的变态。其内容可能不同于上一世纪的意识形态,但其含义相似:偏狭、残杀、恐怖、奴役和压制。"② 这与当年杜鲁门"冷战演说"中所用的逻辑非常相似。将自己作为正义的化身,而对手则是邪恶的,反民主的。

特别值得一提的是,新保守主义的推进民主战略,在很大程度上得到了主流自由主义的认可。虽然主流自由主义不赞成新保守主义实施推进民主战略的手段,但是毕竟他们在目标上是一致的,是同路人。所以,布什政府在推进民主上的任何成就,比如颜色革命,主流自由派也是赞扬的。对布什政府发动伊拉克战争,当初多数民主党国会议员也是投了赞成票的。民主党的动机是铲除萨达姆这个独裁者,推进伊拉克的民主。从某种程度上说,美国民主党和共和党、自由主义和保守主义,在推进民主这个目标上是一致的。推进民主是它们在对外政策上的最大公约数。

不过,很多政治势力、思潮、运动都是盛极而衰,新保守主义就是这样。新保守主义的鼎盛时期可谓是"9·11"后的布什政府任期。然而,随着布什的离任,民主党奥巴马政府的上台,特别是新保守主义的

---

① The White House, *The National Security Strategy of the United States of America*, March 2006, p. i – ii. http://www.whitehouse.gov/nsc/nss/2006.
② Ibid.

对外政策使美国陷入诸多外交困境，新保守主义的影响力急剧下降，现在几乎淡出了人们的视野。然而，从新保守主义的历史来看，其再生能力是不容低估的，不能排除将来东山再起的可能性。特别是作为新保守主义后盾的保守主义，还很难说就因为奥巴马当选美国总统而走向衰落。保守主义作为美国的一种影响较大的思潮，是有其生存土壤的。①

四、对美国推进民主战略的评价

美国推进民主战略客观上有利于促进一些地区和国家的民主化进程。20世纪以来，美国在推进民主上也确实取得了一些成功，如二战后在德国、日本、意大利、奥地利，冷战后在东欧许多国家，近几年在格鲁吉亚、乌克兰、吉尔吉斯、伊拉克、阿富汗。这些国家实现了民主化，在一定程度上与美国的支持有关。但是，美国推进民主也有不少失败的实践，如20世纪20年代在拉丁美洲、东欧，20世纪50—60年代在东南亚，近些年在中东。美国著名政治学家福山认为，美国在许多国家推进民主的努力并不成功。"美国曾经武装入侵和/或占领了许多国家，其中包括古巴、菲律宾、海地、多米尼加共和国、墨西哥、巴拿马、尼加拉瓜、韩国以及南越。在每个国家里，美国均开展了国家构建活动——举行选举、清除军阀和腐败，并促进经济发展。然而只有韩国一个国家实现了长期经济增长，而这一成就的取得还主要归功于韩国自己的而不是美国的努力。长效的制度寥寥无几。"② 美国学者詹姆斯·科斯考察了美国推进民主成功的原因，他认为，成功的地方往往有一些特

---

① 参见赵可金：《美国大选与美国政治走向》，载《国际政治研究》2009年第1期。
② ［美］弗朗西斯·福山：《国家构建——21世纪的国家治理与世界秩序》，黄胜强、许铭原译，中国社会科学出版社2007年版，第37—38页。

第二章　美国推进民主战略与霸权战略及反恐战略的关系

殊的条件，主要是：已经有成功的经济和现代社会；过去有自由民主的经历；在军事上被打败；有较大外部威胁；种族上同一的人口。①

由此可见，美国在推进民主上的作用是有限的，美国的支持只是这些国家民主化成功的一个因素，甚至还不是主要因素。英国著名外交官罗伯特·库珀认为，"外人很难带来民主，因民主是土生土长的产物"，"9·11"后，美国认定"现在当务之急是扩大民主"，但"问题是如何扩大民主"，事实证明，"凭借军事干预输出民主尤为困难"。②美国著名学者曼德尔鲍姆认为："乔治·W·布什政府将推进民主作为美国对外政策的核心目标"，但是实践结果却是不成功的。"然而，华盛顿推进民主的失败并不意味民主自身的失败。"实际上，美国推进民主的失败与民主扩展的成功相伴而行。③曼氏的观点表明，虽然民主一直在世界扩展，但主要并不是美国的功劳。

从另一个角度看，如果美国用强制手段推进民主，则本身就是违反民主价值观的。正如俞可平教授所说："民主既然是人民的统治，就应当尊重人民自己的自愿选择。从国内政治层面说，如果政府主要用强制手段，让人民接受不是他们自己选择的制度，那就是国内的政治专制，是国内的暴政；如果一个国家主要用强制的手段，让其他国家的人民也接受自己的所谓民主制度，那就是国际的政治专制，是国际的暴政。无论是国内专制还是国际专制，都与民主的本质背道而驰。"④ 罗伯特·库珀则认为："以促进民主为愿的美国的政策就带有一丝帝国主义

---

① James Kurth, "America's Democratization Project Abroad", *The American Spectator*, Bloomington, October 2006, Vol. 39, Issue 8, pp. 43 – 44.
② ［英］罗伯特·库珀：《和平箴言：21世纪的秩序与混乱》，北京大学出版社2007年版，第172—179页。
③ Michael Mandelbaum, "Democracy Without America: The Spontaneous Spread of Freedom", *Foreign Affairs*, September/October 2007, pp. 119 – 120.
④ 俞可平：《民主是个好东西》，载《学习时报》2006年12月25日，第12版。

的味道。"①

　　由于美国推进民主战略是为美国国家利益服务的，所以美国在支持、帮助民主进程时就不是无保留的，而是经常采用双重标准。美国时常出于其全球战略的需要而扶持、纵容独裁政权，比如对沙特阿拉伯，美国就从不要求它实现民主。美国还对亲美国家和地区的破坏民主的行为采取漠视的态度，最为典型的事例发生在中国台湾。2004年台湾"总统"选举时，陈水扁靠两颗子弹助选而赢得选举，这是明显的破坏民主的行为，可是美国不但保持沉默，而且还在反对派仍在从事抗议活动时就抢先对陈水扁表示祝贺，实际上承认选举结果。在陈水扁政权统治下，台湾乱象丛生，有些现象明显与民主价值相背。比如：在"国务机要费"案件审理过程中，陈水扁以"国家机密"为由，拒不与检调方面配合，将个人权力和利益凌驾于法律之上；台湾立法院时常打成一团，以至于鞋子都成了武器；更有甚者，立法院长竟被民进党立委反锁在室内，不能主事。这些乱象表明："今天的台湾，其实是走在民主倒退的道路上。"而美国则是"台湾走到今天这种乱局不容忽视的关键因素之一"。②

　　另一典型事例发生在日本。对日本领导人参拜靖国神社的行为，美国政府也是保持沉默。参拜供奉着战犯的靖国神社，意味着参拜者对这些战犯有崇敬之意，而这些战犯当年不仅是亚洲和平的破坏者，也是日本民主事业的破坏者，参拜行为实际上是对和平与民主价值观的挑战。

　　在民主问题上的双重标准，损害了美国在推进民主上的信誉，使相当多的人认为推进民主只是美国实施对外政策、谋取本国利益的工具。

---

　　① ［英］罗伯特·库珀：《和平箴言：21世纪的秩序与混乱》，吴云、庞中英等译，北京大学出版社2007年版，第48页。
　　② 香港《亚洲周刊》文章：《台湾新乱象从2007年开始》。转自《参考消息》2007年1月30日，第10版。

第二章　美国推进民主战略与霸权战略及反恐战略的关系

另外，美国采用外交打压，甚至武力干涉的方式推进民主，往往给对象国造成安全压力，促使这些国家加强安全防卫力量，并倚重强力部门维护国家安全和政权稳定，从而提高了强力部门的社会地位。强力部门地位的提高是不利于民主发展的。与此同时，安全压力还会刺激民族主义的发展，促使受民族主义影响的公众对美国的推进民主政策乃至西方民主制度持反感甚至敌视态度，这也不利于民主发展。

美国推进民主战略的一个前提是：民主的国家更容易接受美国的领导，即民主国家都会奉行亲美的政策。但从现实来看，推进民主战略的实施结果并不一定会随美国的心愿。近年在拉美出现了许多左翼政权，它们的对外政策都有一定程度的反美倾向，如委内瑞拉查维斯政权、玻利维亚莫拉莱斯政权、尼加拉瓜奥尔特加政权。这些政权都是经民主选举而产生的。由此可见，美国的推进民主战略本身也存在着问题，即战略目标与实践结果之间存在差异和矛盾。

美国推进民主战略对国际安全、世界和平与发展带来的影响是两面性的，但是负面影响更为突出（这部分内容请见第六章关于"'民主联盟'战略对国际安全的影响"部分）。

总之，推进民主战略更多地是从美国全球战略出发而确立的，它更多地符合美国的国家利益。其实施效果，从冷战后的长时段来看还是对美国有利的，只不过是在布什任内，由于采取非常激进的推进民主的政策，带来了许多副作用，从而使推进民主战略遭遇挫折。展望未来，可以肯定的是，推进民主战略还会被坚持下去，只不过方式方法会有所调整而已。

第三章

"民主共同体"的发展变化与美国推进民主战略

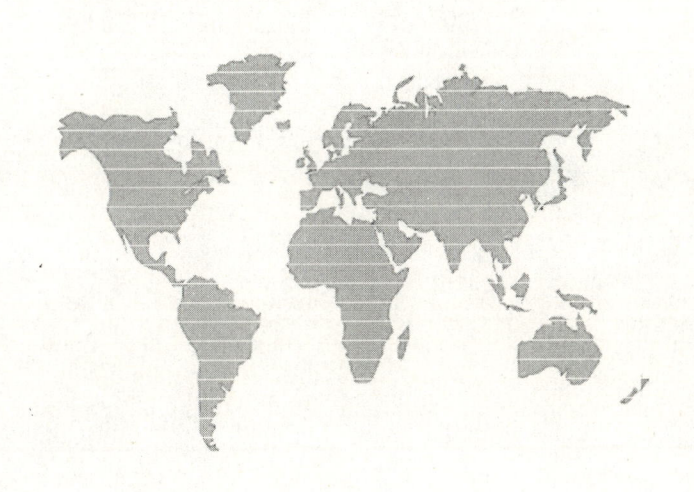

第三章 "民主共同体"的发展变化与美国推进民主战略

与美国推进民主战略密切相关的一个事件就是"民主共同体"的成立。"民主共同体"可算是美国推进民主的一个重要成果,同时,"民主共同体"又为美国进一步实施推进民主战略创造了更好的国际环境。从这个角度说,"民主共同体"的产生与发展构成了美国"民主联盟"战略构想的一个重要国际政治和世界历史背景。

一、"民主共同体"的产生背景

"民主共同体"诞生于 2000 年,正值冷战结束 10 年之际,西方霸权处于一个新的鼎盛时期。伴随着冷战结束,西方民主迎来了便于扩张的新阶段。对这一轮西方民主的扩张,美国著名政治学家亨廷顿用"第三波"来描述。而"第三波"正是"民主共同体"产生的最主要政治背景。

美国哈佛大学教授亨廷顿在其 1991 年完成的著作《第三波——20 世纪后期民主化浪潮》中系统研究了民主政治在 20 世纪后期的发展进程。他将民主政治发展进程归纳成三波浪潮:第一波是 19 世纪初到 1920 年,这个长波"导致民主在约 30 个国家取得了胜利",随后是个倒退阶段,到 1942 年止,"世界上的民主国家数量降到了约 12 个";第二波是二战结束初期,这个短波"再次使世界的民主国家的数量增加到 30 个以上",此后又有些民主政权垮台;第三波始于 1974 年葡萄牙推翻独裁政权,其"速度更快,在规模上也远远超过了前两波"。在 1997 年发表的文章《第三波:二十年之后看未来》中,亨廷顿进一步阐述了他的观点:"20年前,世界上约有不足30%的国家是民主国家,现在,60%多的国家是通过某种形式的公开、公平和竞争性的选举来建立政府的"。他还称:在第三次浪潮中,"人类历史上采行某种民主政体的国家总数在世界上第一次占到了一半以上"。①

亨廷顿在《第三波》中总结、分析了导致民主化第三波产生的原因。他将原因归结为五个方面:民主价值在世界上被普遍接受;全球性经济增长;天主教会转向支持民主;欧洲共同体、美国和苏联戈尔巴乔夫政权的推动;"滚雪球"或示范效应。② 应当说,亨廷顿的研究是非常深入的,他所归结的五个原因在推动"第三波"民主化浪潮形成上确实都发挥了重要的作用。但是,笔者以为,亨廷顿所分析的五个原因中,前两项即民主价值在世界上被普遍接受和全球性经济增长是最主要的原因,后三项都是以前两项为基础的,而决定第三波民主化浪潮形成的最根本原因是全球化。

美国学者、民主问题专家托马斯·凯若瑟斯也将全球化与民主化联系起来。在《避免幻想的民主》一文中,他在叙述了从20世纪70年代中期至90年代初的席卷南欧、拉美、亚洲大部分、苏联、东欧和非洲的民主化浪潮之后说:"与苏联模式共产主义的灭亡和国际经济体系的全球化一起,民主化浪潮推动了世界从战后时代进入一个新时代。"③ 这里他将全球化与民主化浪潮并列为推动世界进入"新时代"的因素。其实,全球化是更根本的因素,而且从某种意义上来说,全球化还是民主化浪潮形成的主要动因之一。

应该说,亨廷顿所说的"第三波"是客观存在的。回顾20世纪人

---

① [美]塞缪尔·亨廷顿:《第三波——20世纪后期民主化浪潮》,刘军宁译,三联书店1998年版,第2页。
② 同上,第54页。
③ Thomas Carothers, "Democracy Without Illusions", *Foreign Affairs*, January/February 1997, p.85.

第三章 "民主共同体"的发展变化与美国推进民主战略

类历史的进程，人类在民主上的进步确实是十分辉煌的。民主已经成为势不可挡的世界潮流并为世界绝大多数民族和国家所公认。正如联合国教科文组织1951年的一份报告中所写的："在世界历史上，第一次没人再以反民主的面目提出主义。而且对反民主的行动和态度的指责常常是针对他人的，但现实中的政客和政治理论家在强调他们所拥护的制度和所主张的理论中的民主因素方面却不遗余力。"[①]

如果观察冷战结束以来的世界政治，可以看出，亨廷顿所说的"第三波"仍在继续。布什总统在2006年的《国情咨文》中阐述了民主政治的发展状况："1945年，世界上有大约24个形影相吊的民主国家。今天有122个"，"2006年伊始，我们的世界上一半以上的人民生活在民主国家"。[②]这与亨廷顿的观点如出一辙。

不过，也有专家认为，到了2007年，"全球'民主浪潮'已自然消退"。在全球宣扬民主并评估各国政府表现的智库"自由之家"在其最新的年度评估中，认定有90个国家为"完全自由"，58个国家为"部分自由"，45个国家为"不自由"。根据该机构的评估，"自由"国家所占的百分比10年来并未上升。在亚洲、中东、非洲和原苏联地区，民主的根基不稳。美国著名民主问题专家托马斯·凯若瑟斯认为："民主出现了相当长期的停滞过程"，"现在我们看到来自不同国家的坏消息"。[③]美国另一位著名民主问题专家戴雅门也有相同的看法。他认为："近几年来，民主的浪潮已经减缓，与之相伴随的是强有力的威权水下逆流，世界滑入了民主的倒退。"他列举了"民主倒退"的表现："最近民主政体在许多关键的国家，或者被推翻，或者被窒息，这些国家包括

---

① 转引自［美］塞缪尔·亨廷顿：《第三波——20世纪后期民主化浪潮》，刘军宁译，三联书店1998年版，第55—56页。

② http://www.whitehouse.gov/stateoftheunion/2006。

③ ［美］彼得·格里尔：《全球民主传播停滞》，载《基督教科学箴言报》2007年11月21日。转引自：《参考消息》2007年11月25日。

尼日利亚、俄罗斯、泰国、委内瑞拉、孟加拉、菲律宾和肯尼亚。与此同时，绝大多数新加入民主俱乐部的国家以及一些长期实行民主制度的国家都表现不佳。甚至在许多看起来有成功故事的国家，如智利、加纳、波兰和南非，也存在着一系列治理问题和对政府的深度不满。在民主一度居支配地位的南亚，印度目前处在政治不稳定和不民主国家的包围之中。在阿拉伯世界，民主进步的渴望到处被挫伤（只有摩洛哥除外），或者是被恐怖主义，或者是被政治和宗教暴力（就像在伊拉克），或者是被外部势力操纵导致的社会分裂（如黎巴嫩），或者是威权主义政权自己所为（就像在埃及、约旦以及一些波斯湾君主国家，如巴林）。"①

尽管如此，还不能说"第三波"民主化浪潮已经结束。与前面提到的民主发展态势相比，有关民主倒退的现象，还刚刚出现不久，其发展趋势还有待观察。就在出现民主倒退的同时，仍有民主发展的"好消息"。2007年12月28日，尼泊尔临时议会通过临时宪法修正案，宣布尼泊尔为"联邦民主共和国"。2008年4月10日，尼泊尔制宪会议选举如期举行，投票率超过60%。几乎同时，另一个喜马拉雅南麓国家不丹也走向了民主。2008年3月24日，不丹举行首次国民议会选举，实行君主立宪制。如果说尼泊尔的民主进程经历了十多年的风雨波折，那么不丹的民主进程则是非常平静的，是由国王主动推进的。

有些学者将民主化浪潮发展的前景寄托在中国身上。戴雅门就提出：如果中国走向政治自由，特别是如果她变成选举式的民主体制，"对东亚甚至更大范围的传播效应可能是强有力的，以至于会引发全球

---

① Larry Diamond, "The Democratic Rollback: The Resurgence of the Predatory State", *Foreign Affairs*, March/April 2008, pp. 36 – 37.

第三章 "民主共同体"的发展变化与美国推进民主战略

民主化浪潮的第四波"。① 另一位美国著名学者曼德尔鲍姆认为:"在世界上所有不民主国家中,对民主前景关系最大的是中国——这个世界人口最多的国家,而且在21世纪有可能成为世界最大的经济体。"他肯定中国在民主发展上的进步现象,但是却认为"中国的民主前景是不确定的"。② 这两位专家看到了中国民主的进步是很可贵的。但是他们用西方民主的标准来衡量中国,认为中国仍然是"不民主"的国家,而且能否实现民主还是不确定的,这是他们的局限。中国走向民主是肯定的,而且已经取得了很大的成就,但不会是西方式的民主,而是中国特色的社会主义民主。

在亨廷顿教授所称的"民主化第三波"中,还出现了一个新现象,即民主国家开始进行国际联合。2001年9月11日,在秘鲁首都利马举行的美洲国家组织第28次特别大会上通过了《美洲民主宪章》。该宪章是根据2001年4月20—22日加拿大魁北克第三次美洲国家首脑会议通过的《魁北克宣言》中"民主条款"的精神而制定的。由34个美洲国家(古巴是唯一被排除在外的国家)首脑签署的《魁北克宣言》强调:"民主的价值与实践是达成本次首脑会议各项目标的基础。保持和巩固法制国家、尊重民主体系,这不但是各国的共同承诺,而且也是各国参加本次以及今后的美洲国家首脑会议的条件;本地区国家对民主秩序的任何篡改或破坏,都将构成该政府参加美洲国家首脑会议无法逾越的障碍。"《美洲民主宪章》系统阐述了代议制民主的精神和原则,并确立了在美洲维护民主政体的行动纲领。宪章开篇就强调:"美洲国家组织的宪章认为,代议制民主对本地区的稳定、和平、发展是不可缺少的,因

---

① Larry Diamond, *Developing Democracy: Toward Consolidation*, Johns Hopkins University Press, Baltimore, 1999, p. 267.
② Michael Mandelbaum, "Democracy Without America: The Spontaneous Spread of Freedom", *Foreign Affairs*, September/October 2007, pp. 128 – 129.

此美洲国家组织的目的之一就是推动并巩固代议制民主。"在行动纲领中，除了强调要加强与维护民主机构、派遣选举专家小组外，还提出要推进民主文化。①

如果说西半球受欧美的影响较大，其语言、宗教、价值观都与欧洲有着渊源关系，而且拉美国家和加拿大长期以来在经济、政治上都深受美国影响，它们比较容易接受民主价值观并实行民主制度的话，那么非洲联盟和东南亚国家联盟的民主趋向则更有说服力。

非洲很多国家在独立后都奉行独立自主的外交政策，在国际事务中普遍都与其他发展中国家持有相近立场，同西方发达国家保持着距离。而且许多国家对欧美国家实行的"新殖民主义"政策相当反感，甚至抵制。但是，伴随着冷战结束，多数非洲国家都追随"第三波"，实行西方式的宪政民主体制。成立于2002年、现有53个成员国的非洲联盟于2006年4月通过了《非洲民主、选举与治理宪章（草案）》，强调民主价值。

最值得关注的是东南亚国家联盟。东盟一直被看成是多元文化和政治模式和平共处的地区组织。按照西方的标准，直到2007年之前，10个成员国有一半在民主上是有问题的：缅甸被列在美国"暴政前哨"的名单中；越南、老挝是在共产党领导下，在西方眼中不是合格的民主国家；新加坡的民主也因其长期一党执政的现实而让西方感到有很大缺欠；泰国的民主政权刚刚被军人政权取代不久。但是2007年春宿务会议通过的东盟新宪法草案却强调：地区和平与稳定靠的是"积极加强民主价值观，良好的管理，拒绝以违反宪法和不民主的方式更迭政府、法律原则，尊重人权和基本自由"。美国学者迈克尔·格林认为：东盟领导人"欣然接受民主，并不是因为美国把民主强加在他们头上"，而是

---

① 埃菲社加拿大魁北克2001年4月22日电，见《参考资料》2001年4月26日。

第三章 "民主共同体"的发展变化与美国推进民主战略

"他们都认识到,本国的经济发展和国家安全有赖于民主原则的传播和良好的管理"。他还预言:随着民主价值观"在整个地区得到巩固,中国、缅甸甚至朝鲜将不可避免地受影响"。①

这些区域性国际组织不仅自己要维护、推进民主,而且还开展了组织之间的合作。2007年7月11—12日,非盟与美洲国家组织在美国首都华盛顿特区举行了"民主之桥论坛",两个组织的官员在论坛上就如何通过各自的民主宪章最有效地推进民主和保护人权交换了意见。时任美国国务卿赖斯在致词中盛赞了这两个地区民主发展的成就,特别是这两个组织先后通过了"民主宪章"。她呼吁两个地区组织在全球推进民主上进行合作。②

美洲国家组织、非洲联盟、东南亚国家联盟这些区域国际组织的民主趋向表明,当人类迈进21世纪之时,民主已经成为世界多数国家所认可的制度和价值观,而且不再是各个国家各自为政地为之奋斗的事情了,维护、推进民主已经成为国际性的运动。这些组织在维护、推进民主上发挥了不可忽视的作用。当2002年4月12日委内瑞拉发生政变时,美洲国家组织除美国外的所有成员国都立即执行了《美洲民主宪章》,对发动政变者进行谴责,不承认它具有合法性,最终迫使政变者将权力交还民选政府。民主的这种发展态势不可避免地会对国际关系产生深刻的影响。

"民主共同体"就是在"第三波民主化浪潮"过程中产生的。亨廷顿在1997年就断言:"现在该是建立民主国际(Demintern)的时候了。"③

---

① [美]迈克尔·格林:《美国在亚洲悄然取胜》,载《华盛顿邮报》2007年2月13日。转自《参考消息》2007年2月19日。
② http://www.state.gov/secretary/rm/2007/88123.htm.
③ [美]塞缪尔·亨廷顿:《第三波——20世纪后期民主化浪潮》,刘军宁译,三联书店1998年版,第12页。

二、"民主共同体"的发展变化

1. "民主共同体"的成立

(1) 华沙会议和《华沙宣言》

2000年6月26—27日,来自世界各个地区的政府代表以及公民社会成员聚集在波兰首都华沙。在最后召开的国际民主大会部长级会议上通过了题为《迈向民主的国际社会》(Toward a Community of Democracies)的民主宣言(又称《华沙宣言》),标志着"民主共同体"的成立。这次会议是波兰外交部长布罗尼斯拉夫·格雷迈克以及美国国务卿玛德琳·奥尔布莱特联合发起的,共有106个国家出席并在宣言书上签了字(会后,洪都拉斯、苏里南、圭亚那、南斯拉夫政府也签署了这一宣言)。

宣言指明:各国普遍坚持《联合国宪章》及《世界人权宣言》的宗旨和原则;重申对国际法相关条文的尊重;强调和平、发展、人权及民主之间的相互依赖性;确认了民主普遍适用于全世界的原则,同时确定了衡量民主国家的普遍标准,明确了一系列重要的民主权利,其中包括自由公正的选举、言论自由、平等接受教育的权利、法治以及和平集会自由的权利。无论发达国家还是不发达国家,都可以用这些标准来衡量本国在刚刚过去的20世纪里取得了哪些民主上的进步,以便巩固取得的成绩。[①] 宣言还指出:"民主共同体决心联合起来推进和加强民主,同

[①] The Community of Democracies 2000 Warsaw Ministerial Conference, *Toward a Community of Democracies*. http://community - democracies. org/index. php? option = com_content&view = article&id = 16;warsaw - declaration&catid = 4&Itemid = 28.

第三章 "民主共同体"的发展变化与美国推进民主战略

时承认我们现在处在民主发展的不同阶段。""我们应当确保民主制度和民主程序得到巩固。""我们鼓励政治领导人树立宽容、折衷的价值观，这是有效的民主体系的支柱；同时鼓励他们推进对多元主义的尊重，以此保证社会保持其多元文化特征的同时维持稳定和统一。""我们将推动政府间及民间的联系，提高公民教育和识字率，包括对民主知识的教育。这样才能加强民主机构，增强民主活动，促进民主原则和价值观的扩散。""我们将与相关机构和国际组织、民间社会和政府合作，协调对新的以及正在形成的民主社会的支持。""我们将在现有国际和地区框架内就与民主相关的问题进行合作，结成联盟或核心小组去支持那些旨在推动民主治理的决议及相关国际活动。这会有助于营造一个有利于民主发展的外部环境。"① 代表不同地区、不同宗教、不同文化传统以及发展水平的国家能够签署《华沙宣言》本身就表明了民主思想的普遍性。

《华沙宣言》确立了"民主共同体"的基本行为准则：第一，将民主确认为"普遍适用于全世界的原则"；第二，确定了衡量民主国家的普遍标准，明确了一系列重要的民主权利；第三，明确"民主共同体"将联合起来推进和加强民主。"民主共同体"是一个面向全球的国家间的联合体，这些国家的目标是在世界范围内推广民主原则，巩固民主制度。

美国国务卿奥尔布赖特称这次会议完成了开创一个超越文化差异、历史差异和语言差异的"民主共同体"的目标。② 这正好与亨廷顿的预言相呼应。联合国秘书长安南在华沙部长级会议的闭幕讲话中称赞"民主共同体"对全球民主发展具有积极的作用，他说："当联合国能够真

---

① The Community of Democracies 2000 Warsaw Ministerial Conference, *Toward a Community of Democracies*. http://community - democracies. org/index. php? option = com_content&view = article&id = 16; warsaw - declaration&catid = 4&Itemid = 28.

② 中国新闻网 2000 年 7 月 6 日，题为《法国拒签国际民主宣言》。http://www.chinanews.com.cn/2000 - 07 - 06/26/36569.hml.

正地自称为一个民主国家的联盟时,我们离联合国宪章的崇高理想就更近一步了,即关于保护人权和推进社会更自由发展的崇高理想"。① 从安南对"民主共同体"的评价和《华沙宣言》强调坚持《联合国宪章》可以看出,"民主共同体"的创建者是想将这个组织与联合国联系在一起,以显示其代表性和正当性。

"民主共同体"最重要的组织机构是外交部长级别的"民主共同体部长级会议",每两年举行一次。在两次会议之间,"民主共同体"的任务是在国家、地区和全球层面推进和巩固民主原则及民主机构,与国际社会和公民社会合作,通过政府行为推动民主转型过程。

为了确保每一届部长级会议上各国外交部长达成的协议能够被贯彻执行,最初发起华沙会议的8个国家,即智利、捷克共和国、印度、马里、葡萄牙、韩国、波兰和美国在会后成立了"召集小组"(Convening Group),协助"民主共同体"。华沙会议之后,"召集小组"开展了一系列活动。它与联合国开发计划署合作,讨论协调为推进民主提供援助的问题,包括召集捐助国(双边以及多边形式)、受援国政府以及公民社会活动家。"召集小组"在2001年春季召开了一次筹备会,所有"召集小组"成员国的代表以及经过精心挑选的非政府组织的代表参加了会议,确定在以后的部长级会议及非政府组织会议上继续就援助问题展开讨论。2001年2月,"召集小组"资助美洲国家组织(Organization of American States)召开了一次有关地区和国际组织在保卫和推进民主方面作用的会议。来自16个国际组织的高级代表与会。为期两天的会议为跨区域分享推进民主的实践和经验提供了契机。它还帮助在联合国内成立了一个专门的"民主核心小组"。2004年12月22日,"民主共同体"

---

① Annan, Kofi. *UN Secretary General Kofi Annan's Closing Remarks to the Ministerial Warsaw, Poland*(2000—6-27). Source: U.S. Department of State.

全体成员第一次以"民主核心小组"(U.N. Democracy Caucus)的形式在联合国集会。会议由智利主持,80多位外交部长及常驻联合国代表参加了会议。从此,"核心小组"在主要"召集小组"国家的领导下,在联合国内积极推进民主议程。

(2) 非政府进程

"非政府进程"是指"民主共同体"运转过程中的非政府成员的活动。虽然"民主共同体"是一个政府间组织,成员包括民主国家以及世界各地要求加强和深化民主原则和规范的向民主过渡的国家,但在该组织中,既有各国政府代表,也有属于公民社会团体的非政府代表,包括公民社会组织、基金会、学术团体以及致力于推进民主的专家。他们都致力于在全球范围内发扬民主规则,巩固民主规范及机构。在每两年举行一次部长级会议的同时,还会举行一场平行的非政府会议。主办国的非政府组织会组建一个执行秘书处(Executive Secretariat),为即将召开的部长级会议协调非政府进程的活动。华沙部长级会议期间,由波兰巴托利基金会(Stefan Batory Foundation)和美国自由之家(Freedom House)组织了一场非政府会议即"世界民主大会"(World Forum on Democracy),包括300多个非政府组织的代表、民主推动者以及来自80多个国家的公民社会团体领导人参加了会议。世界民主大会与"民主共同体"部长级会议同时召开,实现了正式与非正式、政府与非政府渠道的双重互动沟通。

时任美国国务卿玛德琳·奥尔布莱特对"世界民主大会"高度赞扬。她在会上发表的讲话中肯定了政府在推进民主方面与公民社会合作的必要性。她指出,"我们代表不同的文化,有着不同的过去,反映着不同的人生哲学。但是我们紧密连在一起,因为我们相信每个人都有自由的权利,并深信世界各地人民的未来依赖这一权利。""民主的发展对世界事务具有深远的积极影响。""当公众与非政府组织振作起来的时候，我们就能提高任何一个地方的人民的生活。""我们需要一个真正的民主共同体，不是由我们反对什么来界定，而是由我们支持什么来定义，这个共同体由于世界各地的领导人参加而丰富多彩，也因为公民社会的全面参与而不断增强。因为无论是监督选举或培训法官，抑或是整治腐败或为违反人权作证，非政府组织都发挥着越来越重要的作用，在民主发展战略方面也越来越有发言权。而且，就像是煤矿里的灯一样，公民社会的活力是衡量民主活力的一个标准。如果它缺少氧气，自由将会闪烁不定，而如果它兴旺耀眼，自由之光将会继续发光。"[1]非政府进程作为"民主共同体"的一个构成要素，成为重要的信息渠道，并为政府提供建议。

非政府会议主办国的非政府组织除了成立执行秘书处以外还成立了"全球问题小组"（Global Issues Group）。这个"小组"负责联络世界各地各种各样的公民社会组织，主要是为加强"民主共同体"的政府进程提供建议，同时基于《华沙宣言》中的原则对"民主共同体"的成员资格提出客观准则。由于政府并不是一定要接受那些非政府进程提出的建议，"民主共同体"的框架为政府与公民社会活动家之间互相交流思想与经验提供了平台。

2. "民主共同体"的发展进程

（1）汉城会议
① 《汉城行动计划》

"民主共同体"成立后，持续发展。2002 年 11 月 10—12 日，"民主共同体"的 110 个成员国（总共有 118 个成员）和 11 个观察员（总共

---

[1] Ms. Madeleine K. Albright, *Address to the World Forum on Democracy*. http://www.batory.org.pl/english/events/wfd/albright.htm.

有21个观察员）的外交部长和代表在韩国汉城（当时尚未改名首尔）举行了"民主共同体"第二届部长级会议，由韩国外交和贸易部长崔成泓主持。会议的主题是《民主：为和平与繁荣投资》（Democracy: Investing for Peace and Prosperity）。会议围绕"民主共同体"相关的问题召开了四次部长级圆桌会议，进行了广泛而深入的讨论。

第一次圆桌会议的主题是"巩固民主机构"，由美国国务院副国务卿杜布兰斯基（Paula J. Dobriansky）和波兰副外长丹尼尔·罗特菲尔德（Adam Daniel Rotfeld）共同主持。与会者强调了民主在创建安全、繁荣和稳定的社会方面的重要性，尤其强调了巩固民主机构、加强法制和确保善治的重要性。

第二次圆桌会议的主题是"地区合作推进民主"，由南非交通部长默罕默德·奥马尔（Abdulah Mohamed Omar）和墨西哥人权和民主副外长阿科斯塔乌尔基迪（Mariclaire Acosta Urquidi）主持。与会者强调地区民主合作应与通过国际法改善人权齐头并进，尽量避免国际事务当中的单边主义行动，并将地区合作作为反对单边主义的有效方法。

第三次圆桌会议的主题是"媒体和民主"，由印度外交部长亚施旺特·辛哈（H. E. Yashwant Sinha）和捷克双边关系外交事务副部长帕维尔·沃沙利克（Pavel Vosalik）共同主持。与会者强调媒体在世界范围内建设和巩固民主过程中的重要作用，强调人民在履行民主职能时，媒体能确保言论自由作为一项重要的基本人权而发挥作用。他们一直强调在民主社会中以及为了民主社会的发展应该确保媒体的自由，同时媒体也要对社会负责。

第四次圆桌会议的主题是"协调民主援助"，由马里外交和国际合作部部长拉萨纳·特拉奥雷（Lassana Traore）和葡萄牙外交和国际合作部部长多斯桑托斯（Antonio M. Lourenco dos Santos）共同主持。与会者强调了两个问题——怎么样协调民主援助以及谁能来协调。关于第一个问题,与会者认为民主合作应集中于以下几个方面:机构建设、选举援助、加强公民社会力量、资助政党、加强议会、立法和司法改革、分权和善治、促进民主文化发展、加强媒体的作用。与会者强调地区合作的重要性,这是一些地区和平进程的关键;强调受援国掌握民主援助方案,强调非政府组织的作用。关于第二个问题,与会者建议在国际层面建立一个旨在交换信息和经验的联络点,建议开展国际对话来确定民主援助计划和指导资源分配。最终形成三边援助机制,即通过第三方,援助由一个民主国家提供给另一个国家。①

会议的重要成果之一就是通过了《汉城行动计划》(Seoul Plan of Action)。该行动计划重新确认了《华沙宣言》的精神,声称它包含了与会国对《联合国宪章》的宗旨和原则、《世界人权宣言》和国际法基本准则的承诺。行动计划特别强调,代议制民主的所有形式都构成了它的基本要素,这些形式和要素是:尊重人权,这里所指的人权存在于公民、政治、经济、社会和文化五个方面,包括表达自由、出版自由、宗教及意识自由;依法掌握并自由行使权力;在独立的选举权威机构的监督下,在秘密投票和拥有普选权的基础上,举行定期的、公正的选举;结社自由,包括形成独立政党的权利;分权制,特别是有独立的司法机关;以及确立包括军队在内的所有国家机构对依法建立的平民权威机关的宪法从属地位。为了在全球范围内推进并捍卫民主,行动计划提出了六个方面的具体措施。这六个方面是:地区行动;应对民主的威胁;民主教育;通过良好治理来加强民主;面向更强大公民社会的乐善好施主义;协调对民主的援助。② 如果说《华沙宣言》确立了"民主共同体"

---

① Chairman's Statement: The Second Ministerial Conference of the Community of Democracies. http://www.state.gov/g/drl/36921.htm.

② Seoul Plan of Action, Democracy: Investing for Peace and Prosperity. http://www.cd2002.go.kr/.

的基本原则的话,《汉城行动计划》则为"民主共同体"规划了具体的行动蓝图。

在地区行动方面,行动计划承认民主国家是强大的经济、安全和政治伙伴,推进民主理念会加强地区的稳定和合作。与会国将会通过地区组织,运用各种方法推动地区民主进程。呼吁地区伙伴建立民主机构、坚持民主原则、援助需要帮助的国家;发展地区人权和民主监督机制,从而巩固地区在推动和保护人权和民主原则方面的潜力,同时推动国家就这些问题展开对话;与那些在人权和民主原则方面存在问题的国家开展外交对话,以突显国际关注并促进民主转变;整治腐败,鼓励政府廉政与善治;组织地区的政府、政党和公民社会的代表开会评估民主状况,分享经验,帮助正在走向民主的国家,发展或加强旨在推动民主的地区组织宪章或进程;"民主共同体"通过将地区内国家团结起来,就有关民主问题积极协商,从而在地区层面确保民主顺利发展。

面对可能对民主造成的威胁,行动计划概述了一系列可以采取的措施,由国家独自或作为地区或国际组织的一员来推进、保护、加强或重塑民主机构。涉及到恐怖主义时,遵守国际反恐怖主义公约以及联合国安理会根据1373号决议建立的反恐机制,与那些资助恐怖主义的国家断绝双边关系与贸易往来;组建一支经过训练的专家帮助那些民主面临威胁的国家;针对民主危机发展监督系统,为支持民主原则和保护人权提供建议;必要时帮助国家之间进行政治调解;支持地区和国际组织的快速反应机制;为巩固民主机构、选举进程及改革成果提供长期的技术支持。"民主共同体"通过各方面的努力尽量减少国际国内因素对一国民主发展造成的威胁。

民主教育是另外一个确保民主活力的方法。只有各个阶层的人都能接受教育,才能确保公民作为民主社会一员知晓他们的权力与义务,才能具备有效参与公共事务的基本技能。受过良好教育的公民对民主机构以及民主发展的保持和巩固意义重大。①因此,"民主共同体"鼓励成员国政府通过民主教育来加强民主文化,组织有关民主、人权和公民责任的宣传运动,鼓励媒体在公众教育和民主价值观传播方面发挥更大的作用。在民主教育上,"民主共同体理事会"(Council for a Community of Democracies,简称CCD)发挥了很大作用,它就民主教育的全球战略计划联合召开了一系列会议,讨论地区及全球层面民主教育的发展。

民主的顺利发展还需要有一个善治的民主政府,公开、透明并且对公民负责。"民主共同体"鼓励各国加强民主机构和民主实践,推进法治,确保政府决策公开透明,公民可以了解有关政府的行为、法律、法院判决、立法程序等事项,并且在必要时完善或加强宪法或其他法律,确保信息公开,防止腐败;政府通过实施强有力的经济发展计划减轻贫穷,推动经济发展,这在一定程度上可以确保民主社会的稳定;建立强健的政党体系和健康的公民社会。通过改善政府治理,巩固民主发展。

②《民主共同体参与标准与程序》

汉城会议的另外一个重要成果就是通过了由"召集小组"拟定的《民主共同体参与标准与程序》。文件分为四个部分:参与"民主共同体"的标准;参加"民主共同体"会议的标准;其他能够促进民主、安全和发展的因素;"民主共同体"程序。其中最重要的就是确立了"民主共同体"的标准,使得以后开展各项工作有固定的依据。

文件指出,《华沙宣言》承认和平、发展、人权和民主以及民主价值观之间是相互依赖的,"民主共同体"是一个保护和推进这种综合性

---

① Seoul Plan of Action, *Democracy: Investing for Peace and Prosperity*. http://www.cd2002.go.kr/.

民主的论坛，因此，想要参加"民主共同体"的国家需要尊重如下民主原则：

- 在无记名投票方式下，通过普遍和平等的投票开展自由、公正和定期的选举；
- 能够自由地创建民主政党参加竞选；
- 确保每个人都可以行使他的权力，直接地或通过自由选择代表的形式参加政府；
- 法治；
- 当选政府有责任保护和维护宪法，抑制超出宪法的行为，任期满后交出政权；
- 确保法律面前人人平等；
- 分权原则并且确保军队对民选政府负责；
- 尊重人权、基本自由和人的尊严；
- 思想、意识形态、宗教信仰、和平集会和结社的自由，言论、主张和发表意见的自由，包括通过任何媒体交换和接收思想和信息，媒体是指跨越国界的自由、独立和多元的媒体；
- 每个人都有权免于强行拘捕或拘留，从而免于遭受折磨或其它任何残酷的、非人道的、卑鄙的对待或惩罚；
- 受到公平审判的权力，包括直到被证明有罪并受到相应惩罚前被假定无罪，免受残酷、非人道或卑鄙的惩罚；
- 不论性别、种族、肤色、语言、宗教信仰，每个人都有全面、非歧视地参与政治、经济和文化生活的权力；
- 促进性别平等；
- 保障儿童、老人以及残疾人的权力；
- 民族、种族、宗教和语言方面的少数人的权力，包括自由表达的权力以及保持和发展他们的特性的权力；

● 每个人有掌握自己未来的权力，免受非法的限制。①

该文件强调，政府只有维护这些权力并提供适当的法律确保这些权力受到保护，同时遵守国际法以及国际社会普遍承认的民主原则和价值观才能申请加入"民主共同体"，这从客观上促进各国遵守民主原则，推动民主事业的发展。

每一次参加"民主共同体"会议的国家并不是固定的，"召集小组"会拟定一份参加国与观察国的名单，视具体情况确定他们的身份。如果一个国家在一定时期内没有遵从上述标准，那么这个国家在一段期间内就不会被邀请参加"民主共同体"的任何活动，直到它具有了被邀请的资格为止。

文件指出，除了自由选择权以外，自由倡议权也应是民主的一个要素；受教育和获取信息的权力在建设和巩固民主社会过程当中是基本权力；政府应避免在政治言行中的暴力行为，民主社会必须要免于恐吓。

有关共同体的程序，文件指出有关参与权以及与"召集小组"或"民主共同体"有关的事情都要由"召集小组"共同决定。"民主共同体"会议每两年召开一次，由"召集小组"的成员国轮流主持，每次召开时会确定下一次会议的主持国，主持下次会议的国家从当前会议结束之日起开始担任"召集小组"的主席，直到选出下一个主持国。"召集小组"的成员国高级官员会在两次会议之间定期开会商讨接下来要开展的活动以及为即将召开的"民主共同体"部长级会议提前做准备。要确保"召集小组"成员国之间以及其他"民主共同体"参加国之间信息共享。

③非政府进程

不论在哪个层面推动民主顺利发展，都需要社会各界的积极参与。

---

① Community of Democracies, *Criteria for Participation and Procedures*. http://www.state.gov/g/drl/26085.htm.

"民主共同体"鼓励公民志愿为国内或国际层面推动民主和公民社会发展服务,尽量减少对志愿者的限制,这样有助于形成一个更有活力的社会。同时,过去20年民主援助呈上升趋势,因此需要有效的协调确保效率,并且创造合力,避免在某些领域重复援助而另一些领域无人问津。因此,"民主共同体"计划对援助方式进行归类,包括有效地推进自由公正选举、帮助国家发展独立的司法体系、促进言论自由、加强民主政治文化等等,从而有效协调这些援助行动。

《汉城行动计划》在《华沙宣言》的基础上进一步详细阐述了如何在地区和全球范围内推进民主发展,展示全球扩大和保卫民主的势力在不断增长。与此同时,与部长级会议同时举行的还有"民主共同体"的非政府论坛,由韩国世宗研究所(Sejong Institute)协调组成的韩国非政府组织委员会主持,来自世界各地的250位民主倡导者和专家参加了会议。非政府论坛为解决在全球层面推进民主合作以及应对民主发展不同阶段面临的问题发挥了重要作用。与会者就与民主相关的广泛问题召开了九次专题讨论小组会议,会后发表了《全球团结一致扩大和加强民主》(*Global Solidarity for Expanding and Strengthening Democracy*),内容主要涉及加强政党体系、地方政府与民主、性别与民主、腐败与民主、市场与民主治理、媒体与民主、民主教育、集会自由以及保护非政府组织、在封闭社会中促进公民社会发展等。① 会后,非政府论坛的代表将会议结果和建议提交给"民主共同体"部长级会议。部长级会议适当吸取了他们的建议并对非政府论坛的贡献表示赞赏。两种形式的会议相互借鉴,相互补充。进一步从非政府层面探讨民主发展问题,本身就是民主的表现,意义深远。

---

① Community of Democracies *Meetings in Seoul*. http://www.demcoalition.org/2005_html/commu_cdm02_nongo.html.

(2) 圣地亚哥会议

①《为民主而合作》

2005年4月28—30日,"民主共同体"在智利首都圣地亚哥举行了第三届部长级会议。时任美国国务卿赖斯率领美国代表团参加了会议,并在开幕式上发表重要讲话。她呼吁通过"联合国民主核心小组"的活动对联合国进行改革,建立一个"合法的人权机构","有关人权的重要行动只能由那些尊重并保护人权的国家来进行","必须要让各国政府明白,与民主共同体的关系取决于其国家的公民是否受到有尊严的待遇"。她指出,自由是"每个人的普遍需求",而民主是各国的理想道路,各国要在"自由与镇压之间做出明确的选择","世界上的民主国家必须帮助那些处在民主转型的国家"。①这就需要"民主共同体"运用它的力量将民主运动推向世界的每一个角落。

会议期间,来自100多个国家的外交部长和代表参加了工作组和地区研讨会,涉及到公民社会、地区间有关民主治理的合作、贫穷和发展、联合国民主核心小组以及应对民主威胁等议题。这次会议的目的就是要在地区和全球层面扩展和巩固推进民主的活动。会后发表了《为民主而合作》宣言书,再次确认《华沙宣言》和《汉城行动计划》的精神,概述了"民主共同体"的行动纲领。这次会议的突出特点是,强调要继续在联合国大会及人权委员会等机构内加强"民主共同体"国家的协调行动。②这标志着"民主共同体"有了新的发展。它不仅影响共同体成员国之间的关系,而且还影响联合国一些机构的运作以及联合国的发展前景。而且,"民主共同体"成员国第一次以地区小组的形式参会,

---

① *Rice Addresses Community of Democracies' Opening Plenary in Chile.* http://ccd21.org/news/rice_addresses_CD.htm.

② The Community of Democracies 2005 Santiago Ministerial Commitment '*Cooperating for Democracy*' Final Version, http://www.cdemo.cl/pdf/cmsantiago.pdf.

能够把握每个地区所面临的挑战，并指出民主国家如何来应对这些缺陷。这次会议在继承以往会议强调推进民主活动的同时，将重点放在了民主治理方面，最终就与民主治理相关的问题形成政策建议和行动准则。

《为民主而合作》宣言书分为六个主题：民主治理与公民社会；贫穷、发展与民主治理；民主治理的地区及国际合作；联合国及其他支持民主的多边论坛中的"民主核心小组"；地区组织，推进民主，应对来自国家及跨国间的对民主的威胁和挑战；具体地区的承诺。[1]

有效的民主治理需要活跃的公民社会的参与。"民主共同体"承诺在国内和国际层面提高有活力的公民社会的参与，鼓励非政府组织积极开展活动支持和加强民主，在世界范围内尊重人权。[2] 为此要消除歧视和偏执，保护人权和自由，通过教育创建有利于公民社会发展的文化氛围，创建一个有利于加强民主化、改革和现代化政党及其他政治组织的环境。同时还要与公民社会积极合作，创建良好的伙伴关系；承认推进和加强民主治理是政府当局、公民社会和政党的共同责任。

民主发展与经济增长、人民生活状况的改善是相互影响的。经济、社会和文化的发展是民主发展的坚实基础，而民主发展也会影响经济社会发展，影响人民生活质量的改善。"民主共同体"将巩固民主治理作为消除贫困、促进经济和人类发展、减少不平等的重要方法，并采取措施努力达到这一目标。"强调民主、透明的国际经济环境的重要性"，"各国之间在经济和社会发展方面相互帮助"，同时"各国政府与国际和

---

[1] *Community of Democracies Governments Issue Santiago Commitment*. http://www.demcoalition.org/2005_html/commu_cdm05_3rdmi.html.

[2] The Community of Democracies 2005 Santiago Ministerial Commitment "*Cooperating for Democracy*" Final Version. http://www.cdemo.cl/pdf/cmsantiago.pdf.

地区发展组织合作"完善消除贫困战略，支持民主机构的建立、完善。①

　　这次会议更加强调合作的作用，通过合作推进民主，通过合作应对一国国内或跨国的民主威胁和挑战。协议书指出，"民主共同体"将在《联合国宪章》以及《华沙宣言》的框架下，在尊重各国主权和不干涉内政的原则下，继续推进地区内和地区间民主治理的合作；促进政府间以及非政府组织间的合作，在全球范围内巩固民主。尤其是推动各国在联合国内合作，致力于民主教育的发展。在联合国内以及其他支持民主的多边论坛内成立"民主核心小组"（UN Democracy Caucus）也是本次会议的一个重点。"民主共同体"成员将会"在一切可能的时候，在联合国及其它国际和地区组织内，就与民主有关的问题加强非正式的咨询和合作，通过非正式联盟或核心小组会议的形式支持民主。"②为此，在联合国大会及人权委员会内继续以非正式的民主核心小组形式协调行动、促进合作，并期盼建立联合国民主基金（UN Democracy Fund）来加强民主治理、保护人权并改善民主实践。鼓励与新的或恢复的民主政体国际会议（International Conference of New or Restored Democracies）的合作，以政府间论坛的形式促进和巩固正在形成的和已经恢复的民主政府。

　　圣地亚哥宣言通过加强地区和跨地区民主合作进一步推进了共同体的议程，同时通过支持"联合国民主基金"以及"联合国民主核心小组"加强全球合作，丰富了共同体的议程。圣地亚哥会议相比前两次会议更为务实，除了在宣言书中规划了目标，做出了具体的承诺外，还为实现这些承诺建立了工作组，以便在会后继续开展工作，扩大国家、国际组织、公民社会对"民主共同体"活动的支持。对应会议各个主题共

---

① The Community of Democracies 2005 Santiago Ministerial Commitment "*Cooperating for Democracy*" Final Version. http://www.cdemo.cl/pdf/cmsantiago.pdf.
② Ibid.

设立了四个工作组：民主治理与公民社会工作组；贫困、发展与民主治理工作组；为民主治理而在地区内或地区间合作工作组；推进民主以及应对民主的挑战工作组。每个工作组的主席定期向召集小组汇报进展情况，召集小组将信息汇总后与"民主共同体"成员分享，宣传一些好的民主实践情况，从而鼓励世界各国努力达到《华沙宣言》中的思想和原则。

圣地亚哥会议的另外一项重要成果就是进一步完善了"召集小组"的相关职能，确立了扩大"召集小组"的标准，并指出未来如何进一步提高"召集小组"的效率。2005年4月30日，高级官员会议最终达成共识，形成了《民主共同体：部长级会议之间履行的职责》（Community of Democracies: Implementation between Ministerial Conferences），以指导共同体的活动。

②非政府进程

非政府组织一直是民主和民主化努力的一部分，正如《为民主而合作》宣言书中说的那样，非政府组织的活动对"民主共同体"意义重大。圣地亚哥会议召开前，"民主共同体非政府组织智利执行秘书处"与每个地区的非政府组织伙伴召开了一系列地区研讨会，分别分析了亚洲、欧洲和俄罗斯、撒哈拉沙漠以南的非洲、中东和北非、拉丁美洲、北美这六个地区民主的发展进程、缺陷和面临的挑战，并就政府如何解决这些民主缺陷提出了建议。这些研讨会的成果在圣地亚哥部长级会议召开前提交给"民主共同体"成员政府并就这些问题展开讨论。其中大部分内容都写进了圣地亚哥会议最后所达成的宣言书当中，意义重大。

(3) 巴马科会议

①《民主、发展和减少贫困》

2007年11月14—17日，"民主共同体"在马里首都巴马科举行了为期四天的第四届部长级会议，来自100多个国家的政府代表和民主活动家聚集在一起讨论世界民主状况并为推动全球民主发展提出建议。美国副国务卿约翰·内格罗蓬特率领美国代表团参加了会议，并于 11 月 15 日在开幕式上发表讲话。他在讲话中强调："在过去约 25 年期间，世界民主政体的数量增加了近两倍。如今，世界各民族、各宗教和各地区的人民正在逐步实现民主的愿望、实现法治。在任何民主受到阻挠的地区，我们只能看到冲突、暴力和贫困"，"每个国家必须找到符合本国人民最大利益的特定民主形式，但都应坚持民主的基本原则：言论和集会自由、广泛的社会对话、有效的制衡机制、尊重法治"。① 他指出，"我们从来没有如此团结地去制定一个为世界上所有男人、女人和儿童提供更好机会的路线。整个世界受益于发展和民主所带来的稳定。民主共同体是唯一一个把世界范围内推进和巩固民主的国家团结起来的论坛，是唯一致力于推进民主的全球论坛。"② 他强调了民主国家有责任与公民社会合作保护人民的权力，强调在多边论坛中加强"民主共同体"作用的重要性，强调每个国家都有责任将其民主价值观带入联合国系统。美国世纪挑战集团（Millennium Challenge Corporation）首席执行官丹尼洛维奇（Danilovich）强调通过直接资金援助、积极的倡议以及间接能力建设帮助别的国家实现民主变革。作为对民主与发展的承诺，美国宣布在 2008 年为联合国民主基金捐赠 790 万美元。③ 突显美国对在全球推进民主战略的重视。

巴马科会议的主题是"民主和发展"。在"民主共同体"各成员国的主持下召开了一系列地区座谈小组和主题座谈小组会议，强调了民主对于可持续发展以及消除贫困的重要作用，鼓励成员国通过发展援助计

---

① ［美］约翰·内格罗蓬特："扩大民主惠及全世界"，美国国务院国际信息局：《美国参考》2007. 11. 17, Charles W. Corey 从华盛顿报道。http://usinfo.state.gov.
② *The Community of Democracies.* http://www.state.gov/g/drl/c10790.htm.
③ *2007 Bamako Ministerial.* http://www.state.gov/g/drl/c26233.htm.

划激励那些民主治理的国家继续走民主道路。成员国分别针对非洲、美洲、亚洲和太平洋地区、中东和北非地区以及欧洲地区的民主问题召开了圆桌会议,探讨每个地区面临的挑战,并对民主国家如何分享成功实践经验和采取联合行动提出了具有创新性的意见。四个主题工作组(民主治理和公民社会工作组、发展和民主治理工作组、为民主治理而发展地区和地区间合作工作组、推进民主以及应对国家和跨国民主威胁工作组)同时就各国普遍关心的问题召开了主题圆桌会议,内容涉及推动民主治理的制度和政治环境;消除贫困、人类可持续发展以及民主治理;民主治理和发展中的公民社会和私营部门;联合国内部的地区组织和核心小组;推进和平、民主治理并扩展繁荣;国际协作推进民主治理和发展。

巴马科会议与会国签署了巴马科部长级会议共识,即《民主、发展和减少贫困》。文件重申了各国尊重并坚持2000年华沙会议、2002年汉城会议以及2005年圣地亚哥会议中达成的具体原则和条款,指出各国会努力完成圣地亚哥宣言中所提出的通过加强民主治理来减少贫困的任务,并支持公平及可持续的发展。文件从国家、地区和国际三个层面对"民主共同体"成员国以后将要开展的活动进行了具体的规划。

首先是国家层面。文件先是论述了关于民主、发展与贫困之间的关系问题。与会国一致承认民主国家的制度设计要比非民主国家更有利于可持续发展,在预防和控制冲突以及应对诸如饥荒这种威胁人类福祉的灾难时更具优势,而持续的不平等和贫穷则会导致公众对政治制度的不信任,进而导致一些不民主的行为发生,因此,各国"强调必须加强民主、人权以及平等和可持续发展之间的联系",[1] 民主社会中的个人和团

---

[1] The Community of Democracies 2007 Bamako Ministerial Consensus "*Democracy, Development and Poverty Reduction*". http://community-democracies.org/index.php?option=com_content&view=article&id=19%3Abamako-consensus&catid=4&Itemid=31&lang=en.

体有权力对与他们生活息息相关的事情发表观点和看法并参与决策制定。文件尤其强调了授权女性参与各个层面的经济、政治和社会活动是消除贫困、实现民主发展以及全面享受人权的关键所在。

文件强调，为了实现上述目标，各国坚决拥护民主，并就民主在各国国内及外交政策中以及在国际和地区论坛中所发挥的促进平等和可持续发展、消除贫困的作用进行广泛的交流；将"民主共同体"作为全世界民主国家之间交流经验、交换信息的论坛；通过资助在各国政府、公民社会组织、政党和私营部门之间建立信息沟通渠道，支持地区间就民主改革、平等发展和消除贫困问题开展对话和交流，并支持那些能够促进民主发展、扩大社会公平与公正的经济、社会和制度改革，尤其是要优先给予女孩受教育权，增加女性代表和参与社会公共事务的权力，推动各国实现性别平等。以此在世界范围内以及在各个地区、各个国家逐步消除贫困，实现平等和可持续发展，促进民主的传播及巩固。

文件特别强调应推动国家机构和非政府行为者在促进民主与发展上发挥作用。

有关国家机构问题，与会各国普遍承认民主如果没有一个尊重人权和法治的文化作为依托将很难发展，各国将继续对公民进行民主教育，加强相关机构建设，促进社会公正，预防滥用权力的现象；与会各国同时强调建立一个分权与制衡的政府体系是很重要的，"发展的主要挑战来自通过建立民主政府机构来加强民主",[①]尤其强调司法体系在维持法治和人权方面的作用，强调强大的议会机构在确保公民代表权以及政府履行职责方面发挥的重要作用；公共部门应及时有效地就教育问题、住房和医疗保健问题、社会安全以及就业问题提供帮助和服务，通过分权

---

① The Community of Democracies 2007 Bamako Ministerial Consensus "*Democracy, Development and Poverty Reduction*". http://community-democracies.org/index.php?option=com_content&view=article&id=19%3Abamako-consensus&catid=4&Itemid=31&lang=en.

第三章 "民主共同体"的发展变化与美国推进民主战略

加强地方政府的职能，推动女性在基层的积极参与。在圣地亚哥宣言中，各国决心为加强民主化、现代化创建有利环境，推动政党改革，发挥政党在消除贫困方面的作用。在本次会议上，各国重申对上述问题的重视，并指出腐败对于发展和消除贫困所产生的负面影响。为了应对上述问题，各国鼓励发展独立的政府审计机构以监督民主政府的活动，履行联合国大会抵制腐败的决议，及时制定反腐政策；支持政府实施地方分权，使政策制定过程更贴近民众，以此促进民主发展；加强立法机构以及政党在消除贫困以及制定发展战略方面的作用。通过完善国家机构实现民主、发展和消除贫困之间的相互促进作用。

在强调国家机构的作用时，"民主共同体"各参会国也认为非政府行为者同样扮演着重要角色，各国应努力在政府、私营部门和公民社会之间建立起伙伴关系，从而创建一个有利于民主和发展的环境。民主治理的加强需要包括私营部门在内的所有部门积极履行他们的职责。尤其是公民社会，在民主治理和发展方面的作用更为突出。公民社会的发展会推动公民参与选举、参加地方政府以及公共政策的制定，从而推动和巩固民主治理。与会各国同时声明他们强烈反对暴力以及所有形式的极端主义，强调经济自由、市场透明、机会平等和民主治理在惠民方面的重要性。因此，各国提议考虑在"民主共同体"内部建立一个由私营部门代表组成的论坛，可以为"民主共同体"的活动提供更多的建议；鼓励非政府行为者积极参与国家、地区以及国际层面的政策、战略制定过程，积极推动民主、人权和发展；允许市民广泛利用网络和搜索引擎，在网络论坛上自由表达观点，促进网络信息的自由流动以及言论自由；增加对公民社会的支持，鼓励非政府组织的发展，承诺非政府组织在开展和平活动时不会受到威胁，保障他们在国内和国际层面发展，并保持与其成员及其他公民社会组织的联系和合作。通过鼓励非政府行为者的活动，实现民主、发展和减少贫困的目标。

其次是地区层面。巴马科会议指出欠发达和极端贫困国家更容易受到跨国有组织犯罪的危害，强调地区组织在促进民主、发展以及安全方面的作用，鼓励地区内部以及跨地区间的合作。因此，宣言指出要"加强地区组织以及其他政府间组织在危机管理、预防和解决冲突、冲突后的重建、监督选举、根据国际法和人权法应对跨国有组织犯罪和恐怖主义方面的能力"，"鼓励各国采纳并完善地区民主宪章和合作协议"，"通过积极参与民主和发展问题的地区论坛，鼓励地区组织之间以及它们与联合国之间的合作"①，充分发挥地区组织的作用。

最后是国际层面。与会国主张国家和多边组织在有利于全球利益的前提下推动民主原则的发展。文件指出，发展中国家通过成为全球和地区组织的一员而整合到现有的经济、政治和安全关系网络中的重要性，通过国际合作和双边援助支持新成立的民主国家或正处于民主转型中的国家发展并巩固民主。各国采取《汉城行动计划》中列出的合作方法和行动应对民主面临的威胁，并再次强烈谴责一切形式的恐怖主义行为。各国支持联合国民主基金，并鼓励对有助于提升民主治理、发展能力和减少贫困的活动的资金支持。强调通过发挥国际机构的作用、通过国际合作发展和巩固民主，实现人类平等和可持续发展，逐步消除贫困。

总之，巴马科共识申明了民主治理是减少贫困的重要渠道，支持非政府组织开展和平活动的权力，推进网络自由，支持与私营部门建立伙伴关系，鼓励发展民主教育，特别是提高女性在社会中的作用、打击腐败、加强民主机构有助于整合民主和发展政策。为了再次激发联合国核心小组的作用，巴马科共识要求"民主共同体"在核心小组的支持下动员起来，就民主和人权问题协调共同立场。

---

① The Community of Democracies 2007 Bamako Ministerial Consensus "*Democracy, Development and Poverty Reduction*". http://community‐democracies.org/index.php? option = com_content&view = article&id =19％3Abamako‐consensus&catid =4&Itemid =31&lang = en.

巴马科会议在完善"民主共同体"的组织机构方面也有新进展。"召集小组"的成员在2006年由10个扩展到16个。

巴马科会议的另外一项重要成果就是各成员国一致同意创立"民主共同体永久秘书处",由波兰政府主持工作,帮助"民主共同体"协调内部促进民主和人权的工作。此外,非政府组织"国际指导委员会"的出现为政府和公民社会行为者之间交流和交换信息和经验提供了平台。

②非政府进程

在准备巴马科部长级会议期间,"民主共同体"的非政府进程第一次成立了一个由专家和杰出人物组成的国际咨询委员会(International Advisory Committee)。根据共同体参会标准,这个委员会起草了一份有关巴马科议程以及邀请参加巴马科部长级会议的正式推荐书并提交给"召集小组"。"召集小组"在决定2007年部长级会议的参加国和观察国邀请名单时将这份推荐书作为主要的参考依据。最终确定了125个国家正式参会,另外有20个国家作为观察员的身份参会。正如前几届部长级会议一样,非政府组织代表扮演了重要角色,尤其在主题和地区讨论环节,100多个非政府组织的代表参加了会议。

(4) 里斯本会议

作为里斯本部长级会议的铺垫,2009年3月23—24日,"民主共同体"的葡萄牙轮值主席在里斯本召开了一次研讨会,探讨"民主共同体"在面对全球经济和金融危机时如何加强民主工作。葡萄牙外交部和葡萄牙天主教大学政治研究所以及葡萄牙国际关系研究所合作举办了这次研讨会,世界各国的政府代表和公民社会领袖参加了会议。葡萄牙外交部代表、"民主共同体"官员以及非政府组织"民主共同体国际指导委员会"(International Steering Committee of the Community of Democracies, ISC/CD)的成员就相关问题进行了深入的探讨,最终形成会议文件呈交给7月份举行的里斯本部长级会议讨论。

①《里斯本宣言》

"民主共同体"第五届部长级会议于 2009 年 7 月 11—12 日在葡萄牙首都里斯本举行。来自 100 多个国家的外交部长作为代表参加了会议,探讨如何有效合作在世界范围内推动民主的发展和巩固。

7 月 11 日,葡萄牙轮值主席与公民社会组织召开了一次特别工作小组会议,主题为"民主治理与跨文化对话"。会议由"民主共同体国际指导委员会"成员卡洛斯(Joao Carlos Espada)主持,"民主共同体国际指导委员会"主席保罗·格雷厄姆(Paul Graham)在会上发言,迫切要求"民主共同体"积极参与世界各地民主发展所面临的问题,他指出:"除非这些问题在这个专门为这些问题创建的论坛上得到认真对待,否则我们不会受到重视。相反,这些问题会在任何一个地方发生,在那些人民和国家之间的差异被放大的地方发生,有时候甚至被操纵。"① 与会者也普遍关注跨文化对话的重要性。里斯本部长级会议的全会在 12 日举行,包括美国副国务卿詹姆斯·斯坦伯格在内的几位政府官员在开幕式上发表了演讲。斯坦伯格传达了奥巴马政府对于在华沙建立"永久秘书处"的赞扬,指出这是"民主共同体"以行动为导向的积极标志,并指出美国会继续全力支持这项重要的事业。会议的主题是"全球经济和金融危机对民主治理的影响"。在分组会议上探讨了关于通过"民主共同体"加强民主发展的一系列议题,包括:当今的金融和经济危机对民主治理的启示;民主治理和发展;"民主共同体"在以后的发展中所面临的挑战。会议最后决定由立陶宛接管"民主共同体"的各项工作,并主持第六届部长级会议。会后各国签署了《里斯本宣言》,旨在推动民主在世界范围内的发展。

---

① July 11, 2009. *Ministerial Workshop with Civil Society.* http://www.ccd21.org/activities/lisbon-ministerial.html.

第三章 "民主共同体"的发展变化与美国推进民主战略

《里斯本宣言》首先就与民主相关的普遍问题进行了表述：各国在宣言中重申了尊重并坚持前四届部长级会议所做出的决定；各国在遵守《联合国宪章》、《人权宣言》及其他相关法律的前提下履行其尊重和保护人权的责任，与会国一致认为对所有人来讲，未来是一个自由和公正的世界；重申共同体是建立在对人的尊严、平等原则、法治和人权的尊重的基础上的，人类的所有权利是普遍的、不可分割的、相互关联、相互依存并且相互促进的，因此应公正、公平地对待；如果不严格遵守非歧视原则，民主将很难发展，因此各国致力于推动性别平等；强调恐怖主义对民主和民主价值观的威胁，指出跨文化对话的重要性，并强调像联合国这样的国际组织可以帮助提升全球民主治理，因此各国应及时、全面实现联合国千年发展目标。

里斯本会议是在全球金融危机的背景下召开的，因此不可避免地要涉及到全球经济和金融危机对民主治理的影响。各国在宣言中强调金融和经济危机在对社会构成挑战的同时也为加强民主机构、民主治理的透明性提供了原因，指出金融危机并没有免除各国保护和发展人权及法治的责任，反而更需要国际社会对此问题进行合作，民主更有利于解决经济和金融危机问题。

基于对上述问题的共识，各国一致决定致力于为促进和保护人权而努力实现民主治理，支持法治、性别平等、维护人身安全、自由表达和获取信息的权力；推动人们对自由、公正选举的重要性的认识，指出这是法治政府的基础；加强民主教育和人权教育，并将此作为参与民主进程和民主治理的基本工具；加强地区内和地区之间在民主问题上的合作，加强国际反恐合作；推动联合国改革，尤其是安理会的全面改革。①

---

① 参见"Lisbon Declaration of the Community of Democracies". http://www.ced21.org/pdf/lisbon_declaration.pdf.

金融危机并没有阻碍各国前进的步伐，而是激励他们与国际组织尤其是联合国合作，重塑信心。

② 非政府进程

非政府进程在里斯本会议期间同样发挥了重要作用，无论是会前的准备工作，还是会议过程中的积极参与，都对"民主共同体"的发展产生了重要影响。2009年4月，非政府组织"民主共同体国际指导委员会"提交给"召集小组"一份邀请推荐书，评估了哪些国家应该被邀请参加里斯本部长级会议。尤其指出34个国家自从上次巴马科部长级会议之后在民主和人权方面出现了较为明显的变化。"召集小组"正是在参考这些推荐的基础上起草第五届部长级会议的邀请函。

2009年7月9日，"民主共同体国际指导委员会"成员与来自穆斯林世界的公民社会领袖召开了一次会议，讨论"民主共同体"如何更好地支持这些国家的民主发展。来自20多个国家的35名代表参加了这些讨论，会议向与会者介绍了"民主共同体"，并指出这些穆斯林国家的民主实践所面临的挑战和经验。穆斯林民主活动家呼吁这些国家的宗教领袖更多地参与民主事业，因为在一些国家中宗教是主要的社会推动力，高效的民主进程和民主机构不能忽视宗教领袖的作用。与会者还讨论了建立国际穆斯林民主网络的益处，印尼和孟加拉的公民社会领袖描述了在国家层面通过网络战略成功推进民主的实例。

7月10—12日，来自世界各地将近80名民主和人权活动家来到葡萄牙里斯本，与参加"民主共同体"第五届部长级会议的政府共同探讨公民社会和民主政府为推动民主发展而合作的方法。为了在应对当前的经济和金融危机中保持对民主价值观的支持，非政府领袖强烈要求政府加大对当前剥夺公民社会权力趋势的关注，并指出他们与那些日益受到镇压的民主活动家是团结一致的。7月10日，所有参加里斯本会议的非政府人员聚集在一起为部长级会议做准备。世界各地的民主问题学者和积极分子就当地最近面临的主要问题发表了演讲。同时，这次会议也为公民社会参与到"民主共同体"现有的一些项目（外交官民主发展援助手册 A Diplomat's Handbook for Democracy Development Support、全球民主教育战略计划 Global Strategic Plan for Democracy Education）中提供了机遇。

（5）克拉科夫会议

2010年7月2—4日，在波兰的克拉科夫市召开了纪念"民主共同体"成立十周年会议。会议由波兰外交部和"民主共同体永久秘书处"共同组织，由波兰外交部长拉多斯瓦夫·西科尔斯基（Radoslaw Sikorski）主持，美国国务卿希拉里·克林顿、欧洲议会（European Parliament）主席（Jerzy Buzek）以及其他民主国家的部长和大使、民主和人权活动家出席会议，同时，国际指导委员会也帮助组织100多位公民社会领袖和活动家与会，探讨民主在当前所面临的挑战。这次会议的主题是如何克服公民社会在当今社会建设中所面临的困难，同时也关注如何克服公民社会在全球推进和强化民主过程中所遇到的障碍。美国总统奥巴马于7月3日在会议上发表讲话，重申华沙宣言的主要精神，并指出"美国作为民主共同体的发起国，以后仍会坚定地支持推广民主价值观和民主制度"。奥巴马并对"民主共同体"的角色给予肯定，指出它在"促进民主实体之间牢固和有效合作时所担当的角色对克服以后面临的挑战是至关重要的"。[1]

7月2日主要是召开工作小组会议，每个小组都将有足够的时间讨论各自关注的问题，例如对公民社会的威胁、性别平等以及民主平等和

---

[1] Statement by the President of the United States of America on the 10th Anniversary of the Community of Democracies. http://community-democracies.org/index.php?option=com_content&view=article&id=215%3Astatement-by-the-president-of-the-united-states-of-america-on-the-10th-anniversary-of-the-community-of-democracies&catid=6%3Anews-and-media&Itemid=51&lang=en.

发展等问题，会后形成的《全球民主发展计划》提交给晚上的全体会议。7月3日是主题小组会议，官方代表、民主活动家、非政府组织代表以及媒体人士参加会议，主要聚焦妇女民主问题、当前对民主的威胁、民主活动家、民主新技术等。接下来是高层民主会议，由西科尔斯基主持，包括主题发言和部长级小组会议，主题是"当前民主发展所面临的机遇和挑战"以及"重申在世界政治中对民主价值观的承诺"。聚集在克拉科夫的人们再次表明他们捍卫民主核心价值观的决心，他们认为，这在当前民主面临困难的情况下是十分重要的，克拉科夫会议不仅是"民主共同体"的十周年庆典，也为在世界范围内扩展民主提供了一个交流的平台。

3．"民主共同体"的常设机构及其主要活动

（1）**召集小组**（Convening Group）

"召集小组"是"民主共同体"的执行和指导委员会，是"民主共同体"的核心机构。2000年"召集小组"成立时有8个成员国，即智利、捷克共和国、印度、马里、葡萄牙、韩国、波兰和美国，这八个国家也是华沙会议的发起国。其任务是：确定部长级会议的议程；决定邀请参加"民主共同体"的标准；采纳能够增进和巩固民主的措施；解决程序和管理问题；发起并引导在各个国家支持民主进程的活动，这些活动包括组织研讨会、培训当地精英、在各国首都成立咨询组织、发表共同声明、对国际社会影响重大的事件发表立场以及向各国派出专家团。"召集小组"的高级官员定期举行会议，协调与其他政府的沟通、组织部长级会议、决定发出邀请、起草政策声明以及新闻公报。主席每两年轮换一次，由主持每两年一次的部长级会议的国家从其政府人员中选出。

"召集小组"所有的决定都是在"共识"的基础上做出的，主席负责制定高级官员的议程，并做好每一次会议的记录。任何国家都可以要

求将某项目列入会议议程。一旦"召集小组"的成员就某项提议达成共识后,主席负责起草所有的宣言和声明。当某项任务有助于提升"民主共同体"的效率时,主席可以要求来自那个区域的国家执行该任务。"民主共同体"的任何成员国都可以要求参加"召集小组"的会议,报告有关履行"民主共同体"任务的相关活动情况,或为即将召开的部长级会议提出建议。

2002年汉城会议时,"召集小组"成员扩大到10个,南非和墨西哥加入。2005年圣地亚哥会议期间,"召集小组"的职能以及扩展问题得到了明确的阐述。《民主共同体:部长级会议之间履行的职责》中明确指出,"召集小组"以下述透明的方式协助"民主共同体":

- 组织"民主共同体部长级会议",决定会议议程和参加者,通知共同体所有的成员;
- 组织协调在部长级会议上已经达成共识的活动,履行《行动计划》或其他任何相似的协议;
- 与非政府组织和公民社会建立关系,开展与推动民主价值观发展相关的活动;
- 采用并执行推进巩固民主和民主机构的提议,尤其是支持民主转型过程;
- 鼓励"民主共同体"的成员国全面参与在世界范围内推进民主的活动和提议;
- 支持那些在联合国内和其他多边论坛中推进民主的联盟和核心小组;
- 接收来自"民主共同体"工作组和"联合国民主核心小组"的更新数据,并将结果与其他"民主共同体"国家分享。[①]

---

① Community of Democracies: *Implementation between Ministerial Conferences*. http://www.state.gov/g/drl/c10712.htm.

同时，圣地亚哥会议期间也确定了"召集小组"的扩大标准，指出最多只能扩大到 16 个国家，并且在非洲、美洲、亚洲和欧洲这四个地区都会有三到四个代表国家。扩大时应坚持下列标准：地区平衡；坚实的国家民主结构；在捍卫民主方面有着显著的行动；对"民主共同体"的目标坚决拥护；积极履行《华沙宣言》和《汉城行动计划》的决议；新成立的民主国家和已经巩固了的民主国家之间保持平衡。[1]根据这个标准，马里和南非是非洲的代表国家，智利、墨西哥和美国是美洲的代表国家，印度和韩国是亚洲的代表国家，捷克、波兰和葡萄牙是欧洲的代表国家。地区间基本实现平衡。2006 年范围进一步扩大，佛得角、萨尔瓦多、意大利、蒙古、摩洛哥和菲律宾加入。2008 年，由于立陶宛接替葡萄牙主持"民主共同体"事务，因而也加入到"召集小组"行列中，突破了圣地亚哥会议期间制定的"召集小组"成员国不能超过 16 个的标准。

（2）"民主共同体"永久秘书处（Permanent Secretariat of the Community of Democracies）

最早提出建立"民主共同体"永久秘书处是在 2007 年的巴马科部长级会议上，会议通过了《建立民主共同体永久秘书处的决定》（Decision to Establish the Permanent Secretariat of the Community of Democracies），具体规划了其功能、规模和幕僚等内容。在这个文件的指导下，"民主共同体"的参加国于 2008 年 6 月在华沙正式成立永久秘书处，并于 2009 年 1 月开始运转。

"民主共同体"永久秘书处是在 2000 年创建"民主共同体"原则的指导下建立的，在"召集小组"以及轮值主席的指导下开展工作，并为

---

[1] Community of Democracies: *Implementation between Ministerial Conferences*. http://www.state.gov/g/drl/c10712.htm.

他们提供组织上和观念上的多维度支持,提高"民主共同体"推进和支持民主事业的效率。永久秘书处承担行政、运作以及技术职能,并与非政府组织以及其他合作伙伴保持联系,保证"民主共同体"与其他组织尤其是非政府组织保持互惠关系,永久秘书处还要与非政府组织国际指导委员会建立工作关系,方便与非政府组织的交流沟通、信息共享,促进合作。

在行政职能方面,永久秘书处协助主席准备议程草案、"民主共同体"所有会议包括部长级会议的时间;以机构记忆和官方记录者的身份服务于"民主共同体",尤其是建立、管理并更新"民主共同体"网站、档案和数据库;为主席与媒体和其他机构或者与那些没有直接包含在"民主共同体"内的实体开展联系提供行政支持。

在运作职能方面,协助主席规划、协调和完善"民主共同体"的各项决定和提议;传达主席的讯息,方便"召集小组"成员国之间信息和沟通的顺畅;协助主席和"召集小组"做好与参加"民主共同体"的国家的联络工作,鼓励各国积极参与"民主共同体"的事业;必要的时候支持"召集小组"和主席协调、监督并完善"民主共同体"的方案和提议;在预算方面为主席提供行政支持;方便"召集小组"、主席以及非政府进程国际指导委员会之间的工作关系,确保非政府组织的提议在"民主共同体"议程中得到适当的重视,方便政府与非政府组织之间的沟通。在技术职能方面,主要是协调会议规划和后勤的所有方面,并承担翻译服务、研究工作和媒体推广活动。[①]永久秘书处作为一个协调、沟通机构,方便了主席和"召集小组"各项工作的开展,提高了"民主共同体"的效率。

---

① *Decision to Establish the Permanent Secretariat of the Community of Democracies.* http://community-democracies.org/images/stories/articles/Decision_to_Establish_the_Permanent_Secretariat_of_the_Community_of_Democracies.pdf.

永久秘书处既然承担着如此重要的任务，就必须要求有一个由专业工作人员和主管组成的高素质的专业团队。其工作人员要具有经验和语言技能来有效地履行职责，至少要具有人力和财务资源管理、战略规划、语言和文字沟通、计算机技术等能力。专业工作人员最初从参加"民主共同体"巴马科会议的国家政府人员中借调，一年后，"召集小组"从中选出一位委派为主管，这时候他将独立于所在国政府，然后，主管再从各国政府候选人中选出最初的成员，交给"召集小组"选择。工作人员的规模由"召集小组"决定，最初由4到5人构成，但并不是固定不变的，会根据开展的活动和任务而有所调整。维持整个永久秘书处运转的资金来源于参加"民主共同体"的国家的自愿援助，也有来自其它机构和个人的捐助。波兰作为东道国要保证永久秘书处充分履行职能，根据国内法律以及欧盟相关规定为永久秘书处提供与其他国际组织相同的特权和豁免权。

巴马科会议上只是初步确立了永久秘书处的一些组织、运行条款。为增强组织的工作效率，文件最后指出"民主共同体"两年后会对永久秘书处的所有方面进行评估，以确定是否有必要进行修改。

（3）**民主共同体国际指导委员会**（International Steering Committee of the Community of Democracies, ISC/CD）

虽然"民主共同体"是民主国家和正在走向民主的国家之间的政府间组织，但是其活动的开展离不开非政府组织的参与。每次部长级会议召开之前都有一系列的非政府进程，评估各国民主发展状况，为"民主共同体召集小组"提出议案，阐述哪些国家应该被邀请参加即将召开的部长级会议，哪些国家应该以观察国的身份出席；部长级会议召开时，公民社会等非政府人员也会同时举行非政府进程会议，探讨与部长级会议主题相关的各种问题；部长级会议召开后，非政府组织会积极实践会议中做出的各项决定，通过各项行动推动民主在全世界的发展。鉴于非政府组织的重要性，根据2005年圣地亚哥部长级会议的决定，成立了"民主共同体国际指导委员会"，作为公民社会组织，它代表了"民主共同体"框架内的公民社会的观点，并协助"民主共同体"推动民主和人权事业。而公民社会通过ISC/CD在"民主共同体"中发挥了重要的作用，他们与"民主共同体"主席、"召集小组"以及"永久秘书处"共同协商提出议案，确定民主所面临的威胁，规划有效推进民主的战略。"民主共同体"历届主席都将与公民社会合作作为主要目标，ISC/CD也在"民主共同体"框架内树立了民主活动家的形象。

ISC/CD由来自非洲、美洲、亚太地区、欧洲、中东和北非地区的25名代表组成，南非民主改革研究所的执行理事保罗·格雷汉姆（Paul Graham）担任ISC/CD主席，"民主共同体理事会"（CCD）担当ISC/CD的秘书处。ISC/CD成员通常管理各自区域内的事务，非洲民主论坛（African Democracy Forum）、亚洲民主化世界论坛（World Forum for Democratization in Asia）、拉丁美洲和加勒比民主组织（the Latin American and Caribbean Network for Democracy）以及阿拉伯民主基金会（Arab Democracy Foundation）的领袖都是ISC/CD的成员，这就使得ISC/CD对世界每个角落的民主发展状况、民主所面临的挑战了如指掌，可以更有针对性地开展工作，提高推进民主的效率。

ISC/CD强调其活动不仅要包含民主国家中的活动家，同时也要包含民主面临挑战的国家以及仍在实施专制体制的国家中的民主活动家，最大范围确保公民社会的需求得到有效关注，提高他们在"民主共同体"内代表公民社会的能力。ISC/CD成立后，协助"民主共同体"开展了一系列活动，有效地推动了世界民主的发展。

①外交官民主发展援助手册（A Diplomat's Handbook for Democracy Development Support）

外交官民主发展援助手册是由"民主共同体"授权的项目，由"民主共同体理事会"负责执行,由国际非暴力冲突中心(International Center on Nonviolent Conflict)、自由之家、普林斯顿国家安全项目(Princeton Project on National Security)、美国国务院(U. S. Department of State)、印度政府、加拿大政府外交与国际贸易部共同资助。手册中指出,民主不能被进口或出口,必须要由相关国的公民自己发展。并不存在通向成功的固定公式,但是外部援助对于民主的发展还是必要的,而目前却缺乏专业的材料对外交官如何应对民主援助问题进行培训和指导。[1] 因此,编写这本手册的目的是鼓励民主国家培养外交官的院校制定策略,为派往国外的外交官在当地支持民主活动进行培训。[2]

2008年第一版外交官民主发展援助手册出版,书中介绍了当前的国际环境以及外交官在开展工作时可以运用的资源、工具。书中以南非、乌克兰、智利、白俄罗斯、缅甸、塞拉利昂、坦桑尼亚以及津巴布韦为例,详细介绍了这些国家的政治发展历程、民主发展现状,分析了国际社会对这些国家的民主发展做出何种反应,并指出了外交官在各国民主发展过程中充当的角色。书中强调外交官应支持当地的公民社会开展人权和民主活动,综合有效地利用手中的资源,包括:巧妙运用外交豁免权、支持当地政权、对现有政府施加影响、资助公民社会的发展和各项活动以及运用西方民主世界的团结来综合影响所在国政府,强调政府的合法性问题。拥有资源的同时还要求巧妙地运用资源。书中指出外交官应掌握下列方法:"倾听、理解和分享"的黄金原则、报道与信息传播的沟通方法、与当地政府沟通的"对话与建议"方法。书中还强调,外交官要帮助国内的民主活动家与国外联系,寻求援助和经验分享,并适当保护遭受迫害的民主人士,从而明确表明这些外交官对民主和人权的

---

[1] *A Diplomat's Handbook for Democracy Development Support*. http://www.diplomatshandbook.org/pdf/Diplomat's%20Handbook.pdf.

[2] http://www.ccd21.org/cd/isc-cd.htm.

第三章 "民主共同体"的发展变化与美国推进民主战略

关注与支持。

2010年克拉科夫会议时又出版了第二版,案例中增加了古巴和埃及,简单介绍了近两年这些国家的民主发展情况,并再次强调环境的不同要求所采取的措施也不同,应根据客观情况开展工作。这些经验与方法对即将上任的外交官以及从事民主活动的人士具有很大的帮助,为国际社会更好地帮助一些国家的民主发展提供了便利。

② 民主教育(Democracy Education)

在全世界开展民主教育是"民主共同体"的核心原则之一,在2000年标志着"民主共同体"成立的华沙会议上,106个国家共同声明要"提高公民教育和识字率,包括对民主知识的教育"。[①] 这些政府的代表以及一些非政府组织在2002年11月召开的汉城会议上再次表明民主社会之间相互合作,通过教育推广民主文化具有很大的潜力。非政府组织论坛在汉城会议期间提议召开一次由政府、国家和国际非政府组织以及多边机构参加的会议,商讨在世界范围内推广民主教育的发展战略。于是,"民主共同体理事会"在洛克菲勒兄弟基金会的波卡蒂科会议中心(Pocantico Conference Center of the Rockefeller Brothers Fund)召开了一系列主题为"国际民主教育"的会议。

2003年6月8日到11日,"民主共同体理事会"与"美国全球教育论坛"(American Forum for Global Education)在波卡蒂科会议中心召开了第一次会议,目的是要制定一项全球民主教育战略计划。共有34人出席会议,分别是来自印度、印尼、突尼斯、尼日利亚、塞内加尔、加纳、南非、智利、墨西哥、波兰、俄罗斯、拉脱维亚以及美国等13个国家的教育家、公民社会和政府代表,以及世界银行、联合国教科文组

---

① The Community of Democracies 2000 Warsaw Ministerial Conference "*Toward a Community of Democracies*". http://community-democracies.org/index.php?option=com_content&view=article&id=16:warsaw-declaration&catid=4&Itemid=28.

织、联合国开发计划署和美洲国家组织的代表。会后制定了《全球民主教育战略计划》(*The Global Strategic Plan for Democracy Education*),概述了一系列具体的提议来提高在全球民主教育的可行性和效率。文件中指出在发展民主教育的时候要考虑各国的文化和价值观,为民主教育创造适宜的环境。会议得出的主要结论是:教育对民主的生存和发展是至关重要的,民主教育对于所有国家民主事业的维持和巩固尤其是处在转型中的社会是必不可少的,民主教育应成为教育系统的一部分。据此呼吁教育家、学者、政府以及非政府组织、基金会和各类国际团体更为关注民主教育问题,为民主教育提供更多的资源。提议将民主教育作为国际发展战略的重要方面,"民主共同体召集小组"应将发展民主教育作为主要任务,而"民主共同体理事会"协调各国政府、国际组织以及非政府组织之间的工作,在评估一国的民主发展时将民主教育作为其中的一项。文件分别针对非洲、美洲、欧洲、中东和亚洲地区在发展民主教育时面临的困难提出了具体的建议,同时指出在制定地区行动计划的时候也要注重每个国家的行动计划以及整个国际社会的行动计划,三者相互协调。2007年的巴马科部长级会议正式肯定了《全球民主教育战略计划》。

在《全球民主教育战略计划》呼吁给予中东和非洲更多关注的基础上,2005年3月18—20日,由"民主共同体理事会"、伊斯兰和民主研究中心(Center for the Study of Islam and Democracy)以及美国全球教育基金会在波卡蒂科共同发起了第二次会议,即关于中东和穆斯林非洲地区民主教育的波卡蒂科会议,目的是分析中东和北非地区在推广民主教育时所面临的机遇和挑战,同时也为即将召开的"民主共同体"圣地亚哥部长级会议提出建议方案。本次会议共有来自中东和北非地区、塞内加尔、尼日利亚以及欧洲和美国的30位代表出席,由来自埃及、约旦、伊朗、伊拉克、土耳其、利比亚、突尼斯、塞内加尔、尼日利亚的非政府组织领导人以及德国、美国和荷兰的与会者共同起草了会议报告。四个波卡蒂科工作组分别就各自领域内的问题进行了分析,并针对这些问题给出了具体的建议,分别是伊斯兰与民主和公民权问题、媒体与民主教育问题、非政府组织为民主教育捐助问题、在正式和非正式教育中的民主教育问题。与会者最后根据这些报告总结了十九条建议准备提交给于 2005 年 4 月召开的圣地亚哥部长级会议,具体涉及以下内容:鼓励通过年轻人传播民主观念;对如何有效地向所有公民开展民主价值观教育以及适合各国文化传统的机构建设开展研究,特别关注伊斯兰和民主适应性之间的研究;鼓励教师、学校系统及媒体代表、公民社会组织支持并实施长期的民主教育项目,并与公民社会合作,开发有利于促进公民权和尊重妇女和少数民族的权力以及宗教自由权的课程;为民主教育提供足够的材料,包括编写和印刷书本;将穆斯林宗教领袖纳入到民主教育项目中;确保将亚洲、欧洲、非洲和美洲转型社会的民主教育实践经验提供给中东和北非地区,以及向其他地区的民主穆斯林国家学习民主教育经验;建立并扩展教育家和民主活动家之间的联系网络,致力于在阿拉伯和穆斯林国家推广民主教育;寻求"民主共同体"的支持,将民主教育作为地区转型的首要任务。[①] 报告提交给圣地亚哥会议,使参加会议的国家更为关注民主教育问题,尤其是中东和北非这些穆斯林国家的民主教育问题,突显了非政府进程在推广民主方面的作用。

在 2007 年巴马科部长级会议宣言的激励以及美国国际开发署的大力资助下,2008 年 9 月 22—23 日,来自世界各地的民主教育专家、公民社会领袖、政府官员以及地区和国际组织的代表再次相聚于波卡蒂科,探讨民主政府怎样履行五年前在波卡蒂科制定的《全球民主教育战

---

① *Report of the Pocantico Conference on Democracy Education in the Middle East and Muslim Africa*. March 18 – 20, 2005. Council for a Community of Democracies, Washington, DC, 2006.

略计划》。"民主共同体理事会"成员根据会议材料以及会上的讨论内容起草了名为《贯彻全球民主教育战略计划》（Implementing the Global Strategic Plan for Democracy Education）的报告，目的是要在世界范围内巩固和重振民主，并确保市民的广泛参与，促进民主机构的健康发展。这份报告意在阐明创建民主文化、创建稳固民主的途径，具体阐述了在国家、地区以及国际层面开展民主教育计划的行动目标和指导方针，呼吁政策制定者、公民社会以及地区和国际组织代表、以及构成"民主共同体"的100多个民主国家相互合作，扩大并深化人们对民主原则和价值观的认知。为了协助参会者开展民主教育活动，报告还列举了在国家、地区以及国际层面开展民主教育的实践活动作为参考。国家层面选择智利、波兰和中国台湾为例，地区层面选择中东、欧洲委员会、美洲国家组织为例，国际层面选择联合国教科文组织为例，通过借鉴这些案例更好地指导民主教育实践。报告成为"民主共同体"的蓝图和行动计划。通过有效推广民主教育活动，为民主发展营造了良好的环境，推动"民主共同体"的发展。

（4）**民主共同体理事会**（Council for a Community of Democracies，CCD）

CCD 是一个跨国的以推进民主为宗旨的非政府组织。

CCD 于 1979 年以"通讯委员会"（Committees of Correspondence）的形式成立，旨在围绕"民主"这个共同理念将一些国家的普通民众联合起来。

1980 年美国大选后，CCD 将影响里根政府外交政策作为自己的目标。两年后，里根总统在威斯敏斯特大厅（Westminster Hall）发表演讲时就采纳了 CCD 提供的思想，号召世界各国鼓励言论及发表自由，发展工会、政党、法治，推动民主发展。之后，CCD 提交的一篇关于建立一个民主国家共同体的报告呈交给里根总统，里根由此同意建立一个由威廉姆·布洛克（Hon. William E. Brock）领导的两党基金。一年后，里根总统将他的"民主计划"提交给国会,并申请3100万美元用于建立国家民主基金(National Endowment for Democracy, NED)。

1985年,NED资助CCD在威斯康星州拉辛城(Racine)召开了一次由26个国家的36位代表参加的会议,会议提议建立一个世界范围内的民主国家联盟,建议在联合国内召开民主国家核心会议。1988年,CCD组织了一次国际会议,美国前总统福特、卡特与来自50个国家的代表相聚密歇根州安阿伯(Ann Arbor)的福特图书馆(Ford Library),讨论围绕民主建立世界秩序的问题。

这期间,CCD相继在英国、澳大利亚、比利时、葡萄牙初具规模。到1989年,CCD遍布华盛顿、纽约、伦敦、西雅图、巴黎、波恩、渥太华、蒙特利尔、旧金山、斯德哥尔摩、东京、毛里求斯、斐济、科特迪瓦、悉尼和墨尔本。1992年,抓住冷战结束以及民主第三波席卷全球的机遇,CCD采取了一种新的形式,即作为团结民主联盟(Association to Unite the Democracies, AUD)的一个项目,后来又成为21世纪基金会(21st Century Foundation)的一个项目,时任AUD主席的查尔斯·帕特里克(Charles Patrick)几乎将所有早期的CCD活动家都吸纳进来。[1]

2000年华沙会议的召开标志着"民主共同体"正式成立,CCD20年来推动建立民主国家共同体的外交努力终于梦想成真,接下来的任务就是协助"民主共同体"发展壮大,以适应不断变化的社会。于是2001年CCD的办公室落户华盛顿特区,并聘请了专业人员。

CCD主要在以下组织的资助下开展活动:史密斯·理查德基金会(The Smith Richardson Foundation)、联合国民主基金(United Nations Democracy Fund)、美国国际开发署(USAID)、美国国务院民主、人权与劳工局(US State Department's Bureau of Democracy, Human Rights and

---

[1] *CCD: The First 5 Years* 2001-2001.

Labor)、拉塞尔家庭基金会（The Russell Family Foundation）、约翰·怀特赫德基金会（The John Whitehead Foundation）、亨利·卢丝基金会（The Henry Luce Foundation）、洛克菲勒兄弟基金（The Rockefeller Brothers Fund）。① 其主要任务是：在2000年6月"民主共同体"华沙会议提议的基础上，加强政府与民主支持者之间的合作，建立一个有效的世界民主国家共同体；帮助履行在"民主共同体"汉城会议、圣地亚哥会议、巴马科会议以及里斯本会议上公布的决议；与政府以及非政府组织分享他们推进民主的计划和资源；促进民主选出的议会之间的合作以及联合国代表之间的合作，推动国际组织在支持民主实践方面的合作。②

CCD是世界上唯一一个倾其全部精力在"民主共同体"上的非政府组织。从2001年开始，CCD就一直致力于主张民主变革，通过与公民社会和政府合作倡导国际合作，从而使"民主共同体"日益强大。为了加强"民主共同体"内部公民社会的角色，CCD推动建立了"民主共同体国际指导委员会"并担任其秘书处一职。在这方面，CCD在"民主共同体"框架内代表公民社会的观点，并努力建立公民社会支持网络，而这又成为其思想来源。CCD参与"民主共同体"的工作组，提出并承担具体项目。CCD提出并履行的建议主要有：外交官民主发展援助手册、通过全球战略计划发展民主教育、建立联合国民主基金以及民主核心小组、建立国际民主过渡中心（International Centre for Democratic Transition）③、在与全球公民社会组织协商的基础上为"民主共同体"成员国政府定期提供建议。④

---

① *Funding Sources*. http://www.ccd21.org/about/funding.html.
② *CCD's Mission*. http://www.ccd21.org/about/mission.html.
③ 总部设在匈牙利布达佩斯的非营利性组织，收集最近的民主转型经验并与那些决定进行民主转型的国家分享。
④ *Advancing Global Democracy through Partnerships between Civil Society and Government*. http://www.ccd21.org/about/index.html.

三、"民主共同体"与美国推进民主战略

从"民主共同体"建立与发展的过程可以看出,美国在其中发挥了重要推动作用。美国之所以推动建立"民主共同体",是因为这与冷战后美国的推进民主战略完全吻合。美国想要通过民主国家的国际联合来加速在全球推进民主的步伐,同时巩固美国作为"民主世界领袖"的地位。而2000年正是新世纪开始之际,美国以此为契机,加大推进民主的力度,力图使21世纪成为美国领导的"民主世纪"。美国国务卿希拉里·克林顿在一篇关于对外政策的演讲中高度评价"民主共同体"。她将"民主共同体"成立同柏林墙倒塌相提并论,作为过去20多年欧洲发生的两件大事。她称:"柏林墙的倒塌为欧洲分裂的过去画了句号",而民主共同体"面向着一个更灿烂的明天"。"这两件事情提醒我,我们已经有了多么长足的进展;我们从我们的价值观和愿望的共同源泉中汲取了如此的力量。"[①]

从理论上讲,"民主共同体"的成立及其活动是有利于推进民主的,同时也有利于突显美国在推进民主过程中的"领导"作用。

"民主共同体"在推进民主上的作用主要体现在三个方面:

1. 传播民主价值观

亨廷顿在《第三波》中将民主化第三波产生的原因归结为五个方面:民主价值在世界上被普遍接受;全球性经济成长;天主教会转向支

---

① 见希拉里2010年9月8日在美国对外关系委员会发表的演讲,载美国国务院国际信息局网站 http://www.america.gov/mgck。

持民主；欧洲共同体、美国和苏联戈尔巴乔夫政权的推动；"滚雪球"或示范效应。其中，"民主价值在世界上被普遍接受"被列为导致第三波民主化浪潮五大原因之首。按他的分析：在民主价值被普遍接受的世界上，威权体制的合法性问题日益加深；这些政权对政绩合法性的依赖越来越严重；而军事失败、经济失败和1973—1974年以及1978—1979年的石油危机则严重削弱了这种合法性。①亨廷顿的分析是有道理的。经过近200年的发展，民主已经成为被世界普遍接受的价值观，正如亨廷顿所描述的："一种世界性的民主精神应运而生。即使是那些显然反民主的国家也常常用民主的价值来证明其行动的正当性。反民主的公开论点作为一种概念已经几乎完全在世界上多数国家的公共辩论中消失。"②这种状况使得威权体制的合法性变得非常脆弱，迫使它只能依靠政绩来赢得民众的认可，一旦政绩不佳，它就面临着民主运动的挑战。而在全球化的世界中，经济、政治生活会经常面临各种挑战，当权者一旦应对失当，就会造成危机，进而影响到政权的合法性。与民主体制相比较，威权体制面对因政绩不佳而造成的挑战要大得多。如果是民主体制遭到军事失败、经济失败等危机，通常是在体制内改变执政党或领导人，而威权体制在这种情况就有可能面临政权被推翻、体制被改变的危险。

民主价值能被世界普遍接受，除了民主价值自身的优点外，还应归功于民主价值的传播。而民主价值的传播又与全球化密切相关。全球化促使交通和信息传播工具越来越发达，国家间的交往越来越频繁，民主价值就随着这种交往而传播开来。往来的人员，电视、广播、网络、报纸、书刊等传媒手段，都会成为传播民主价值的载体。《世界是平的——21世纪简史》一书的作者托马斯·弗里德曼认为：促使柏林墙倒

---

① [美]塞缪尔·亨廷顿：《第三波——20世纪后期民主化浪潮》，刘军宁译，三联书店1998年版，第54页。
② 同上，第55页。

第三章 "民主共同体"的发展变化与美国推进民主战略

塌的一个重要原因是"开始于20世纪80年代初的信息革命",因为,"极权统治依赖的是对信息和力量的垄断,然而传真机、电话和其他现代化通信工具的广泛应用却让过多的信息传到了铁幕的另一边。"① 弗里德曼所说的"信息"应当包括与民主价值有关的信息。

在信息传播手段的运用上,一个无可否认的事实是,西方发达国家占有绝对的优势。就拿传媒来说,西方向发展中国家传播的各种信息远远多于发展中国家向西方国家传播的信息。世界有影响的电视台、广播电台、报纸、杂志、网站、出版单位几乎都在西方。它们发出的信息许多都渗透着民主价值,甚至有些内容就是直接宣传民主价值的。如果考虑到语言因素,西方与发展中国家之间存在着的信息输出不对称状况会更加严重。英语、法语、德语、日语是许多发展中国家学生学习的主要外语,学生们在学习这些语言时,也通过阅读这些语言所表达的思想潜移默化地学习了西方的民主价值。相反,西方国家则很少有将发展中国家语言作为学生学习的主要外语的。只是近些年,随着中国、印度等国的崛起,一些发达国家才重视学习这些国家的语言。比如美国,布什总统在2006年1月宣布了"国家安全语言计划",要求联邦政府有关机构鼓励更多的美国人学习中文、印地语、阿拉伯语等外语,以适应美国对外交往的需要。② 语言因素对信息传播的影响在中国可以有深刻的体验。中国的高档宾馆一般都能收到CNN、BBC等英文电视节目;许多懂英语的人都经常收听BBC、"美国之音"等英文广播节目,阅读英文报纸、杂志;许多出版社每年都出版大量的英文译著;每年有大量的美欧国家的电影被译制播映;中国的中央电视台第9频道每天用英语播出节目,

---

① [美]托马斯·弗里德曼:《世界是平的——21世纪简史》,何帆等译,湖南科学技术出版社2006年版,第44—45页。
② 美国国务院国际信息局:《美国参考》2006年11月8日;Elizabeth Kelleher 从华盛顿报道:"美国越来越多的学生选修外语"。

而且还聘请了不少能讲标准英语的外裔播音员和主持人。相反，在美欧国家除了华人社区外，很少能看到中文电视节目，除了研究中国问题的学者外，恐怕无人阅读中文报刊、书籍，收听中文广播。

"民主共同体"的活动都伴随着大量的传播民主价值观的过程。每一次部长级会议都会调动100多个国家的高官参加，这些国家的新闻媒体都会进行报道；在这个过程中，"民主共同体"各种组织都要举行一系列的活动，比如撰写报告、出版印刷品、召集各种会议、发布相关消息等。尤其是"民主共同体"的一个重要任务就是进行民主教育，所谓民主教育，实际上就是传播民主价值观，让受教育者了解、理解、信奉民主价值。"民主共同体"所做的工作，无疑会使西方传播民主价值观已有的势头和优势得到进一步加强。

2. 维护民主制度

"民主共同体"的宗旨之一就是促使民主国家团结起来，共同促进、维护民主制度。"民主共同体"在维护民主制度上所起的作用是值得关注的。首先，部长级会议"召集小组"在确定参加会议的人选时，都要评估各成员国的民主发展状况，这无形中对成员国，特别是转型中的成员国，构成了一种压力，促使它们更加重视本国民主的发展。其次，"民主共同体"成员都有一定的标准，这对那些想加入"民主共同体"的国家也会起到督促作用，促使它们加快民主化步伐。最后，"民主共同体"的存在本身就会起到一种示范作用，即向世界表明，世界多数国家都是"民主共同体"的成员，因此民主是"普适"的，民主是世界潮流，民主国家是先进的。这无形中会强化那些"民主国家"的优越感和自豪感。有些所谓"民主国家"，经济社会发展状况并不令人称道，但是该政府可以将民主作为其执政资本。这种状况会促使执政者刻意维护民主制度。

3. 强化"民主国家"之间的关系

"民主共同体"为其成员国提供了一个很好的国际舞台,使其可以在这个舞台上沟通情况、交流信息、发现共同利益、增强合作。特别是,"民主共同体"囊括了几乎所有的西方发达国家和相当一部分发展中国家,它的存在肯定有利于促进这两部分国家之间的关系。

"民主国家"之间关系的发展,无疑有利于它们相互汲取发展民主上的经验、教训,也会有利于西方国家对"准民主国家"提供民主援助。

第四章

"民主联盟"的基本内容及美国的战略意图

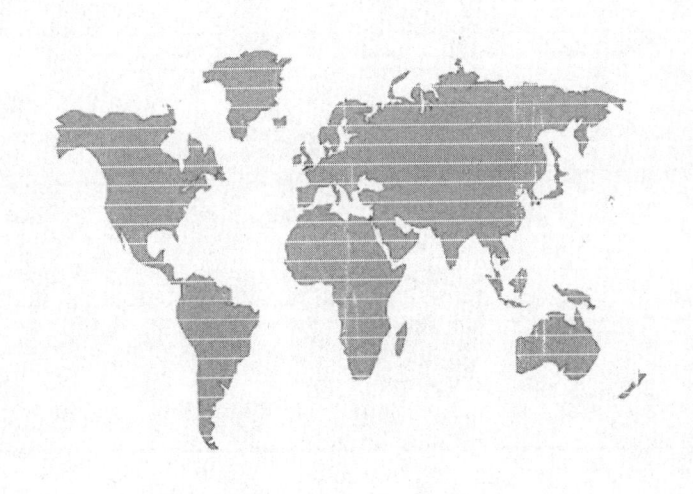

第四章

民主改革的基本内容及
美国的战略意图

第四章 "民主联盟"的基本内容及美国的战略意图

"民主联盟"战略构想是由《普林斯顿报告》提出来的。当然，在《普林斯顿报告》中，"民主联盟"战略还只是个初步的设想，一些具体内容都没有阐述。尤其是关于"民主联盟"的组织形态和规模，都讲得比较笼统。在笔者与《普林斯顿报告》主笔之一斯劳特女士的谈话中，她介绍了她对"民主联盟"宗旨、组织形态与规模以及与联合国的关系等问题的看法。

一、《普林斯顿报告》与"民主联盟"构想

2006年9月，美国普林斯顿大学伍德罗·威尔逊公共与国际事务学院发表了一份题为《锻造法治下的自由世界》的研究报告，该报告是名为"普林斯顿国家安全项目"的最终成果。[①] 报告全面阐述了美国面向21世纪的国家安全战略构想，其中，建立一个"民主联盟"（或"民主国家联盟"）是最引人注目的内容。

《普林斯顿报告》虽然是学者们搞的，可是却不同于一般的研究报告。这个项目的研究工作历时两年多，有408位专家参与，他们都是在美国学界、战略和政策研究界有影响的专家。克林顿政府的国家安全顾问安东尼·雷克和里根政府的国务卿乔治·舒尔茨担任项目的共同主席；著名国际问题专家约翰·艾肯伯里和安尼玛丽·斯劳特担任项目的

---

① G. John Ikenberry and Anne–Marie Slaughter Co–Directors, *Forging a world of Liberty Under Law*, U. S. National Security in 21st Century, Final Report of the Princeton Project on National Security. http://www.wws.princeton.edu/ppns/report/Finalreport.pdf.

共同主持人。如此庞大的研究队伍,过去是很少见的。基辛格、布热津斯基、约瑟夫·奈、理查德·哈斯、基欧汉、福山等前政要、著名战略家和国际关系理论家都是项目参加者。所以,该报告一问世,就引起了战略研究界的密切关注。

除了阵容庞大外,研究队伍跨民主、共和两党也是这个项目的一大特色。雷克曾在民主党政府任职,而舒尔茨则在共和党政府任过职。在普林斯顿项目上,二人联手合作。不仅跨越两党,实际上项目参与者包括了美国战略研究界各个流派的人士。除了主流的自由派和务实派外,还有非主流学派。进攻性现实主义的代表人物米尔斯海默,新保守主义代表人物威廉·克里斯托尔和罗伯特·卡根都是参与者。他们中有些人学术观点和战略思想是完全对立的,但却坐到一起共同探讨美国的全球战略问题,为美国全球战略调整出谋划策。单从人员构成上就可以看出,这个研究项目非同一般。

更值得关注的还是这个报告的内容。

研究报告的正标题是"锻造法治下的自由世界",副标题为"美国21世纪的国家安全"。报告正文长达60页,主要有两大部分。第一部分讲21世纪美国应该有一个什么样的国家安全战略;第二部分讲美国在21世纪所面临的主要威胁。

报告的第一部分分别从"目标"、"成功战略的标准"和"法治下的自由世界"三个方面分析了美国"21世纪国家安全战略"。强调这个安全战略必须能够应对美国所面临的所有危险,同时还要利用一切可能的机会使美国和世界更为安全。

关于目标,报告称:美国国家安全战略的基本目标是要保护美国人民以及美国的生活方式。报告将这个总体目标划分为三个具体目标,即国土安全、健康的全球经济和良好的国际环境。

国土安全是指保护美国免遭他国占领、美国公民以及国家基础设施不会受到攻击、国家不会受到致命性流行病的侵袭。与历史上传统的军事袭击相比,非传统安全问题使国家处于更大的危险之中:恐怖分子以死来发泄仇恨,摧毁能力不断增强;核恐怖主义比一般的核威胁更危险;与西方有仇的国家可能在将来的地区冲突中发动针对美国及其盟友的毁灭性的报复活动。这些都需要美国在考虑国土安全时不仅要应对直接的暴力袭击,还要确保经济、公共事业、卫生保健系统以及主要的通讯手段不会遭到毁灭性的打击。

美国的国家安全还依赖于全球经济的健康发展。随着经济全球化的发展,美国经济发展与全球经济息息相关。虽然美国每天与别国进行激烈的竞争,但与此同时,别国繁荣的经济、开放的市场以及自由贸易对维持美国生活方式又是至关重要的。全球经济发展以及世界经济一体化有助于国家和地区的和平稳定,因此报告指出美国应该做好准备,应对全球化过程中产生的经济危机、供应震动和市场衰退等风险。其中重要的一点就是应对中国和印度的经济崛起,考虑如何将中国、印度、巴西、俄罗斯、墨西哥、南非、尼日利亚的发展融入到地区和全球经济发展机制当中。

良好的国际环境同样对美国国家安全至关重要。由于国际相互依赖的增长,创建并维持一个良好的国际环境是维护美国长期安全的关键所在。因此需要美国维持与联盟的关系、推动自由民主国家间的安全合作、确保美国的国际国内安全、避免敌视美国的超级大国或平衡性联盟的出现、在世界范围内支持自由民主和负责任的政府。

关于成功战略的标准,普林斯顿报告提出了成功的 21 世纪国家安全战略必须要达到的六个标准,分别是:(1)多维度。"9·11"后美国把精力全部集中在反恐上是有缺陷的,一个成功的长期国家安全战略必须综合考虑美国的利益,并且能够同时应对不同的威胁和挑战。在应对恐怖主义的同时,还要关注东亚发展、流行病以及全球化发展带来的挑战。(2)综合性。战略必须将美国的硬实力与软实力结合起来,利用一切可用资源达到目标。在加强军事实力的同时还要加强事关国家安全的公民基础设施建设;不管美国的意图有多么的好,应关注他国是如何看待美国的;要求美国官员定期与他国相应官员开展正式及非正式的交流沟通;不但利用政府资源,还要发挥个人及非盈利性部门的作用。(3)基于利益而不是威胁。成功的战略必须以与别的国家确定并追求共同利益为开端,而不是坚持要求他们接受美国对威胁的认知为先导。(4)立足于希望而不是恐惧。突出具体的威胁并强调其全球性只会加重恐惧感。美国的战略应推进实力背后更为积极的目标。这些目标并不是防御性的,而是促进与美国安全与道德相一致的价值观。美国应尽力让别国公民认可美国的实力,不是将美国看成一种威胁而采取平衡战略,而是与美国合作追寻更大的共同目标。(5)由内及外。一国内部发生的事情同样会对美国产生影响。美国的战略中要包含创建一套制度或机制,从而国际社会作为一个整体可以帮助单个国家加强政府能力,鼓励合理的行为,而不是运用暴力或非法的强迫手段。(6)适应信息时代。21世纪国家安全战略是在一个信息高速流动、行为者必须即刻做出反应的世界中运作的。因此美国应足够迅速、灵活和机智,在必要的时候能够做出部署或重新部署,在某项共同的努力中能够协调不同的行动者;应有能力迅速地搞清楚美国拥有的信息,并传递给需要这些信息的任何人,同时要知道缺少哪些信息、如何获取这些信息。

关于法治下的自由世界,报告称:美国一直以来就自诩是"自由世界的灯塔",为自由而战,是法治下的自由世界的代表和捍卫者。报告指出,一个成熟的自由民主的世界会使美国更加安全、富有和健壮。在过去的几年中,美国一直在民主的旗帜下推进世界自由,布什政府断定民主的缺失是全球邪恶力量盛行的主要原因,因此将推进民主作为国家安全战略的核心。然而将国家定义为民主或非民主而不是善或恶,同样

第四章 "民主联盟"的基本内容及美国的战略意图

会使美国与其他国家的关系复杂化，逐渐削弱两国共同想要达到的目标。取而代之的应是真正推动法治下的自由世界，需要做到以下几方面：经济繁荣，个人在现有的法律和政治体系中具有利害关系；一个能够保障个人权利的法律体系；政府足够透明和诚实，确保法律体系贯彻实施。报告列举出了构成这一战略的元素，即：第一，调拨资源、制定机制，支持受民众欢迎的、负责的、关注人权的（Popular, Accountable, Rights - regarding. PAR）政府；第二，创建一个促进国家间合作的自由国际秩序，创建开放的国际经济体系，国际社会合作确保和平与安全；第三，正确看待国际事务中武力的作用，包括有关使用武力的相关国际和国家规则。报告具体阐述了这三项战略元素：

1. 督促政府达到 PAR 的标准。最好的方法就是帮助这些政府及其人民与那些已经达到 PAR 标准的政府和社会接触，给他们提供学习的动力和支持。找到美国与特定国家或国家集团之间的共同利益，并为了实现这些利益制定必要的政策和机制，同时还应通过外援增加对脆弱国家的支持。因为贫穷会增加内战、国家崩溃、威权领导、环境灾难以及流行病爆发的可能性，这些不但使这些国家不符合 PAR 的标准，还会威胁美国的国家安全。

2. 创建自由的秩序。美国在二战后与其盟友建立的国际制度已经不能适应当今社会的发展，像联合国、国际货币基金组织、世界银行、世贸组织、北约这样的主要组织以及无数小的组织都面临着改革的压力。而由于美国是世界上最强大的国家，于是责无旁贷地承担起修复系统的重任。为了使他国放心，从而也确保美国的实力和地位，美国需要的是一个有效的全球系统，在不能单独或靠双边关系解决的问题上开展合作；同时美国要建立或重建的不仅仅是一个简单的国际秩序，而是一个自由的国际秩序。主要从以下几方面着手：（1）打造一个新的联合国。美国应将联合国改革作为主要的外交政策，作为重建 21 世纪自由国际秩序的一部分。首先是安理会改革，除了考虑扩大安理会成员外，还应重新考虑安理会常任理事国何时以及如何使用否决权的问题。坚持对管理使用武力的规则进行更新，以反映21世纪的现实，如果一国不愿意或不能保护其国民免遭"可以避免的灾难"，国际社会有权承担这一重任。在安理会授权针对危机采取直接行动时应废除否决权，以多数原则取而代之。（2）建立"民主联盟"。无论是美国还是国际社会都不能一直等待联合国改革，美国应与盟国合作建立一个新的国际组织，即"民主联盟"。目的是加强自由民主国家间的安全合作，为各国有效克服面临的共同挑战提供合作框架，同时也是"民主和平"的体现。民主联盟的成员是有选择性的，必须要做到以下几点：发誓相互之间不使用或不计划使用武力；承诺定期举行多党竞争的、自由公正的选举；由独立的司法部门保障本国人民的公民权和政治权；同意国家有责任保护本国人民免受可以避免的灾难的侵袭，如果不能做到时，国际社会有权代为采取行动。联盟不仅应包括美国、北约、非北约欧洲民主国家、日本、韩国、澳大利亚和新西兰这些已经是盟友的民主国家，还应包括印度、南非、巴西和墨西哥这些新的民主伙伴，将非西方的民主力量整合到全球民主秩序中。"民主联盟"不会代替美国在欧洲和东亚已有的联盟关系，也不会代替联合国或其他全球组织。但是，在联合国安理会运用否决权阻止自由国家为忠于联合国宪章的目标使用武力时，"民主联盟"可以成为支持使用武力的替代性论坛。报告并且为"民主联盟"草拟了宪章。（3）振兴北约。美国需要与欧洲签订新的条约，共同确定战略目标。北约需要改革，取消北约中一些小国的否决权以及其他有碍采取联合行动的条款。（4）应对全球化。要想打造一个法治下的自由世界，在关注政治的同时也应关注经济，美国必须向国际社会表明他愿意充当公共物品提供者，将自己的短期商业利益置于国际长期利益之下。（5）网络秩序。信息时代创建自由国际秩序的最好方法就是通过网络将尽可能

第四章 "民主联盟"的基本内容及美国的战略意图

多的个人和组织联系在一起，形成一个全球合作网络。

3. 武力的作用。自由和法治都要靠武力来支撑，这也是国家维持警察和军队的原因所在，但是在国际层面却没有这样的机制。因此国家安全战略必须表明在国内和国际社会使用武力的必要性。美国应维持在自由民主国家的军事优势地位，同时鼓励志趣相投的民主国家发展与他们的安全利益相符的军事实力。威慑在对抗核扩散以及在应对核武器和恐怖组织结合方面仍然是必不可少的工具。在应对恐怖主义以及一些国家时，预防性以及先发制人性地使用武力仍是必不可少的。

报告的第二部分主要讲美国在 21 世纪面临的主要威胁和挑战，共有七个方面：中东、全球恐怖网络、核武器的扩散以及传播、中国崛起和东亚秩序、全球传染病、能源以及建立保护性的基础系统。

关于中东，报告认为，来自中东地区的最大威胁就是该地区秩序的全面崩溃：伊拉克内战的爆发会危及周边国家并导致什叶派与逊尼派在这一地区的冲突；伊朗好战和扩张主义、民族主义的兴起会导致与阿拉伯国家或以色列的安全竞争；哈马斯的行为会导致以色列和巴勒斯坦之间的全面战争；以色列和伊朗在南黎巴嫩的代理战争，会导致以以色列为一方，以伊朗和利比亚为另一方的全面冲突。阻止中东地区由文明的摇篮变为全球冲突的摇篮是美国外交的第一要务，因此美国在这一地区的长期战略目标是在这些国家内部以及在这些国家之间建立起法治下的自由秩序，在中东地区实现和平、自由、稳定。要实现这个目标，美国应从以下几方面努力：首先，美国应与欧盟合作，尽可能和平解决以色列与巴勒斯坦问题，在双方承认相互边界以及解决有争议的问题的基础上实现"两国方案"（two-state solution）；其次，为确保地区安全，美国应与以色列、巴勒斯坦以及伊朗建立不同形式的安全伙伴关系；第三，美国鼓励在中东地区建立地区组织，并提出两个建议，分别是效仿欧安组织成立"中东安全与合作会议"（Conference for Security and

Cooperation in the Middle East）和包括伊朗、海湾地区所有阿拉伯国家、联合国安理会常任理事国在内的"海湾安全理事会"（Gulf Security Council），并为最终建立一个包括伊朗和以色列在内的地区安全组织而努力；第四，面对动荡不定的伊拉克局势，美国必须制定新的战略。美国必须与伊拉克政府以及尽可能多的交战方代表举行坦诚的讨论，表明美国会尽一切可能重建伊拉克，帮助培训并支持达到 PAR 标准的政府，但要允许美国在伊拉克内外重新部署军队，既能有效建立新秩序，又不会卷入内部冲突。美国还应遏制伊拉克的内部冲突，与欧盟和俄罗斯合作，协调地区力量，防止事态的发展威胁到美国的利益和国际秩序的稳定。最后，美国还应积极应对中东地区的激进化趋势。

关于全球恐怖网络，报告强调：美国正日益面临着基地组织或其相关运动与核武器相结合的危险，同时从伊朗到巴勒斯坦的什叶派穆斯林政府可能会有意地资助恐怖主义反对西方、扰乱中东秩序，这些都会威胁美国人民的安全与生活方式。美国的国家安全面临着将恐怖主义战术与全球思想相结合的全球恐怖网络的威胁。可以把反恐战略的目标看作一个同心圆，中心是全球恐怖网络的中坚力量，接下来的一圈是愿意实施自杀式袭击的人，再外圈是同情并资助恐怖主义的人，接下来是同情恐怖主义但不会提供积极支持的人，这一圈之外是对政治冷漠的人，他们每天会根据对事件的反应来决定是为恐怖主义分子提供消息还是为美国提供消息，最外围是目前还在某种程度上同情美国及其盟友的人。美国反恐战略成功的关键是打击恐怖组织核心人物，同时驱散支持恐怖主义的处于外圈的人：利用军事力量、情报技术打击恐怖主义分子；利用"公共外交"影响处于外圈的人的观点，同时向穆斯林家庭展示如果他们与全球经济和国际社会联系，他们的经济和社会前景是很光明的。

关于核武器的扩散以及传播，报告认为：世界正处于一个新的核危险时代，有核国家的崩溃会给世界带来混乱，大规模杀伤性武器有可能被转移至恐怖分子手中。美国在努力阻止核扩散时面临两个主要障碍，即普遍的反美主义和指责《不扩散核武器条约》（NPT）的不公正。因此，美国必须在保留足够的核威慑能力的同时向世界表明美国忠于核不扩散的总体目标，同时领导国际社会完善 NPT。其中重要的一点是修改第四章，将给予所有成员国为和平目的获取核能的权力改为允许他们获得核能量而不是核能力。除此之外，美国还应采取一系列反扩散措施，包括：重启并资助 Nunn – Lugar 计划[①]；巩固并扩大防扩散安全倡议（Proliferation Security Initiative）；继续发展有效的导弹防御系统；修改威慑战略，要与美国的对手所具有的独特文化背景相适应；突出安全部门的反扩散能力；如果拥有核武器的国家崩溃了，美国要有全盘的计划接管核武器和核材料。

在关于中国崛起和东亚秩序一段，报告将中国的崛起视为 21 世纪影响最大的事件之一。报告认为，中国经济的快速发展以及在东亚地区积极开展外交活动正在改变东亚局势，中国的地缘政治影响力不断增长。报告还强调，美国并没有处理与潜在的经济和军事对手国家间关系的经验，因此担心中国不断增长的影响力会让美国付出代价。中国的崛起成为美国和国际社会最大的挑战，但是中国并不是唯一会导致亚洲不稳定的国家，日本、印度和俄罗斯都是潜在的不稳定因素，美国战略重心从亚洲转向反恐也让亚洲国家普遍怀疑美国在东亚地区的承诺。美国的目标不应是围堵和遏制中国，而应帮助中国成为国际社会一个负责任的利益攸关方。

美国在处理中美关系时，最主要的是让中国在现有的国际秩序中实现合法的抱负，因此美国的战略是要促进并加强跨太平洋地区秩序，而

[①] 该计划全称为"Nunn – Lugar Cooperative Threat Reduction Program"，是由美国两位参议员 Sammual Augustus Nunn, Jr. 和 Richard G. Lugar 提出的旨在削减前苏联国家的大规模杀伤性武器的计划。详见：http：//nunn – lugar.com。

不是亚洲秩序，美国在其中担当重要角色。为此，美国必须制定政治与经济双重战略。政治上，提供给中国在地区和全球体系中更高的地位，同时也希望中国接受并适应美国的核心战略利益，最终让中国接受法治下的自由社会。经济上，亚洲其他国家的经济发展对中国的崛起至关重要，美国应在这个基础上制定政策。同时也必须与欧洲保持经济上的合作关系，与世界上其他国家保持积极的经济关系。具体包括以下几步：（1）建立东亚安全机制，将中国、日本、韩国、俄罗斯、美国这些主要大国包含进来，直接讨论地区安全问题。为中国和地区大国和平解决争端提供一个机制。（2）由于中国和东亚的未来尚不明确，美国应加强与这一地区民主国家联盟的关系。（3）与中国和平竞争，争取地区影响力。（4）美国应表明仍然关心东亚地区，重拾在亚洲金融危机和"9·11"后在这一地区失去的信誉。（5）保持在东亚地区强大的军事实力，虽然不是直接针对中国，但会阻止中国成为地区霸权。（6）美国必须认真解决巨大的财政赤字问题，而不是只靠中国购买美国国债解决，因为这是不稳定的。美国要采取措施增加储蓄率，中国也应改变经济增长方式，从出口导向转向消费为主。（7）继续把美日同盟作为美国亚洲政策的基础。（8）加强与印度的关系。中美关系也许是21世纪最重要的双边关系，美国在制定政策时必须考虑到它的不确定性、模糊性和复杂性。一方面，中国目前还不是威胁；另一方面，要针对中国的崛起制定相应的战略。

关于全球传染病，报告认为：艾滋病已经是致命的全球传染病，人类现在又面临着禽流感的威胁。传染病已经成为人类第一杀手，不但会造成巨大的死亡，还会阻碍全球经济的发展。而且由于国家贫富状况不一，所拥有的资源多寡也不同，因此传染病对不同国家的影响是不一样的，这种遭受灾难的不同会在几代人中产生愤怒感。贫穷国家会依赖富有国家提供帮助，这将摧毁美国苦心经营的世界秩序，依赖而不是相互依赖将成为主旋律。为了应对流行病的威胁,美国必须在国际上建立灵活的、包容性的、以行动为导向的网络和组织,建立国际公共健康系统,同时增加对国内公共健康系统的投资,对可能出现的危险采取预防性措施。

关于能源,报告指出:当美国从中东购买能源时,大量的财富从美国转移到独裁政权,扼杀了这些国家的改革,增加了潜在对手的军事实力;同时也加重了气候问题,降低了环境质量。因此,美国应带头将发达国家与发展中国家组织起来,建立共同的行动框架,解决气候问题,在京都议定书之外寻找另一条道路,可以考虑以下几点:在国内强制制定排放上限,允许对排放限额进行交易;与像中国、印度、巴西这样的主要发展中国家开展双边或多边谈判,对排放限额进行交易;美国重返国际社会,协商长期排放目标以及探讨短期责任;鼓励欧盟履行京都议定书,同时与没有参加京都议定书的国家协商2012年后的框架,建立前面所说的双边和多边框架;将环保技术传授给发展中国家,将国际社会的焦点从短期内减少碳排放量转移到鼓励无碳创新。

关于建立保护性的基础系统,报告强调:面对所有这些威胁和挑战,美国必须建立更为牢固的基础系统,从而阻止这些威胁接近美国,或者是在接近时降低这些威胁的影响。具体办法主要是从美国社会、政府以及更广阔的世界三个层次建立这种系统:在社会层面,通过改善公共卫生系统、建立更好的沟通系统、加大对公共教育系统的投资,加强处理灾难的能力;在政府层面,必须建立一套成熟的威胁评估程序,将分散的决策部门整合起来,建立成熟、高效的政府;在更广阔的世界层面,美国必须扩大"安全区"(Safety Zone),与外国官员合作,保护美国实际地理边界之外的地区。

《普林斯顿报告》的作者对这份报告的价值给予非常高的自我评价。在序言中,作者将该报告与乔治·凯南的"X文件"相比。1948年,凯南在他的报告中提出了著名的"遏制战略",指导了美国整个冷战时期的安全与外交政策。普林斯顿报告认为,冷战后美国所面临的安全形势已经发生了很大变化。和冷战时期不同,今天的美国已经不存在像苏联共产主义那样单一的外在威胁。当今的世界已经发生了深刻的变化,美国必须应对的就有:新兴大国的崛起、正在缩小的能源市场、日益增长的反美主义和已经全球化的经济。美国面临着一系列威胁,包括中东的不稳定、伊斯兰极端主义、全球恐怖主义网络、核武器扩散、传染病的散播、全球变暖。面对这样复杂的国际局势和如此多的威胁,美国缺少一个明晰的、能得到两党支持的安全战略原则表述。布什政府虽然分别于 2002 年和 2006 年出台了两份国家安全战略报告,国会中的一些委员会和小组以及许多思想库也都提交过国家安全报告并提出了一些原则,但是却没有整合起来。普林斯顿项目就是要仿效凯南,为 21 世纪的美国国家安全战略确立一个宏观的、具有长远指导意义的框架。在这个战略框架中,建立一个"民主联盟"就是最引人注目之处。

从其宗旨来看,《普林斯顿报告》所提出的美国全球战略框架很有可能为布什后的美国政府所接受,至少是参考。当然,对于《普林斯顿报告》的重要性,中美两国的学者有不同的看法。《普林斯顿报告》发表后,笔者走访了一些美国学者,包括普林斯顿项目的参与者,他们中的多数都认为,那只是一个学术研究机构的设想,能否为美国政府接受还需要观察。美国的学术研究机构多如牛毛,就是有影响的专门从事国际战略研究的也有数十个,它们都会提出自己的研究报告,所以不要把它们太当回事。不过,笔者个人倒是认为,不能小瞧这个战略构想。仅从研究队伍就可以看出它的影响力。

在 2008 年美国总统选举中,共和党候选人麦凯恩已经明确表现出"热衷于建立'民主国家联盟'(League of Democracies),主张世界民主国家联合起来形成一个新的国际体系"。① 所用词语虽然与《普林斯顿报告》所用"民主联盟"(Concert of Democracies)有所不同,但本质是一样的。奥巴马虽然还未这样明确表态,但是他的外交政策顾问班子中的许多人都是普林斯顿项目的参与者,其中包括普林斯顿项目联合主席之一托尼·雷克。

奥巴马政府上台后,当务之急是应对国际金融危机,因此很难对推进民主和建立"民主联盟"表现出多大热情,但是这并不排除未来的美国政府会接纳这个战略构想。

二、"民主联盟"的组织形态及特点

《普林斯顿报告》不仅提出了"民主联盟"的战略构想,而且还对其组织形态做了设定。按照普林斯顿报告的说法,"民主联盟"是全球性的组织,宗旨是加强世界自由民主国家间的合作,为它们能进行有效合作、应对共同的挑战提供一个机构。它还可以作为"民主和平"的制度化身来发挥作用。所有国家都可以加入民主联盟,但是必须以遵守联盟的协议为条件。

《普林斯顿报告》为"民主联盟"拟定了章程,共八条。主要内容包括:盟员誓不用武力或计划用武力反对其他盟员;盟员承诺定期举行多党、自由、公平的选举;盟员承诺建立独立的司法机构来保证公民人权;盟员国政府有义务保证其公民免遭各种灾难,包括种族屠杀和人民饥荒,当这些政府未尽此种义务时,同盟就有义务干预。

---

① 王雅平:《麦凯恩与奥巴马的贸易政策:对中国的意义》,载《卡内基中国透视》2008年第6期。www.carnegieendowment.org/China。

关于"民主联盟"的规模，普林斯顿报告并未提及，只是说它是一个"全球性的组织"。但是，"民主联盟"有多大，或者说能有多少成员国？还有，这个组织内成员国之间的关系如何？这些问题颇受人们关注。

现在已经有一个所谓民主国家的国际组织，即"民主共同体"（Community of Democracy）。与"民主共同体"比较起来，"民主联盟"在组织上应该更紧密一些。"民主联盟"的英文对应词"Concert of Democracies"寓意深刻，欧洲在拿破仑战争后曾出现过一个"Concert of Europe"，它是欧洲大国协调、合作的机制，对维护1815—1854年间欧洲的和平、稳定发挥了很大的作用。从功能上来说，"民主联盟"肯定要比"民主共同体"更有制度约束力，更有力量，就像现在的欧洲联盟（EU）要比其前身欧洲经济共同体（EEC）高一个档次一样。

笔者曾于2007年11月在北京采访过普林斯顿项目的主持人之一安尼玛丽·斯劳特女士。按她的解释，"Concert of Democracy"不同于"Alliance of Democracy"，不应该译成"民主联盟"或"民主同盟"。不过依笔者之见，尽管按字面的含意，"Concert of Democracy"应该译成"民主协调"或"民主协约"，但是用"民主协调"一词很难表达出"Concert of Democracy"的本意来。因为，它肯定要比"民主共同体"在组织形态上高出一个层次。这从前面提到的章程的内容也看得出来。所以，用"民主联盟"更能体现出这个构想中的国际组织的本意来。

斯劳特教授也承认，"民主联盟"（"民主协调"）要比"民主共同体"组织性更强，国家间联系更紧密。"民主联盟"应该是成员国首脑会议，就像"八国集团"那样。但是它要比G8大。它由成熟的民主国家组成，成员国都是法治、自由、民主的国家。新加坡、俄罗斯、马来西亚等都不够格，尽管它们是"民主共同体"的成员。够格的国家只有40—50个，除了欧盟国家、美国、加拿大、日本、澳大利亚和新西兰外,发展中国家像菲律宾、韩国、南非、墨西哥、巴西、印度都是够格的。

从《普林斯顿报告》和斯劳特教授的说法来看,与"民主共同体"相比较,"民主联盟"的主要特点有三个:第一,成员国参加联盟活动的官员层级高,是国家元首或政府首脑,而"民主共同体"只限于外交部长;第二,成员国数量相对少一些,也就是对成员国的标准要求较高;第三,有一定的规章约束成员国的行为,而"民主共同体"则比较松散,尽管每一届"民主共同体"部长级会议举行之前"召集小组"要对各成员国的民主发展状况进行评估。

此外,"民主联盟"不同于北约和上海合作组织等区域性组织,它是一个全球性组织。再者,与G8相比,它也有所不同。首先是成员国明显比G8多;其次是它有章程,而G8没有。

"民主联盟"还只是一个构想中的国际组织,将来能建设成什么样,甚至能否建立起来,还需要观察。但是有一点是肯定的,"民主联盟"如果建立起来了,将会对国际政治产生重大影响。

三、"民主联盟"战略与国际新秩序

笔者之所以非常关注"民主联盟",是因为它在《普林斯顿报告》中并不是偶然出现的词语,而是在整个战略构想中占有突出位置的关键词,它本身就可以成为一个战略,而且这个战略与美国现行的全球战略及其调整方向密切相关。

与美国已经出台的包括官方和非官方的各种战略报告相比,可以说,"民主联盟"是《普林斯顿报告》的一大特色。或者说,"民主联盟"是该报告所提出的新战略构想("普林斯顿新战略")的一大亮点。

按说，早就有人提出过建立民主联盟的设想。20世纪20年代，一个英国学者写了一本书，主张建立世界民主国家联盟，美国要在联盟中发挥主导作用。① 不过，那时，这种建议只是个别人提出的，也未引起人们的重视。而《普林斯顿报告》则大不相同。

报告第一部分"21世纪的国家安全战略"有三节，分别是"目标"、"成功战略的标准"和"法治下的自由世界"。

报告指出：美国国家安全战略的基本目标是"保卫美国人民和美国人的生活方式"。在这个总目标下有三个具体目标：国土安全、健康的全球经济和良性的国际环境。实现这些目标的途径就是建设"一个法治下的自由世界"，即推进民主。报告盛赞："美国已经寻求在世界推进民主几十年，甚至几个世纪。"报告还肯定，"布什政府最近几年已经认识到，民主的缺失是世界范围内邪恶势力的关键驱动力，布什政府已经将推进民主作为它的国家安全战略最突出的部分。"

报告提出美国应从三个角度来推进民主。一是在世界范围内支持得民心的、负责任的、公正的政府；二是建立一个自由的国际秩序；三是在国际事务中恰当地使用武力。

关于如何建立一个自由的国际秩序，报告提出了五点措施：改造联合国；建立民主联盟；振兴北大西洋公约组织；治理全球化；建立一个网状的秩序。

在"普林斯顿新战略"中，推进民主是实现战略目标的基本途径，而推进民主的一个重要方式就是建立"一个自由的国际秩序"，建立"民主联盟"则是建立新秩序的一个重要手段。推进民主——建立国际新秩序——建立"民主联盟"，这就是"民主联盟"战略与推进民主战

---

① ［英］爱德华·卡尔：《20年危机（1919—1939）：国际关系研究导论》，秦亚青译，世界知识出版社2005年版，第79页。

第四章 "民主联盟"的基本内容及美国的战略意图

略之间的逻辑关系,将二者有机联系起来的中间环节就是"国际新秩序"。

不过,对美国来说,建立"国际新秩序"并不是新概念。冷战后,美国一直有建立新秩序的诉求。

美国在冷战结束后不久就提出了建立国际新秩序的问题。苏东开始剧变后,特别是海湾战争后,美国看到苏联不仅已发生"质变",而且实力明显下降,既没有意愿也没有能力挑战美国的世界地位,于是力图构建美国领导下的世界新秩序。1991年发表的《国家安全战略报告》将"世界新秩序"作为绪言的标题。报告提出:"世界新秩序还没有成为事实;这是一种强烈的愿望——也是一种机会。我们已经抓住了几代人几乎没有经历过的非同寻常的机遇——由于我们周围的旧模式和稳定性已经崩溃,我们可以按照我们自己的价值观和理想建立一种新国际体系了。"[①]看得出来,美国正以冷战胜利者的姿态来考虑世界的未来,冷战结束使美国终于有机会按照自己的价值观和理想来构建国际秩序了。

将1991年报告中提出的国家安全战略("新秩序战略")中的新秩序构想与"普林斯顿新战略"中的新秩序构想加以对比,可以看出,二者都很重视联合国,都将改造联合国作为建立新秩序的最主要手段。在1991年《国家安全战略报告》中的"90年代的政治日程"这部分,报告将"联盟、联合和一个新的联合国"放在首位。报告对联合国的状况是这样阐述的:"40多年来的政治分歧、集团政治和煽动性的言词,使联合国未能发挥其创建者们所说的全部潜力。现在我们看到联合国已开始按照它原定的目标行事了。它不再受到经常阻碍意见一致的超级大国对抗的影响,也不太受到经常削弱其信誉的形式主义的反美主义的阻碍

[①] 梅孜编译:《美国国家安全战略报告汇编》,时事出版社1996年版,第188页。

了。"①可见，美国对联合国一度是非常不满的，认为它未能发挥其潜力，其原因就是超级大国的对抗和"反美主义"的影响。现在这些阻碍因素都不存在了。

不过，同联合国创建时一样，美国重视联合国，希望它发挥作用，并不是完全出于"利他主义"的动机，而是从美国自身利益出发。美国要建立的世界新秩序是美国领导下的秩序，而联合国的作用要纳入到这个框架内。美国历来重视国际组织和制度的作用，将其对国际制度的影响力看成是重要的"软实力"和实现美国战略意图的重要途径。在"实力霸权"和"制度霸权"两者之间，美国通常更喜欢"制度霸权"。因为这样，实现、维护霸权遇到的阻力小，需要付出的成本低。②美国试图将联合国重新改造成其实行"制度霸权"的工具。

"普林斯顿新战略"也想将联合国改造成"一个新的联合国"。在目标上，它与"新秩序战略"没有什么本质区别，所不同的是改造联合国的手段。普林斯顿报告认为，联合国目前处于危机中，它已不具备应付各种危机的能力，必须对它进行根本性的改造，建设一个新的联合国。普林斯顿报告建议：改造联合国的一个重要方面就是重组安理会。一方面将印度、巴西、日本等大国吸收进来；另一方面修正安理会常任理事国的否决权，取消要求采取行动事宜上的否决权，只保留具有宣言性质议案上的否决权。与"新秩序战略"相比，"普林斯顿新战略"在改造联合国上最突出的一点就是，在如何促进联合国改革上比"新秩序战略"更进了一步。《普林斯顿报告》指出，考虑到改革联合国是一件非常困难的事，美国必须做两手准备，即建立一个"民主联盟"。这个

---

① 梅孜编译：《美国国家安全战略报告汇编》，时事出版社1996年版，第209页。
② 当然，"制度霸权"也需要以实力为基础，但是重视国际制度，将之作为实现霸权的战略工具，则是美国霸权与以往的霸权，如罗马帝国、大英帝国，所不同之处。参见门洪华：《霸权之翼：美国国际制度战略》，北京大学出版社2005年版，第303—305页；阎学通：《美国霸权与中国安全》，天津人民出版社2000年版，第23页。

"民主联盟"有两个功能：第一，必要时用它取代联合国；第二，它也可以事先被用来对联合国改革施加压力。

通过建立一个"民主联盟"来促进联合国的改革，进而推动国际新秩序的建立，这是"普林斯顿新战略"最突出的新意。

四、"民主联盟"与推进民主战略

在"普林斯顿新战略"中，"民主联盟"是建立国际新秩序的一个重要环节，而建立国际新秩序则是实施推进民主战略的重要途径。实际上，"民主联盟"还可以直接作为贯彻推进民主战略的重要手段，因为加强民主国家的联合一直是美国推进民主战略的重要方面，而建立"民主联盟"无疑是民主国家联合的重要方式。

推进民主一直是美国对外政策的一个重要目标，正如美国著名战略家罗伯特·阿特所说："民主被美国人高度重视，因为它是我们赖以生存的政治理念……扩展民主自建国以来就被作为国家的一项基本外交政策目标，而且有时美国为追求这个目标付出了高昂的代价。"[1] 冷战结束后，无论是共和党政府，还是民主党政府，都非常强调对外政策中的民主因素，将推进民主作为一个战略目标。（老）布什政府用"促进和巩固民主制度"取代"遏制共产主义"作为美国全球战略的核心目标。国务卿詹姆斯·贝克说得非常透彻："在遏制之后等待着的是民主制度（添加）"，"我们的新任务是促进和巩固民主制度"。[2] 克林顿政府将推进

---

[1] Robert J. Art, *A Grand Strategy for America*, Cornell University Press, Ithaca and London, 2003, p. 70.

[2] 转引自［美］塞缪尔·亨廷顿：《文明的冲突与世界秩序的重建》，周琪等译，新华出版社1998年版，第211页。

民主与维护安全、扩展经济并列,作为美国全球战略的三大支柱之一。

不过,最为强调推进民主的是第二任小布什政府。2006年发表的《国家安全战略报告》异乎寻常地强调推进民主,可以说,推进民主已经成为第二任布什政府国家安全战略的最重要关键词。布什政府在贯彻推进民主战略上虽然有一定的成绩,但总体上是不成功的。不过,这可以理解成是推进民主战略的暂时受挫,或者是战术上的失败,而并不是这个战略目标有问题。正如美国著名民主问题专家戴雅门所说:"尽管出现了最近的逆转,但是过去30年的民主进步表明,对民主来说,并不存在内在的经济、文化或宗教上的障碍,并且民主正日益成为普世的价值观。但是,为了使一个民主世界的美好前景得以实现,国际社会需要更加努力,以便形成有利于民主发展的条件,并且要做得更加聪明。"[①]简而言之,如果说布什政府在推进民主上不成功,那只是由于做得不够聪明,而不是推进民主这件事不该做。从长远来看,布什之后,无论何人入主白宫,哪个党执政,都会继续贯彻推进民主战略,只不过具体的方式、方法、战术、策略会有所变化。因为无论是从霸权战略考虑,还是从反恐战略考虑,推进民主都是合乎逻辑的选择。奥巴马政府降低推进民主的调门,正是一种策略上的调整。

美国的推进民主战略首先是基于美国的国家利益,是其全球战略的重要组成部分。美国自认为是民主世界的领袖,如果世界都民主化了,它的世界领导地位也就更加稳固了。因为民主国家更倾向于接受美国的领导,而不是挑战美国的地位。正如美国著名战略家亨廷顿所论述的:"民主在世界的未来对美国人具有特别的重要性。美国是现今世界中最重要的民主国家,其作为一个民主国家的身份与其对自由的价值所承担

---

① Larry Diamond, *The Spirit of Democracy: the Struggle to Build Free Societies throughout the World*, Henry Holt and Company, New York, 2008, p.315.

的义务是不可分离的……美国人在发展适合于民主生存的全球环境中具有一份特殊的利益","美国的未来因此在某种程度上取决于民主的未来。"① 此外,基于"民主和平论",美国战略家们认为,民主国家更缺少威胁美国安全的意愿,而且更愿意同美国结成联盟。

"9·11"后,美国将反恐放在全球战略的优先位置上,但是美国战略家们认定,"不民主"是滋生以反美为主要特征的国际恐怖主义的根本原因。因此,要想彻底解决恐怖主义问题,必须推进民主。

总的来看,推进民主既是美国全球战略的一个重要目标,同时又是一个重要手段。它与美国霸权战略和反恐战略有机地结合在一起,与它们相辅相成,相互促进。而建立"民主联盟"就是美国战略家们为更有效地推进民主而设定的一个重要战略步骤和措施。

---

① [美]塞缪尔·亨廷顿:《第三波——20世纪后期民主化浪潮》,刘军宁译,三联书店1998年版,第30页。

第五章

"民主联盟"战略的前景

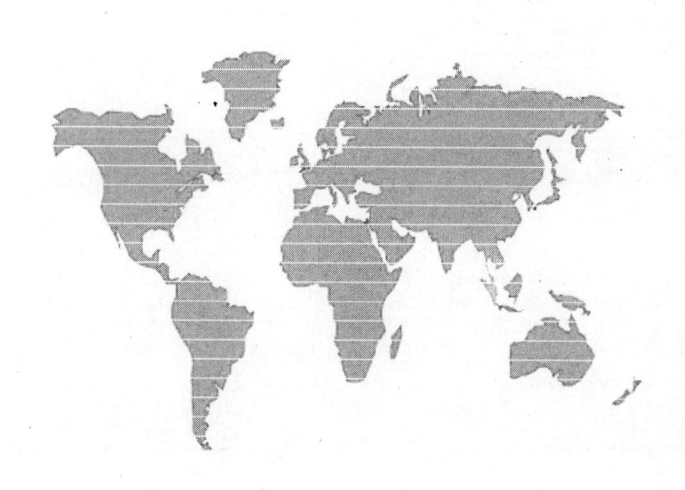

第五章

"反主流派"战略的演进

第五章 "民主联盟"战略的前景

《普林斯顿报告》发表后,引起国际社会的普遍关注,一时成为国际关系研究界的一个热门话题。不过,由于奥巴马政府上台后面临的首要问题是解决金融危机,寻求世界各国的合作,为此淡化了对解决金融危机没有什么帮助的推进民主问题。此外,在外交事务上,奥巴马政府会吸取布什政府在推进民主上的教训,会采取更加灵活的策略,并且不会把推进民主放在十分突出的位置上。在这样的背景下,奥巴马政府对建立"民主联盟"不会持积极态度。正如著名国际问题专家王缉思教授所分析的:"虽然民主党的外交传统强调意识形态和人权,但当今世界政治同冷战刚结束时已恍如隔世,西方民主化在世界各地都受到挫折和抵制,奥巴马政府不可能也无力量去建立什么'民主国家联盟'。"[①]

然而,由于"推进民主"战略的提出者是着眼于布什后的美国全球战略调整,而且是长期性的,可适用于美国所有政府。而且,建立"民主联盟"是与推进民主战略密切相关的,是美国战略家为贯彻推进民主联盟战略而设计的可选择方案。因此,可以断言,奥巴马政府在面临金融危机的情况下淡化推进民主并对建立"民主联盟"持消极态度,并不等于将来也会如此,更不等于后奥巴马政府也如此。从长远看,"民主联盟"构想还是存在着成为现实的可能性的。

---

① 王缉思:《奥巴马的戏,如何唱》,载《南风窗》2009年第3期。

一、美国战略研究界对"民主联盟"战略的批评

"民主联盟"战略提出后,笔者专门走访了20多位美国战略专家,了解他们对"民主联盟"战略的看法。①专家们普遍对"民主联盟"战略持否定态度。主要理由是:"民主联盟"的成员很难确定;没有必要成立"民主联盟"这样的机构;成立"民主联盟"会导致一些国家间关系紧张;不应当用"民主联盟"取代联合国。

1. "民主联盟"的成员很难确定

许多专家认为,"民主联盟"带有空想成份,很难成立起来。主要困难就是其成员很难确定。布热津斯基认为:"成立'民主联盟'非常困难,主要原因是如何划线?谁是其成员?成员的标准如何定?谁来

---

① 笔者走访的专家有:前国家安全事务助理布热津斯基(Zbigniew Brzezinski)、时任布鲁金斯学会约翰·桑顿中国研究中心主任贝德(Jeffrey Bader,现为美国国家安全委员会负责中国事务的官员)、约翰·霍普金斯大学中国研究系主任兰普顿(David M. Lampton)、乔治·华盛顿大学中国政策项目主任沈大伟(David Shambaugh)、凯托研究所负责防务与外交政策研究的副总裁卡彭特(Ted Galen Carpenter)、彼德森国际经济研究院高级研究员罗迪(Nicholas R. Lardy)、国防大学国家战略研究所所长克罗宁(Patrick M. Cronin)、国防大学国家战略研究所高级研究员孙飞(Phillip C. Saunders)、战略与国际研究中心亚洲安全项目主任米德伟(Derek Mitchell)、战略与国际研究中心亚洲事务顾问葛莱仪(Bonnie Glaser)、对外关系委员会高级研究员库普乾(Charles A. Hupchan)、美国对外政策委员会高级研究员卧本史密斯(John C. Wobensmith)、民主共同体理事会执行主任拉嘎马(Robert R. LaGamma)、国务院政策计划官员格林(James Green)、国务院中国与蒙古事务办公室官员卡丁(Josh M. Cartin)、斯坦福大学亚太地区和平与合作项目主任刘易斯(John Wilson Lewis)、斯坦福大学胡佛研究所资深研究员戴雅门(Larry Diamond)、斯坦福大学民主发展与法治研究中心主任麦克法尔(Michael McFaul)、斯坦福大学亚太研究中心副主任斯尼德(Daniel Sneider)、斯坦福大学亚太研究中心中国项目主任戴慕珍(Jean C. OI)、斯坦福大学国际安全与合作研究中心主任赛根(Scott D. Sagan)、斯坦福大学国际安全与合作研究中心研究员薛理泰(Litai Xue)、丹佛大学国际研究院院长唐法荣(Tom J. Farer)。

定？都是问题。如果在四年前，普林斯顿报告撰写者会说俄罗斯够格，而现在肯定不行。"布氏的质疑是有道理的。按斯劳特教授的说法，印度应当成为联盟的成员，但是印度的民主程度与美欧相比却存在着很大差距，而与印度条件相近的国家又太多了，非洲、拉美、亚洲很多国家的民主程度并不亚于印度。斯坦福大学胡佛研究所的民主问题专家戴雅门则认为，印度等发展中的民主国家不会参加"民主联盟"。同为民主问题专家的丹佛大学教授唐法荣的看法更为独特："如果'民主联盟'包括了印度和俄罗斯，而不包括中国，那就不合适。"在他看来，从民主发展的实际程度上讲，中国与印度、俄罗斯是在同一个层次上。

2．"民主联盟"没有成立的必要

有些专家认为，成立"民主联盟"的现实基础不存在，没有意义。布热津斯基认为：目前世界面对的主要问题不是民主，而是和平、安全、发展、环境等。要成立新的国际组织，也应当是处理这些问题的组织，而不是推进民主的组织。他提议应该有一个 G4 或 G5 这样的一个新国际组织，由美国、欧盟、中国、日本组成，也可以加上俄罗斯。这些真正有能力的大国应当聚到一起来讨论当今世界所面临的迫在眉睫的问题。格林认为：时代不同了，"民主联盟"的基础已经不存在了，这就如同面对经济问题，G8 已经不管用了，需要 G20 一样。

有些专家认为，即使从推进民主的角度讲，也没有必要成立"民主联盟"。格林认为，"美国的盟友都是民主国家，但是没有一个统一的组织或机制，也没有必要建立这么一个机制。如果建立起来了，也很难运转。北约已经很大了，缺乏效率。"戴雅门认为，"如果按斯劳特教授的说法，搞一个'成熟民主国家的联盟'，那实际上等于北约的扩大，无非是北约加上日本、澳大利亚几个国家。这没有多大意义。实际上北约一直在扩大，已经远远超出了北大西洋的范围。"

位于首都华盛顿的民主共同体理事会（Council for a Community of Democracies，简称 CCD）是一个以促进世界的民主教育、为"民主共同体"的发展提供政策咨询和各种支持为宗旨的非政府组织。该委员会的执行主任拉嘎马认为，推进民主是好事情，但是没有必要成立"民主联盟"，为了推进民主，应该加强"民主共同体"，而不是成立新的机构。

3. 成立"民主联盟"会导致一些国家间关系紧张

有些专家从现实主义的角度批评"民主联盟"战略，认为它不利于美国贯彻其现行的对外战略。库普乾认为，如果建立"民主联盟"，会影响中美关系和美俄关系，因为中国与俄罗斯成为"民主联盟"成员的可能性极小。但是按照普林斯顿报告的设想，美国要依靠"民主联盟"来解决重大国际事务，这势必要抛开中、俄两国。一方面没有中、俄两国的参与，很多重大国际事务都难以处理；另一方面，建立"民主联盟"很有可能导致"民主联盟"国家与包括中、俄在内的非"民主联盟"国家的对立，进而造成国际关系的紧张。曾经在 2008 年总统竞选期间任奥巴马的中国政策顾问的贝德也持同样的看法，认为成立"民主联盟"会使中国、俄罗斯与美国疏远，而中、俄是重要的国家。他还称奥巴马在竞选期间就批评过麦凯恩支持建立"民主联盟"的言论。既是民主问题专家，也赞成推进民主政策的戴雅门称他自己不赞成建立"民主联盟"。他认为，如果建立"民主联盟"，那会带来很多问题，引起新的矛盾，会使联盟外国家感到紧张，与联盟国家之间的关系恶化，甚至有可能会促使中国与俄罗斯扩大"上海合作组织"与之抗衡，或者组建一个"威权国家联盟"。另一位也赞成推进民主的专家赛根称，"民主联盟"有冷战的味道，太不现实。

4. 不应当用"民主联盟"取代联合国

有些专家从联合国的角度来批评建立"民主联盟"的设想，因为《普林斯顿报告》提出这一设想的出发点之一就是联合国没有效率，必要时用"民主联盟"取代它。赛根引用前国务卿奥尔布莱特的话来表达自己的看法。曾经任过美国驻联合国大使的奥尔布莱特说："不管美国喜不喜欢，联合国就是这个样子，你抛不开它。美国可以改造它，但不是不要它。"赛根还表示赞赏奥巴马和希拉里·克林顿在竞选期间强调发挥联合国作用的观点。

上述专家对"民主联盟"的批评是站在不同的立场上，有的是出于现实主义的立场，有的是出于自由主义的立场。现实主义者强调美国的现实国家利益，不赞成把推进民主作为美国对外政策的重要目标，至少不应把推进民主这个目标放到突出位置上。而自由主义者强调推进民主，把推进民主作为美国对外政策的重要目标之一。但是在推进民主的手段和途径上，又分成不同的流派。作为极端自由主义的新保守主义者主张不惜采用一切手段来推进民主，包括使用武力。而主流的自由主义者则主张主要通过建立国际制度和国际合作来推进民主。新保守派在布什政府任内发挥了重要作用，在某种程度上主导了布什政府的中东政策，但是却不太成功。随着布什政府任期的结束，新保守派的影响大为减弱。主流自由派一般都支持民主党。他们有推进民主的理念，但多数比较务实，重视推进民主的效果，避免采用会引起严重负面效果的办法，也会权衡推进民主在整个美国全球战略中的地位，不会为了推进民主而影响美国总体外交战略的实施，损害更重要的国家利益。从上述四种批评意见可以看出，无论是现实主义者，还是自由主义者，他们不赞成建立"民主联盟"，并不是认为它有悖于推进民主的目标，而是认为它不具备实施的条件，有些不合时宜。

二、"民主联盟"战略遭遇的困难

从历史传统来看,民主党的对外政策更具理想主义色彩,更重视推广美国的价值观和意识形态,而且也对建立国际机制更为积极。从国际联盟到联合国,再到民主共同体,都是民主党政府推动建立的。那么奥巴马政府为何对"民主联盟"战略如此冷淡呢?这主要是形势使然。中国有句俗话:形势比人强。从理念上说,奥巴马本人及民主党精英肯定热心在世界进一步推进民主,因而愿意采纳"民主联盟"战略,但是客观形势又迫使其不得不将这个战略暂时束之高阁。

奥巴马政府面临的当务之急是应对金融危机,为此它需要国际社会的合作,特别是像中国这样有相当经济实力的大国的合作。此外,困扰布什政府的安全难题都未解决。打击恐怖主义、防止大规模杀伤性武器扩散、应对全球气候变暖等问题是奥巴马政府要优先解决的。奥巴马政府刚一上台,《今日美国报》就列出了奥巴马政府在外交上所面临的七大优先议题,它们是:金融危机、阿富汗、伊朗、伊拉克、巴基斯坦、基地组织、俄罗斯。人们一直关注的朝核问题和巴以冲突都未列进去。这种形势决定:一方面,推进民主在奥巴马政府的外交议题排序中大大靠后,因此对"民主联盟"战略也就不可能太热心;另一方面,要解决这些优先议题,不可能缺少大国合作。而在对外政策中突出推进民主,势必会使中国、俄罗斯等国家增强对美国对外政策的疑虑和反感,进而影响在更重要议题上合作的效果。美国著名学者库普乾就撰文批评"民主联盟"战略构想,认为如此一来,很有可能导致中国和俄罗斯同西方的对立倾向。因为这个战略实施的结果就是将中国、俄罗斯置于对立面。

奥巴马政府冷淡"民主联盟"战略还有吸取布什政府教训的因素。

布什政府高调实施推进民主战略,但结果却不尽人意,遭遇不少挫折,反倒使"推进民主"政策的声誉受损。麦凯恩在竞选中表示接纳"民主联盟"战略并不是明智之举。在竞选期间,奥巴马一直将麦凯恩描绘成是布什的继承人,可能产生的麦凯恩政府是"第三任布什政府"。从竞选策略出发,奥巴马没有明确表态将要接纳"民主联盟"战略。奥巴马打着"变革"旗号上台,一定要在内外政策上展现出自己的新气象,划清自己同共和党的界线。回避、淡化"民主联盟"战略,既是吸取布什政府的教训,也有刻意拉开同共和党对外政策之间距离的用意。不仅如此,奥巴马上台后,甚至公开批评布什政府的推进民主政策。在2009年联合国大会上,奥巴马在讲话中表示:"民主不能从外部强加给一个国家。每个国家都应当寻找自己的道路,没有一条路是尽善尽美的。每个国家都将沿着发源于本民族文化的道路前进,过去美国的民主宣传常常选择性过强。"① 这话出自美国总统之口,又是在联大这种场合,非同寻常。

2010年5月27日,奥巴马总统向国会递交了其上任以来首份《国家安全战略报告》,可算是奥巴马政府对美国全球战略调整的正式系统阐述。在这份最具权威性的战略报告中,没有明确提出要实施"民主联盟"战略。在奥巴马第一任期内,"民主联盟"战略构想也确实没有被正式实施。从这个意义上说,"民主联盟"战略遇到了挫折。

"民主联盟"战略遭遇冷淡与推进民主战略遭遇挫折有密切关系。

"民主联盟"战略构想是建立在推进民主战略基础之上的。冷战后,美国的推进民主战略虽然取得了不少战果,但是也遇到困难和挑战。除了布什政府过于极端地推进民主战略措施损害了这个战略的声誉这一主观因素外,国际形势变化也不利于推进民主。全球化、多极化、非极

---

① 《奥巴马放弃美"世界宪兵"角色?》,载《参考消息》2009年9月25日。

化、中国崛起、发展中国家壮大、国际安全环境复杂化、全球性问题突出等一系列因素，都不利于推进民主战略的实施。其中影响最为深远的是中国崛起、俄罗斯复兴和国际安全环境复杂化及全球性问题突出。

美国的推进民主战略是要推广西方式的民主制度，而实行中国特色社会主义民主制度的中国不仅不在美国所认可的"民主国家"之列，而且还是推进民主战略的重要实施对象。然而，伴随着中国的崛起，中国发展模式的影响力越来越大，使越来越多的国家看到，不搞西方式的民主也能实现快速发展，也可以成为维护世界和平的重要力量。美国国家情报委员会的一份报告将中国模式及其影响看成是"民主化减速"的重要原因。报告认为："中国在走上与西方不同的经济发展道路后，又提供了另一种政治发展模式。这种模式对那些政绩不佳的专制政权，以及多年来苦于经济发展滞后的虚弱民主国家，非常具有吸引力。"[1] 美国《华盛顿邮报》网站的文章也持相同看法："在苏联和东欧各国共产党倒台的背景下，中国共产党取得的巨大成功使西方渴望实现'历史终结'的良好愿望化为泡影，破坏了全世界以不可阻挡之势迈向自由民主的进程。"[2]这些评论是有一定道理的。中国模式的成功，使得那些支撑推进民主战略的理论，诸如认为只有实行西方民主制度才能发展起来的"民主发展论"，说服力越来越弱。

苏联解体后，俄罗斯实行西方模式的民主体制，而且在外交上也"一边倒"向西方。在普京治下，俄罗斯一方面在外交上疏远西方，另一方面在政治上被西方认为是"民主倒退"。然而，在普京实行"民主倒退"的背景下，俄罗斯经济却迅速复兴，与叶利钦的"民主进步"时期形成鲜明对照。美国国家情报委员会的报告预测俄罗斯在2025年可

---

[1] 美国国家情报委员会编：《全球趋势2025：转型的世界》，中国现代国际关系研究院美国研究所译，时事出版社2009年版，第26页。

[2] 《中共体制灵活多变让西方惊恐》，载《参考消息》2010年7月29日（第16版）。

能会"建立起一个虽不民主,但却更多元的政治制度",甚至有可能"成为一个彻头彻尾的专制国家"。① 有人甚至悲观地认为:"俄罗斯实现西方化可能比中国或者一些东南亚国家实现西方化更加的困难","俄罗斯长期未能实现自由和民主目标有时候常常让人相信:俄罗斯人不能生活在自由的社会之中"。② 俄罗斯作为一个有影响的世界级大国、联合国安理会常任理事国,在美国实施推进民主战略的过程中却出现"民主倒退",其"示范"作用是不容低估的,这不能不说是该战略的一大挫折。

伴随着科技进步和全球化,国际安全环境日益复杂化,尤其是大规模杀伤性武器扩散,已成为威胁全人类安全的最重要因素之一。就拿生物武器扩散来说,生物武器威力的提升,品种的增多,并且更容易制造,正是生物技术进步的结果。很多相同的材料和设备既能够被用于军用目的,也能够被用于民用目的。武器扩散者可以利用生物技术进步的成果去提高生物武器的质量,并研发新的战剂。正如防扩散专家所分析的:"过去,仅有约30种微生物和毒素曾被考虑用作生物战剂,随着克隆、基因接合等微生物学技术的发展,这一数字将来可能会增加。"③一些新近的试验表明,有些生物战剂导致的疾病,甚至通过挠痒就可以传上。这表明生物技术的进步使得复制疾病更容易了。2002年,纽约州立大学的科学家用了3年时间将从市场上买来的化学品合成了脊髓灰质炎病毒。一年后,一个研究所的一个小组只用了3个星期就合成了差不多同样复杂的病毒。④在全球化条件下,生物武器的新成果和材料、设备,

---

① 美国国家情报委员会编:《全球趋势2025:转型的世界》,中国现代国际关系研究院美国研究所译,时事出版社2009年版,第49—50页。
② Lilia Shevtsova,"What's the Matter With Russia?", *Journal of Democracy*, Volume 21, No. 1, January 1, 2010.
③ Monterey Institute of International Studies (MIIS), *Center for Nonproliferation Studies (CNS) Programs: Security and Arms control in Northeast Asia*, (Course Materials, Lesson 5, 2005), p.24. http://cns.miis.edu/cns/projects/eanp/training/ttt/lessons/english/leo5.pdf.
④ 《参考消息》2006年7月26日,第9版。

很容易被其他国家和政治力量获取。核武器扩散也有相似的态势。美国一直担心的核恐怖主义和生物恐怖主义，对其他国家来说也绝不是好事。应对这样的安全威胁需要全世界齐心协力，绝不是"民主国家"或"民主国家联盟"就能胜任的。在这方面，推进民主无助于事。

与应对这些非传统安全威胁相似，应对像气候变化这样的全球性问题也需要世界各国的合作，而与推进民主没有多大关系。在2009年12月哥本哈根世界气候大会上，印度、巴西、南非、土耳其这四个发展中国家中的"民主大国"，立场与中国极为接近，四国领导人同中国领导人进行了很好的协调，反倒对美国总统奥巴马表示冷淡。英国《金融时报》的文章披露了这样的事实：在会谈的最后一天，美国人试图安排奥巴马与南非、巴西和印度领导人举行一对一会晤，但每次都失败了。印度人甚至说他们的总理辛格已去了机场。然而，当奥巴马赶去与中国总理温家宝进行最后一次会谈时，却发现他与巴西、南非、印度领导人谈兴正浓。这些国家的领导人象征性地给美国总统腾出了一个座位。会议期间，巴西和中国领导人讲同一个笑话来表达自己的意见：美国被比作一个富人，他在宴会上饱餐了一顿之后，邀请邻居进来喝咖啡，然后要他们分担饭费。该文对哥本哈根大会期间这几个"民主大国"的表现评论道："巴西、南非、土耳其和印度作为民主国家的身份，现在被它们作为不属于富裕西方白人世界的发展中国家的身份所制约，甚或被超越"，"作为崛起中的世界大国和发展中国家，巴西、印度、南非和土耳其可能常常觉得它们与中国的共同点比与民主美国的共同点多。"该文还联系到了"民主联盟"战略："大多数美国人都以为其他民主国家在国际事务上与他们的价值观和看法一致。在上次总统竞选期间，共和党候选人麦凯恩曾呼吁组建全球民主国家联盟以抵制威权国家。奥巴马的一些高级顾问也热情洋溢地撰文探讨组建世界民主国家联盟之事。"然而，"发展中国家四个最大、最具战略重要性的民主国家——巴西、印度、南非和土耳其——与美国外交政策的冲突愈演愈烈。它们在重大国际问题上不仅不愿与美国站在同一条战线上，反而更愿意与中国、伊朗之类的威权国家站在一起。"① 应该说，该文作者是有洞察力的。在与发展密切相关的全球性问题上，发展中国家之间的共同利益确实更大一些。在这方面，发达国家与发展中国家的分野远胜于民主国家与不民主国家的分野。

国际金融危机的发生与应对也非常不利于实施"民主联盟"战略。一方面，源于美国的金融危机突显出美国模式的弊端，而美国模式的重要政治基础就是美国的民主制度。随着新自由主义经济模式风光不再，美国式的民主政治模式也开始受人质疑，至少不那么再受人尊崇。与此同时，中国在应对金融危机过程中的良好表现，则使人开始认识到，"非西方式的民主"也是有效的。另一方面，在应对金融危机过程中所开展的国际合作使"二十国集团"（G20）取代"七国集团"（G7）站到了国际舞台的中心。G7 都是标准的西方民主国家，而 G20 中则有许多是美国心目中的"不民主国家"，比如中国、俄罗斯、沙特阿拉伯。G20 崛起、G7 影响力下降无疑不利于"推进民主"，因此也不利于实施"民主联盟"战略。

三、"民主联盟"战略并未胎死腹中

奥巴马政府冷淡"民主联盟"战略构想，淡化推进民主战略，并不等于推进民主战略自此就会退出历史舞台，也不等于"民主联盟"战略

---

① ［英］吉迪恩·拉赫曼：《美国正在失去"自由世界"》，载英国《金融时报》2010 年 1 月 5 日。转引自《参考消息》2010 年 1 月 6 日。

至此就胎死腹中。笔者以为，奥巴马政府所为在很大程度上是一种策略考虑，而不是战略抉择。

美国智库"新美国安全研究中心"于2009年9月发表了题为《中国登场：一种全球关系的战略框架》，试图为奥巴马政府提供一个应对中国崛起的新战略思路。报告第六章《美国亚洲战略中的权力与准则：构建一种观念体系以促进中国和平崛起》，着重从意识形态和美国亚洲战略的角度论述应对中国崛起。在应对中国崛起上，报告基本继承了第二任布什政府的战略思路：美国不应当遏制或阻碍中国崛起，而是应当继续与之进行接触、合作，通过接触与合作来塑造中国。不过，与以往不同的是，报告特别强调，美国要谋求与亚洲地区民主伙伴进行战略和外交合作，将亚洲民主伙伴关系作为"平衡"中国的重要手段。报告将美国推进民主战略作为加强亚洲民主伙伴关系的战略指南。为此，报告论证了奥巴马政府并未放弃推进民主战略。报告认为，美国民主党与共和党在制定美国外交政策过程中寻求实现民主主义价值观上一直在通力合作。对普林斯顿报告提出建立一个"民主国家联盟"的主张，两党都是赞成的。奥巴马政府驻北约大使伊沃·达尔德还呼吁按照"北约全球化"的模式建立全球民主国家联盟。报告还批驳道："有关推进民主政策已经终结的传言不足为凭。"[1]

从奥巴马政府上台以来的表现来看，虽然在外交上有许多新气象，被人们冠以"新外交"也不为过。但是，美国外交的基本面并未改变，奥巴马外交同其前任们的外交，包括小布什政府，仍然有很强的连续性。最根本的就是维护美国世界领导地位的总目标及相关子目标未变。维护美国世界领导地位，即霸权地位，是冷战后美国全球战略的最高目

---

[1] Abraham Denmark and Nirav Patel, ed., *China's Arrival: A Strategic Framework for a Global Relationship*, Center for a New American Security, 2009, p.113.

标或总目标。奥巴马政府虽然面临诸多难题和挑战，但是并未放弃这个总目标。国务卿希拉里·克林顿一再声称："美国不能单独解决世界问题，而世界没有美国也不能解决问题。"[1]这就是说，美国虽然在应对金融危机、气候变化、核扩散、恐怖主义等问题上需要别国的合作，但是美国仍然要发挥主导作用。2010年《国家安全战略报告》明确宣称要实行"重振美国和领导世界"战略。从某种意义上说，奥巴马政府将它所面临的各种危机当成了恢复美国实力、重振国威、维护霸权的机遇。

美国坚持霸权战略是与其对自己实力地位的认知密切相关的。2010年《国家安全战略报告》是这样评价美国自己的实力与地位的："我们拥有世界上规模最大的经济、最强大的军队、强大的联盟、充满活力的文化魅力以及在经济和社会领域领导世界的历史经历。我们仍是世界各国移民青睐的目的地，移民也丰富了我们的社会。我们拥有透明和负责任的民主政治体制以及与全世界人民都有紧密联系的人口。我们仍然信奉给国内外带来自由和机遇的价值观"。[2] 值得注意的是，这一评价是在美国刚刚经受金融危机打击而且面临许多外交难题的情况下做出的。美国的自我评价虽然过高，但是基本符合事实。虽然面对一系列挑战，特别是新兴大国崛起，美国的实力地位同冷战刚结束时相比确实相对下降，但是美国惟一超级大国的地位不仅依然存在，而且在相当长时间内还是无可替代。很自然地，美国会尽最大努力维护这一地位。

与维护霸权这一总目标相适应，维护安全、扩展经济和推进民主这三个子目标或"三大支柱"也未改变。维护美国霸权地位需要从安全、经济和政治三个领域同时着手，即维护安全、扩展经济和推进民主。这"三大支柱"，奥巴马政府都未放弃。2010年《国家安全战略报告》将

---

[1] 见希拉里·克林顿2009年2月13日在美国亚洲协会（Asia Society）纽约总部的讲话。
[2] The White House, *The National Security Strategy of the United States of America*, May 2010, p. 9. http://www.whitehouse.gov/sites/default/files/rss.viewer/national.security.strategy.pdf.

"美国的持久利益"定为四项：美国、美国公民以及美国的盟友和伙伴的安全；在一个开放和促进机会与繁荣的国际经济体系中，保持美国经济的强大、创新和增长；在国内和全世界尊重普世价值观；在美国领导下，通过紧密合作建立促进和平、安全和机遇的国际秩序，以应对各种全球挑战。用关键词来表达就是：安全、繁荣、价值观和国际秩序。这四项"持久利益"的前三项，就是原有的"三大支柱"，只不过是在表述上用"价值观"取代了"民主"。第四项实际是实施霸权战略的结果。维持一个美国领导下的国际秩序就是实现了美国的霸权，当然这本身也是美国的"持久利益"，而且是最根本的"持久利益"。

可以断言，奥巴马政府不放弃"一个中心，三个基本点"这个全球战略框架，也就不会放弃推进民主战略。因为从逻辑上讲，推进民主确实有利于维护美国的霸权地位。世界上的民主国家越多，就越有利于美国维护其领导地位。因为民主国家更愿意接受美国这个最强的民主国家的领导，至少愿意同其保持良好的关系。

许多迹象表明，奥巴马政府对推进民主仍然是相当热衷的，不排除在那些迫在眉睫的问题解决或缓解之后，再将目光转向推进民主，进而实施与"民主联盟"战略相类似的战略。实际上，许多拥有"民主联盟"理念的人士都进入了奥巴马政府，比如普林斯顿报告的主笔之一安妮·玛丽·斯劳特就进入国务院任国务卿办公室负责政策计划的主任，直接向国务卿负责，其地位相当于副国务卿。这一安排绝不会是随意的。美国人才济济，懂国际政治的专家大有人在。希拉里选中斯劳特，大有惺惺惜惺惺的味道。如果不是志同道和，很难会有这样的安排。另一位也主张"推进民主"的学者，斯坦福大学民主、发展与法治研究中心主任迈克尔·麦克法进入国家安全委员会任俄罗斯与欧洲事务高级主任。这些战略家和学者的思想和主张肯定会影响决策者。笔者的这种评价得到斯劳特的学生、部下威廉·柏克怀特（William Burke-White）的认同。柏克怀特也认为，奥巴马政府执政初期对"民主联盟"战略不积极，主要是为了集中精力应对金融危机等问题，并不等于放弃了这个战略。①

奥巴马上任之初就确立了奥巴马版的美国全球战略，其中仍然包含着推进民主的内容。奥巴马版的美国全球战略有三根支柱：共同防御、全球发展和民主外交。其中有两根支柱与推进民主有直接的关系。全球发展战略的目的，一方面是"通过实施全球发展战略，从根本上铲除滋生世界恐怖主义的社会土壤，巩固美国在一些全球发展薄弱区域的影响力和霸权控制能力"；另一方面是"希望通过推动全球发展，实现美国民主体制和价值观念的输出，重建美国在世界事务上的领导地位及其合法性"。民主外交战略的目的就是"力争消除反美主义滋生的土壤，促进世界对美国价值和制度的认同"。② 可见，奥巴马根本未放弃推进民主这个战略目标，只不过是不再像布什政府那样以强硬的姿态来实施推进民主战略。奥巴马是用一种温和柔性的方式实施推进民主战略。中国国际问题研究所刘飞涛博士的研究也得出了相同的结论。他认为："奥巴马总统同样以向海外推进'民主'为己任，但他吸取其前任的教训，改变策略和手法，注重用'软手段'推广美式民主。"③

如果观察奥巴马政府的言行，就更能看出它对民主的青睐。希拉里2009年4月22日在众议院对外事务委员会作证时阐述了奥巴马政府的对外政策。她称：奥巴马政府的"外交议程基于三方面行动：加强美国与欧洲、亚洲、非洲和西半球民主伙伴国的联盟；发展与重要地区性大

---

① 笔者2009年12月8日在北京香格里拉饭店参加美国大西洋理事会和中国现代国际关系研究院联合举办的"全球治理2025：欧美中三边对话"国际研讨会时，同怀特先生就"民主联盟"战略交换了看法。

② 孙哲：《美国霸权的发展维度——奥巴马政府全球发展战略评析》，载《世界经济与政治》2009年第11期。

③ 刘飞涛：《奥巴马"民主促进"新策略》，载《国际问题研究》2009年第6期。

国的伙伴关系;与中国和俄罗斯建立建设性关系。"这里,她将"民主伙伴国"放在首位,很能说明问题,表明她并未摆脱将世界分成"民主国家"和"不民主国家"这种思维。希拉里在另一次演讲中,高度赞扬"北约是有史以来最伟大的联盟","新的北约是一个东起波罗的海、西至阿拉斯加的拥有近10亿人口的民主共同体"。①在2009年7月11—12日"民主共同体"里斯本部长级会议上,美国副国务卿詹姆斯·斯坦伯格在演讲中传达了奥巴马政府对于在华沙建立民主共同体"永久秘书处"的赞扬,指出这是"民主共同体"以行动为导向的积极标志,并指出美国会继续全力支持推进民主这项重要的事业。2010年7月2—4日,在波兰的克拉科夫市召开了纪念"民主共同体"成立十周年会议。美国总统奥巴马在会议上发表讲话,指出"美国作为民主共同体的发起国,以后仍会坚定地支持推广民主价值观和民主制度"。当然,无论是奥巴马,还是希拉里等政要,近一年来也讲了许多类似于要同世界各国"同舟共济",要建立"多伙伴世界"这样的话。但是给人的印象是,他们是"见人说人话,见鬼说鬼话",完全取决于讲话的场合和听者。这一点不同于小布什及其阁僚,后者不管场合和听者,都一个腔调地大讲推进民主。

奥巴马政府的表现表明:第一,它只是降低了推进民主的调门,而不是放弃了推进民主战略,更不是摈弃了与之相应的战略思维。第二,它何时强调推进民主,何时回避推进民主,完全根据要解决的问题而定。在应对全球金融危机、气候变化、核扩散等需要同众多"非民主国家"合作的议题上,它回避推进民主;而在维护地区安全等需要像欧盟、日本、印度这样的"民主国家"合作的议题上,它会强调共同的民

---

① 见希拉里·克林顿2009年7月15日在美国对外关系委员会(Council on Foreign Relations)华盛顿分部发表的讲话。

主价值观,强调推进民主。美国《外交》杂志最近刊登了普林斯顿大学教授斯蒂芬·科特金关于中美俄关系的论文,作者认为:对俄罗斯来说有"特殊利益"的原苏联加盟共和国,"美国不会停止从推广或捍卫民主的角度来看待这些地方,即使是在奉行更实用主义外交政策的奥巴马政府治下"。①笔者十分赞同他的观点。

《国家安全战略报告》是系统阐述美国全球战略最权威的文件。2010年的报告只是比2006年的在推进民主上降低了调门,同其他几份报告相比,对推进民主的强调一点都不逊色。2010年《国家安全战略报告》仍然将"价值观"作为美国的"持久利益",并将"促进国际民主与人权"作为维护"价值观"的重要途径。特别值得注意的是,该报告还提出:"构建一个更广泛的联盟(Coalition),以促进普世价值观"。②这里,报告没有明确说"一个更广泛的联盟"是什么样子。是否就是普林斯顿报告所说的"民主联盟"(Concert of Democracies)?还是像麦凯恩所说的"民主国家联盟"(League of Democracies)?但它肯定不是已经存在的国际组织,不是"民主共同体",也不是北约、西方七国集团。对这个"更广泛的联盟"可以做出各种解读。"民主联盟"的支持者可以说,它就是"民主联盟",奥巴马政府实际上采纳了《普林斯顿报告》提出的"民主联盟"战略构想。

不管怎样,可以做出这样的推论:待美国的安全形势好了,或者美国对安全威胁的判断发生了重大变化,比如认定像中国、俄罗斯这样在民主上存在问题的国家所构成的威胁上升为最主要的威胁,美国还会将推进民主提升为其全球战略中排前位的重要支柱。当然,奥巴马及其后

---

① Stephen Kotkin, The Unbalanced Triangle: What Chinese – Russian Relations Mean for the United States, *Foreign Affairs*, September/October 2009, p. 135.

② The White House, *The National Security Strategy of the United States of America*, May 2010, p. 39. http://www.whitehouse.gov/sites/default/files/rss.viewer/national.security.strategy.pdf.

人会吸取小布什政府在实施推进民主战略上的教训，在方式、方法、策略上会更加灵活、温和、柔性一些。

美国是个信奉实用主义的国家，同其前任相比，奥巴马政府的实用主义色彩更明显。就拿对华政策来说，在20国集团伦敦峰会上，奥巴马同胡锦涛会面时还承诺反对贸易保护主义，可是刚刚过去不到半年，他就签署了明显带有贸易保护主义倾向的针对中国产轮胎的特保案。这让人不能不产生这样的联想：在2009年4月的伦敦峰会时，美国经济形势仍然是阴天，美国需要中国的大力合作；而到了9月份，美国经济形势已开始转晴，美国对与中国经济合作的需求已不那么强烈。美国在售台武器、在中国黄海与南海问题上的表现也是如此。实用主义思维和传统深刻地影响着美国的对外政策。奥巴马在联大上讲"民主不能从外部强加给一个国家"，并不等于将来就不改口。

其实，推进民主一直是美国自由主义大战略的核心内容。美国对外政策始终是现实主义和自由主义有机结合的产物。只不过不同的政党和总统，由于价值观和执政理念不同，特别是所面对的安全形势和国际环境不同，对推进民主强调的程度有所区别罢了。暂时的弱化，绝不等于永久的放弃。美国著名国际问题专家、新保守主义代表人物之一罗伯特·卡根就认为，奥巴马政府的外交政策在2010年已经发生重大变化。他将奥巴马政府上台头两年的外交政策分为两个阶段：第一阶段是通过向所有人，尤其是敌对势力展现更加友好的面孔以修补美国的全球形象；第二阶段将是重新发挥美国的影响力，即使这意味着挑战一些国家并让另一些国家失望。卡根还认为，如果说第一阶段是"重启"与大国，特别是俄罗斯与中国的关系，那么第二阶段将是发现"重启"的界限，并在发生意见分歧时采取更加强硬的立场。如果说第一阶段致力于改变小布什时代的做法，那么第二阶段将抛弃这种自我强加的束缚，追求传统的美国利益与原则，即使小布什也曾这样做过。卡根通过对比国务卿希拉里·克林顿两次在美国重要智库对外关系委员会（Council on Foreign Relations）的讲话来论证自己的观点。一次是 2009 年 7 月 15 日，一次是 2010 年 9 月 8 日。卡根认为，前一个讲话"听上去像一位教授对国际关系的幻想：她谈到用'巧实力'解决'多伙伴世界'的'集体行动问题'。她强调美国与俄罗斯、中国、巴西等'新兴大国'的关系，却只用一个毫无生气的段落简要谈及传统的民主盟友。"而后一个讲话中"没有不切实际的外交关系言论，她既谈到与俄罗斯和中国的合作，也谈它们是'威权主义国家'。她用 10 个段落谈论与'我们最亲密的盟友'、在欧洲、北美和亚洲'与我们有着相同的根本价值观和利益的国家'改善关系。"[1] 卡根对奥巴马政府外交政策的评价，不一定十分准确，比如他称美国"重启"对华关系，就不符合事实，因为小布什时期美国对华政策就已经相当积极，谈不上什么"重启"。奥巴马政府上台后，只是在对俄罗斯关系上用了"重启"这个字眼。但是，卡根所分析的奥巴马政府外交政策的变化却是成立的，尤其是在发展同"民主盟友"的关系上，第二阶段与第一阶段有明显的不同。

至于"民主联盟"战略构想，在推进民主战略被弱化的情况下，自然不可能被提上议事日程，但这并不等于它就"胎死腹中"，就失去了存在价值。它的命运是与推进民主战略本身的命运紧密相关的。奥巴马政府目前淡化推进民主战略，冷遇"民主联盟"战略构想，不等于它今后也如此，更不等于奥巴马之后的美国政府也如此。

---

[1] ［美］罗伯特·卡根：《美国：曾经努力融入，现在准备领导》，载《华盛顿邮报》2010 年 10 月 1 日。转引自《参考消息》2010 年 10 月 4 日，第三版。

四、美国模式与"民主联盟"战略

对"民主联盟"战略前景持悲观论者有一个重要理由,就是席卷全球的金融危机使以新自由主义为理论基础的美国模式风光不再,从而导致美国当政者和战略家对推广美国式的民主制度失去信心。对美国模式的生命力,应当辩证地分析。

当年柏林墙倒塌的时候,美国政治学家弗朗西斯·福山曾提出了"历史终结论",断言随着苏联体制的崩溃,人类历史的发展只剩下唯一的政治选择,就是以美英为代表的自由民主模式。而当2008年下半年国际金融危机来势汹汹、导致世界经济体系一时陷入混乱的时候,又有人断言,美国发展模式已经完蛋,新自由主义模式已经过时,人类历史的发展需要一种完全不同的理论范式。针对美国发展模式前景的这种极端的论调,都不符合事实,也不符合人类历史的发展规律。

首先要认清的是,这次金融危机虽然重挫了美国的硬实力和软实力,但是并未使美国的实力发生根本性的衰落。而领先的国家实力,正是美国模式存在并发挥作用的物质基础。在此次金融危机中,只是美国的金融业遭受严重损失,而美国实体经济的根基基本没有被触动。不仅如此,如果考察构成一国实力的各个要素,美国的综合实力依然遥遥领先于世界其他国家。美国的地缘政治优势近一个半世纪以来没有变化;民众受教育程度的不断提高导致人口质量的改善;在工业制造能力、科技创新能力、人才吸引力、军事力量以及软实力领域,美国依然享有绝对优势地位。①据国际货币基金组织公布的数据,尽管2008年已经爆发

---

① 周绍雪:《美国的实力与单极世界》,载《新东方》(海南)2009年第11期。

国际金融危机,但美国 GDP 总量比位居第二的日本、第三的中国和第四的德国的总和还多 1.3 万亿美元。①在全球竞争力领域,美国同样领先于其他大国,②尤其是美国在大国成长中所具备的那些核心竞争力并未受到根本的冲击。即使在遭受重创的金融领域,美元依然坚挺,美元仍然是世界上最被信赖的货币,没有任何其他货币可以撼动美元的主导地位。危机发生后,美元没有发生像其他处于经济危机风暴中心的国家几乎肯定会出现的货币大幅度贬值的现象,而是维持了相对稳定的局面,不是美国而是其他国家担心美元出现主动贬值。而在历史上的金融危机中往往是风暴中心的国家迫于压力被动贬值。金融危机后世界对美元的持有仍在不断增加,并且呈现出增长趋势,这一动向表明美国的金融地位无人能够撼动。

其次,要认识到美国模式仍然具有自我调节和修复能力。与 1929 年大萧条相比,这次金融危机不仅持续的时间短,而且对美国造成的损害也相对轻得多。这主要在于美国政府采取了一系列应对危机的措施,积极干预经济。危机爆发后,美国政府对华尔街五大投资银行以及美国国际集团(AIG)、美国汽车业巨头通用公司等大型企业分别采取破产保护、注资重组、收购兼并等措施,在财政货币政策领域则采取降息、放任赤字、扩大政府开支等手段,并且通过了总额高达 8500 亿美元的大规模经济刺激计划。其他国家也纷纷跟进,采取规模不等的经济刺激计划。与此同时,美国还积极寻求同国际社会进行合作,比如先后主办二十国集团华盛顿峰会和匹兹堡峰会,积极参加伦敦峰会。美国政府的作为表明,美国模式具有相当强的自我修复能力。这种自我修复能力使美国多次从危机中走出来。回顾美国的成长历程,可以看出,美国并不是

---

① International Monetary Fund, *World Economic Outlook Database*, April 2009.
② World Economic Forum: *The Global Competitiveness Report 2008 - 2009*, Oct. 8, 2008.

一帆风顺的，也曾经多次遭受挫折和磨难。就国内事务而言，在19世纪60年代曾经爆发了血腥的4年内战。在经济发展的过程中，美国同样出现过失衡和混乱，各种经济危机也曾经多次降临。当今许多发展中国家在现代化进程中正在经历的阵痛，美国也都经历过，包括腐败、权钱交易、环境污染、食品安全、道德观念的沦丧等一系列问题，甚至有过之而无不及。有4位总统在任内被暗杀，遭受袭击的在任总统就更多了，最近的事例是1981年里根遇刺事件。在国际事务中，也是屡受挫折，最为严重的就是越南战争。然而，美国都最终都度过了危机。

再次，还应当看到，危机有可能成为美国修正自身发展模式中缺陷和弊端的良机。危机往往是重整秩序的难得时机。某些在经济社会平稳发展阶段难以实施的改革，可以在危机中得以迅速推动。拿金融体制来说，美联储长期保持低利率、金融市场的过度自由化以及政府监管的弱化与缺位，是美国次贷危机爆发的重要背景。在危机爆发后，这几大方面都引起了美国当局的高度重视，并采取了相应的补救措施。如果危机过后，美国行政当局和美联储等部门把这方面的漏洞从法律和制度的角度进行修补，那么，不但有利于美国经济回归正常轨道，而且有利于修正美英发展模式中的缺陷。这样的修正将防止美英发展模式发生系统性的体制性危机。纵观其近百年的金融历史，美英等国的金融安全网并没有经过以优化结构、健全功能为导向的系统性改革，而每次以危机事件为驱动的体系修补，很大程度上是市场参与各方利益博弈的表现，难以做到几大安全支柱的有效整合，这在客观上为金融海啸的酝酿提供了条件。[①] 实际上，这正是政府"不作为"和政府监管弱化所造成的弊端，本身就不完全符合新自由主义的要求。此次金融危机使美国认识到，自由放任对于金融业这样的虚拟经济并不适用，政府介入市场以及以政府

---

① 穆西安：《次贷危机对国家金融安全体系建设的启示》，载《中国金融》2009年第3期。

的强制力推进体制改革很有必要。

最后，还要考虑到，美国正在努力利用危机创造的机遇大力扶植和培育新的经济增长点。2009年2月17日，白宫履新后不久，美国总统奥巴马签署了7870亿美元的巨额经济刺激法案。这一法案的签署，标志着在国际金融危机的严峻背景下奥巴马经济"新政"的正式启动。按照该新政计划，至少有1000亿美元用于基础设施建设和科学研究。投资的重点是对风能、太阳能等新能源的开发，能源领域的投资总额超过400亿美元。奥巴马认为，对新能源的开发将诞生一个全新的产业，为美国创造数百万个就业岗位。在环保领域，奥巴马大幅度调整环保政策，显然意味着与布什政府的气候政策完全决裂。在上任后的一周内，奥巴马即签署命令，要求环境保护署允许各州制定更为严格的排放和燃料标准。奥巴马还任命克林顿时代的白宫高级官员托德·斯特恩为气候变化问题特使，以专门领导美国与世界气候变暖做斗争。奥巴马政府完全有可能借金融危机之"机"，推动美国的科技创新和产业升级，从而继续掌握新科技革命的制高点。回顾世界现代史，基本可以断言，谁开创了新的科技革命，谁就能成为引领未来世界发展方向的领先者。远的不说，仅仅回溯至20世纪八九十年代。当时，以耶鲁大学历史学教授保罗·肯尼迪《大国的兴衰》一书为代表的"美国衰落论"曾经风靡一时，同时认为日本将要超过美国成为世界第一。然而，90年代后，随着美国信息技术和互联网产业的崛起，美国经济高速发展，出现了称为"克林顿景气"时期。与此同时，20世纪90年代却被日本称为"失去的十年"，日本经济从那个时候起渐渐进入停滞期，至今尚未完全翻身。

实际上，美国模式并不是第一次面临挑战和考验。在历史上，美国模式曾经历过三次大的调整，特别是在经济领域。调整的原因正是在于原有的经济运转机制无法适应时代发展的要求，无法有力地应对经济运行中的矛盾。1929年的"大萧条"导致古典自由主义的终结和凯恩斯主义的兴起；20世纪70年代的"滞涨"危机导致凯恩斯主义的终结和新自由主义的兴起。也就是说，每当出现重大的国际金融危机或经济危机的时候，其经济模式往往会主动进行大规模的调整、重组或重构。这表明，美国模式并非一贯正确，而是具有明显的时代局限性和强烈的时代烙印。它往往会随着时代的变化而变化，同时它又总能找到一种能够适应时代要求的发展模式。对美国模式来说，此次国际金融危机很可能也预示着一个新的历史时期的开端。

五、实施"民主联盟"战略的有利条件

虽然美国实施"民主联盟"战略在目前遭遇了一些困难，但是从长远来看，还是有不少有利条件的。主要有两方面：一是世界民主政治的发展态势；二是多数大国和大国集团对外政策倾向。

世界民主政治的发展态势导致世界多数国家都认可民主价值观和制度。联合国大会于2007年将9月15日定为一年一度的国际民主日（International Day of Democracy），2008年9月15日为第一个国际民主日。确立国际民主日的联大决议案是由"新建民主政体与复兴民主政体国际会议"（International Conference of New and Restored Democracies）的主席国卡塔尔代表该组织提出的。在相当大程度上，这些"民主政体"国家并不反对，甚至是欢迎美国实施推进民主的战略，欢迎建立某种有利于推进民主的国际组织和机制。当然，许多国家也关注，在推进民主战略实施过程中，它们自己的国家利益应当得到维护。

当今世界大国和大国集团中，除了中国和俄罗斯外，都属于美国所认可的合格的"宪政民主"国家。就是俄罗斯，其政治体制框架也符合美国的标准，只不过是在普京治下，实质上有点脱离美国标准的味道。

其他大国和大国集团，在很大程度上都认同美国的推进民主战略。

印度虽然不像美国那样有推进民主的战略，而且在外交上比较独立自主，但是印度精英阶层对印度的民主制度是非常自豪的，将之看成是印度的一大优势。笔者在同印度学者交流中深深感受到这一点。印度被美国视为"最大的民主国家"，它很乐意享有这个称号。近些年印度在外交上非常活跃，与其"最大的民主国家"身份有很大关系。自2005年布什总统访印并宣布两国建立全球伙伴关系后，日本、德国、法国和英国最高领导人都纷纷访印。印度开始被西方大国接纳和抬举。实际上，美国早在"9·11"后就开始非常重视印度。2002年《国家安全战略报告》将印度与中国、俄罗斯并列为反恐的重要伙伴，但对印度的评价远高于中国和俄罗斯，理由之一就是印度是民主的国家。以后随着印度经济出现快速增长，美国又将印度视为对21世纪世界战略格局走向有重大影响的大国之一。从地缘战略上讲，美国及其他西方大国把印度视为能够平衡中国崛起影响的战略力量。从推进民主的角度讲，美国将印度作为一个重要伙伴。《普林斯顿报告》的主笔之一斯劳特女士在谈"民主联盟"的组成时，就把印度作为一个可选对象。2010年《国家安全战略报告》甚至提出："美国与印度正在构建战略伙伴关系，这是基于双方共同利益、世界上两个最大民主国家的相同价值观、以及两国人民的紧密联系。"[1] 该报告虽然把中国、印度和俄罗斯作为美国盟友之外的三个主要"21世纪的'影响力中心'"，并要同它们"建立合作关系"，但是对印度的评价远高于中国和俄罗斯，期待的关系定位也有明显区别，同印度是"战略伙伴关系"，而同中国则是"积极合作全面的关系"，同俄罗斯是"稳定务实多维的关系"。可以说，"最大的民主国

---

[1] The White House, *The National Security Strategy of the United States of America*, May 2010, p.43. http://www.whitehouse.gov/sites/default/files/rss.viewer/national.security.strategy.pdf.

家"身份,是印度的一个巨大外交资产,正如《南风窗》杂志文章所分析的:"正是民主国家和传统第三世界领袖这双重身份,使得新德里既受发达大国青睐,又有'四国集团'(日、德、印、巴西)、77国集团等背后支撑。这样一种'桥梁'角色,一定程度上弥补了其实力缺陷,使其成为一个勉强合格的棋手"。① 布热津斯基在《大棋局》一书中将印度视为欧亚大陆的一个地缘战略棋手,与中国、俄罗斯、法国、德国并列。在这些棋手中,印度的硬实力明显较弱,但"最大的民主国家"身份所形成的软实力却是非常可观的。从这个视角看,印度对美国的推进民主战略以及建立"民主联盟",应该是乐享其成的,至少是不会反对。如果民主得以在世界继续推进,世界有更多的国家走向了民主,那么印度这个"最大的民主国家"的光芒就更加耀眼,由这个身份所带来的软实力及外交资产自然会更大。实际上,印度也一直在利用"民主国家"这个软实力和外交资产。美国奥巴马政府上台后,积极发展对华关系,尤其是奥巴马首次访华,就同中国领导人共同发表了联合声明,表示致力于建设二十一世纪积极合作全面的中美关系,并将采取切实行动稳步建立应对共同挑战的伙伴关系。给人的印象是,在中印这两个正在崛起的大国中间,美国更重视中国。但是就在奥巴马访华后不久,印度总理辛格访美。在谈到中国经济发展的成就时,辛格称"这是统治者在中央集权体制、而不是在民主体制中实现的,并且忽略了对人权、民族多样性和文化多样性等价值观的尊重。"② 其中的含义非常清楚。辛格的意思是:印度的经济发展虽然不如中国快,但却是在民主体制下实现的,因此更应该受到美国的关注和支持。

与印度相似,其他实行西方宪政民主体制的发展中国家也都以自己

---

① 李因才:《印度外交能走多远》,载《南风窗》2009年第4期。
② 《中国有些过分自信的举动》,载《印度斯坦时报》网站2009年11月24日报道。转引自《参考消息》2009年11月25日。

的民主体制而自豪,并且在对外政策中有推进民主的情结。印度、巴西、南非这三个发展中大国的外长于2003年6月在南非宣布成立三国对话论坛,呼吁加强国际机构处理发展中国家关心的贫困、环境和技术等问题。西方观察家称此举等于是建立了由印巴南这三个"充满活力的民主国家"组成的"三国集团"(IBSA,三国英文名称首字母缩写),志在成为"全球层面发展中国家发言人"。而中国这个最大的发展中国家则因政治制度差异而很难加入"三国集团"。还有专家认为,这三国拥有完美的民主背景和深远的全球影响力,"三国集团"成为发展中国家发言人的努力会得到国际社会不断的支持,而美国则是"三国集团"的主要保证人。"新的三国合作可能使中国在国际事务的讨论中靠边站","是对中国大国野心的破坏"。①尽管西方的观察家和学者有可能高估"三国集团"的影响,但是有一种动向是需要关注的,那就是西方国家更愿意支持"民主的发展中国家"在国际舞台上发挥作用,扩大影响力,并希望看到它们来平衡、弱化中国的地位与作用。如果美国拉它们加入"民主联盟",并非完全不可能实现。

与印度等国比较起来,日本在接受美国"民主联盟"战略上更为积极,这与日本自己的外交战略变化有关。进入20世纪90年代中期以来,日本外交中的意识形态色彩越来越浓,大搞"价值观外交",尤其是在安倍晋三任首相时,曾掀起"价值观外交"的一个高潮。安倍大力推动建立"日美澳印价值观联盟",要在欧亚大陆建立"自由与繁荣之弧",把太平洋和印度洋建成"自由与繁荣"之海。大有在亚太地区建立一个区域性的"民主国家联盟"之势。日本特别重视拉拢印度。日本《朝日新闻》的一篇文章认为,"日本和印度是亚洲的两头巨象","日印间正

---

① Bruce Gilley, "Look to Brasilia, not Beijing: The Rising Challenge to China's Great Power Aspiration", *The Wall Street Journal*, April 8, 2009. http://online.wsj.com/article/SB123912571625797593.html.

在产生基于战略考虑建立关系的亲和力","但是在两国间本来应该有比这更强大的亲和力。比如两国都有牢固的民主以及文化和精神方面的深厚底蕴。它不是势力或威力,而是一种引力和魅力。"① 只是由于安倍政权短命,取而代之的福田政权换了另一种战略思维和外交政策,日本建立亚太地区"民主国家联盟"的努力暂时受挫。其后的麻生政权由于内外交困,尚没有像安倍那样大张旗鼓地推行"价值观外交"和建立亚太地区"民主国家联盟"。但是,麻生本人的外交理念却是与安倍一脉相承的。实际上,"自由与繁荣之弧"的始作俑者就是时任安倍内阁外相的麻生太郎。2006年11月,麻生在日本国际问题研究所做了题为《创建"自由与繁荣之弧"——拓展的日本外交地平线》的演说,大讲"价值观外交"。麻生于2008年9月出任首相后,如履薄冰,唯恐在外交上再失分,于是收敛了以往的鹰派姿态,但是并未放弃"价值观外交",只要有机会就会以略为温和的方式祭出"价值观外交"的大旗。比如2008年9月25日麻生在联合国的演讲中就强调:"我想与基本价值相同的各国进行联合",在四天后的施政演说中强调"要对年轻民主主义各国进行帮助"。② 在2009年1月发表的施政演说中,麻生重新提出"自由与繁荣之弧"构想。日本《东京新闻》文章评论道:麻生的目的"在于与拥有人权和民主这些共同价值观的美国、澳大利亚和印度等加强同盟关系"。③ 日本民主党上台后,在强调民主价值观上也没有多大变化。特别是2010年菅直人任首相并连任民主党党首后,以外相前原诚司为代表的"民主型鹰派"控制了日本的外交决策大权。"民主型鹰派"的一个鲜明特点就是强调民主政治,鼓吹在对外事务中同世界其他民主国

---

① 《参考消息》2002年3月23日。
② 金熙德:《日印安全宣言与"价值观外交"》,载《当代世界》2008年第12期。
③ 《日美中关系进入新时代》,载《参考消息》2009年2月25日,第16版。

家加强合作。①

总的来看，冷战后日本在政治上趋于保守，在外交上更加倚重日美同盟，而且对日益崛起的中国存有疑虑，想要牵制中国，同中国争夺在东亚地区的主导权。追随美国并在外交上打价值观和民主牌，协助美国实施"民主联盟"战略，还有可能成为今后日本的战略选择。

在配合美国推进民主上，最为积极和有影响力的是欧盟。欧盟一直将推进民主作为它的对外政策重要目标之一。

就欧盟自身来说，在它的许多重要文件中都明确指明，捍卫、发展、推进民主是它的重要目标之一。1993年通过的《欧洲联盟条约》就提出了"共同外交与安全政策"的五个目标，其中第一项是"捍卫联盟的共同价值观、根本利益和独立"，第五项是"发展并加强民主和法治以及尊重人权"。② 1997年通过的《阿姆斯特丹条约》和2004年通过的《欧盟宪法条约草案》都坚持这些目标。③

这里，"共同价值观"主要就是"自由"、"民主"、"法治"、"人权"等。2005年的《欧盟人权年度报告》明确指出："发展并加强民主是一个基本目的，也是它共同外交与安全政策以及同第三国合作政策的一个关键政策目标。"④可见，捍卫、发展、推进民主，是欧盟各国的共同目标，同时民主也是维系欧盟、将各国凝聚在一起的重要纽带。

美欧同盟更能体现欧盟的维护民主目标。冷战期间，西欧国家与美国结成联盟固然有抵御苏联威胁、维护西欧安全的考虑，但是共同的价值观和意识形态也是维系联盟的重要纽带。正如英国学者保罗·科尼什（Paul Cornish）所说，军事联盟必须是建立在共同的历史、文化和意识

---

① 《日本"新鹰派"主导对华政策逆转》，载《参考消息》2010年9月28日期，第9版。
② *Maastricht Treaty*, Title V, ArticleJ. 1. http://europa.eu.int/en/record/mt/title5.htm.
③ www.eurotreaties.com/amsterdamtreaty.pdf. www.unizar.es/euroconstitucion/library/constitution_29.10.04.
④ Council of the European Union, *EU Annual Report on Human Rights*, 2005, p.61.

形态及价值观基础上的共同体。① 另一位英国学者蒂莫西·加顿·阿什认为,"决定欧美关系的最关键因素是欧美共同价值观"。② 当美欧同盟的主要载体——北大西洋公约组织(简称北约)——建立时,无论是美国还是西欧国家都承认,这是美国与西欧国家为了维护西方意识形态及价值观的需要。杜鲁门在1947年的那篇作为"杜鲁门主义"产生标志的著名演说中,就是以两种社会制度和意识形态对立作为美国奉行对苏联"遏制"政策的理论基础的。③ 在酝酿成立北约的过程中,欧洲国家也强调北约的"政治意义"。积极推动北约成立的英国外交大臣欧内斯特·贝文一开始就强调正在形成的"西方联盟"是"精神的联盟",目的在于"保卫西方文明"。1949年4月4日通过的《北大西洋公约》在总纲中明确其宗旨之一是:"各缔约国决心保障基于民主原则、个人自由及法治精神下的各国人民之自由、共同传统及文明。"④ 1949年4月12日,杜鲁门在将北约文本提交参议院批准的附言中强调:"本条约签约国拥有共同的民主传统,个人自由和法治。北大西洋共同体中的美洲成员在传统上,在对自由的热爱上,都直接源于欧洲的成员国。"⑤

在失去了苏联这个共同战略对手后,意识形态和价值观在维系美欧同盟上的作用更加突出,甚至成为同盟的主要基石。1999年通过的《北大西洋联盟战略概念》明确指出,联盟基于在民主、人权和法治方面共

---

① 转引自周丕启:《合法性与大战略:北约体系内美国的霸权护持》,北京大学出版社2005年版,第139页。
② 转引自[美]沈大伟:《新战略三角:美欧对中国崛起的反应》,载《欧洲研究》2005年第5期。
③ 刘建飞:《美国与反共主义:论美国对社会主义国家的意识形态外交》,中国社会科学出版社2001年版,第54页。
④ 许海云:《北约简史》,中国人民大学出版社2005年版,第344页。
⑤ 资中筠主编:《战后美国外交史——从杜鲁门到里根》上册,世界知识出版社1994年版,第111—112页。

同的价值观念,自创建之初便一直为保证欧洲公正持久的和平秩序而奋斗。① 同年发生的科索沃战争实际上就是北约在新的历史条件下对新的"战略概念"的一次实践,北约为了"捍卫西方价值观",拔除南斯拉夫联盟米洛舍维奇这个欧洲最后一个专制政权,不惜挑战联合国的权威,不经联合国安理会授权,便对一个主权国家、联合国成员国进行空中打击。期间,北约动用了其最先进的武器装备,包括石墨炸弹和贫铀炸弹。北约19个成员国中,有8个国家参与了对南斯拉夫的军事行动。与之相配合,北约开始在全球范围内大肆宣扬西方的"自由、民主"理念,并提出了"人道主义干预"理论。②

2003年的伊拉克战争使美欧之间产生裂隙。欧盟的核心国家——法国和德国——强硬地反对美国在武器核查取得最终结果之前对伊动武,迫使美国放弃获得联合国安理会授权的努力,在英国等国的支持下发动对伊战争。法德的行为使美国朝野产生强烈的反欧浪潮:美国国防部长拉姆斯菲尔德指责以法国和德国为代表的"老欧洲"背弃美国,不念美国曾经多次拯救欧洲的恩情;美国的一些快餐店甚至将"法国炸薯条"改称"自由炸薯条",以表示对法国的不满。与此同时,欧洲也掀起了反美浪潮,欧洲人的反美情绪也达到空前的高度。笔者亲身经历了这样一件事:2003年10月,笔者在哈佛大学费正清东亚研究中心做访问学者时,再会瑞典著名中国问题专家沈麦克(Michael Schoenhals)先生,同他谈起美欧关系。在言谈中,感受到他对美国大行单边主义、霸权主义的不满。他赞同法国和德国在伊战前后的政策,并且对未来的美欧关系持悲观态度。他说,你们中国人常说的"西方"已经不存在了。沈麦克的说法是有一定代表性。大西洋两岸的研究者们都"担心西方正在沦

---

① 中国现代国际关系研究院美欧研究中心编:《北约的命运》,时事出版社2004年版,第289页。

② 许海云:《北约简史》,中国人民大学出版社2005年版,第252页。

落为一个地理名称,而不再是二战以后岿然于世的那个强大的政治共同体和道德灯塔"。①

然而,如果认真分析伊战时法德对美政策,可以看出,法德同美国的分歧并不是在推进民主这样的大目标上,而是在具体的方式方法上。法德并不反对推翻萨达姆政权,而是反对美国不顾欧洲的利益、只顾自己的做法。确实如沈麦克所言,伊战使"西方"分裂,但是这个分裂与其说是在美国和欧盟之间,不如说是在欧盟内部,因为确实出现了拉姆斯菲尔德所说的"两个欧洲",一个是支持美国的"新欧洲",一个是反对美国的"老欧洲"。新老欧洲,谁的实力更强,谁能主导欧洲的未来,还很难说。即使笼统地说美欧分裂,但由于双方并不是在根本价值观和战略利益上的分歧,所以裂隙并不是很难弥合的。2005年以来美英法德在伊朗核问题上的立场就非常接近。在2006年初欧洲媒体"亵渎"伊斯兰教事件发生后,美国旗帜鲜明地站在欧洲一方。这些都让人们很容易感受到"西方"的存在。

在当今世界的"一超多强"中,多强中的多数都有支持美国实施推进民主战略和"民主联盟"战略的动力。在这种动力的驱使下,只要拥有适当的条件和契机,推进民主战略就会浮上前台,"民主联盟"战略就有可能成为美国政府的选择。

---

① [美]沈大伟:《新战略三角:美欧对中国崛起的反应》,载《欧洲研究》2005年第5期。

第六章

"民主联盟"战略对国际政治可能产生的影响评估

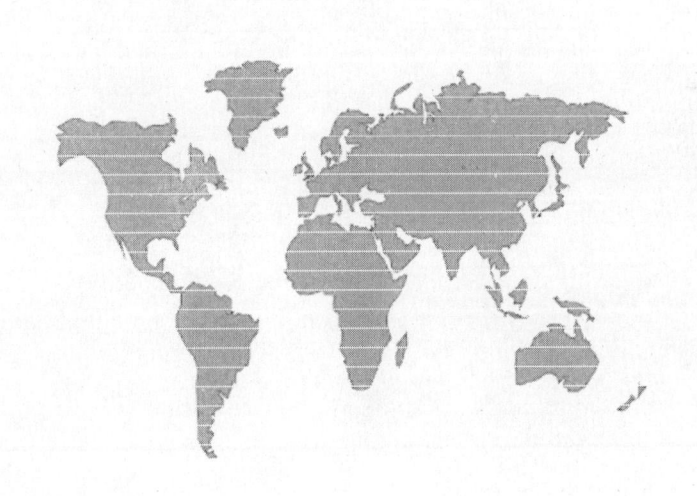

第六章 "民主联盟"战略对国际政治可能产生的影响评估

美国作为全球惟一超级大国,其全球战略或对外战略的调整必定会对国际政治产生不可低估的影响。"民主联盟"战略如果得以实施,不可避免地会对国际政治的诸多方面带来冲击。

一、"民主联盟"战略对国际秩序的影响

《普林斯顿报告》是在推进民主和建立国际新秩序的框架内提出建立"民主联盟"的。而美国要建立的国际新秩序不可避免地要降低联合国的地位。可见,如果"民主联盟"战略得以实现,联合国必将面临严峻挑战。它将面临两难的选择:要么按照美国的意愿来进行改革,最终成为美国制度霸权的工具;要么就有可能被"民主联盟"架空,因为美国在处理重大国际事务时,如果得不到联合国的授权,就会去寻求"民主联盟"的支持,从而获得其国际行为的"合法性"和道义基础。

《普林斯顿报告》的两主笔之一斯劳特教授在 2007 年 11 月同笔者讨论这个问题时强调,建立"民主联盟"并不是要用它"取代"联合国,而是用它"补充"联合国;因为联合国安理会有时没有效率,比如在苏丹问题上;现行的安理会常任理事国否决权影响安理会的工作效率。她认为,就目前来看,联合国授权是国际行为特别是武力行为合法性的基础。美国在科索沃、伊拉克的行为虽然无合法性,但是有合理性。"民主联盟"就是要解决这个问题,使合法性与合理性统一起来。

斯劳特女士的观点表明了建立"民主联盟"的动机:就是要为美国的国际行为寻找合法性来源。联合国不听话,就用"民主联盟"来替代

它。当然,并不是说有了"民主联盟",联合国就不能存在下去了。从这个意义上讲,就像斯劳特教授所说的,"民主联盟"不会"取代"联合国。但是,如果美国经常利用"民主联盟"来"补充"联合国,实际上是削弱了联合国的作用,损害了其权威,降低了其地位。"民主联盟"实际上"取代"了联合国的许多功能。这是问题的实质所在。

联合国是当今世界最具普遍性的国际组织和国际秩序的主要载体。它作为维护世界和平和协调国际关系的最重要机制,对避免新的世界大战爆发、维持世界总体和平局面发挥了不可忽视的作用。从成立到现在,联合国的地位不断上升,作用不断增大。由冷战时期处于相对次要地位的国际秩序载体到冷战后居主要地位,联合国的地位与作用已得到越来越多的国家的认可。

从二战结束到冷战结束这段时间,实际上存在着两种国际秩序:一种是以联合国为框架的秩序,一种是冷战秩序。这两者性质不同,但却紧密相关,互相影响,互相作用。

联合国秩序的建立要早于冷战秩序。还在二战进行期间,反法西斯阵营的主要成员就开始酝酿建立联合国。日本宣布投降即二战彻底结束后仅70天,1945年10月24日,联合国便宣告成立。可以说,参与创建联合国的各国领袖们的初衷都是值得肯定的,即维护世界和平与安全。当然也不否认各国也都有自己的盘算,比如美国就想通过联合国来建立"制度霸权"。但是不管怎样,联合国开启了一个新的国际政治秩序。这个秩序对维护世界和平意义重大。二战后,新的世界大战一直没有打起来,不能说与联合国的存在没有关系。[①]

在维护世界和平上,联合国至少在两个方面发挥了不可替代的作

---

① 参见刘建飞:《联合国在国际关系中地位与作用的演变》,载《国际问题研究》2005年第5期。

用。一是实行大国一致的原则,即只有五个安理会常任理事国拥有否决权。这既保证了联合国能有权威和效率,不重蹈国际联盟因每个成员都有否决权而失去权威和效率的覆辙,又可以促使五大国在重大问题上团结一致。反法西斯战争的经验表明,大国团结一致是至关重要的,无论是苏联还是美国的领导人,对这一点都有深刻认识。①

二是将各成员国主权平等的原则作为联合国的基础。1648年的《威斯特伐利亚和约》只是在欧洲范围内确立了主权平等原则,而欧洲国家与其他地区的国家,特别是殖民地、半殖民地国家,在主权上是不平等的。一些处理国家之间关系的原则只适用于欧洲。德国铁血宰相俾斯麦在1878年柏林会议上曾放言,只有欧洲才有权批准独立。这是当时国际秩序的真实写照。到20世纪初时,美国和日本加入了"有权批准独立"的行列。这是绝对的强权政治时代,世界各国在主权上分成了两部分:即有权批准独立的少数"列强"和广大任列强宰割的殖民地、半殖民地国家。联合国成立时只有51个成员国,其他众多的亚洲和非洲国家,尚未被"批准独立"。联合国将主权平等原则扩大到全球,这极大地促进了亚洲和非洲的民族解放运动,使得新获得独立地位国家的主权能够得到国际社会的尊重。这对维护世界和平是意义重大的。两次世界大战,都有列强争夺殖民地和势力范围的因素。弱小国家的主权得不到尊重,没有国际法的保护,是这种争夺活动存在的重要背景。而联合国成立后,以侵害弱小国家主权为特征的列强争夺活动受到了明显的制约。

所以,联合国的成立,标志着一个全新的国际秩序的诞生。这是人类历史上的一个创举,是国际秩序的重大进步。

---

① 王杰主编:《大国手中的权杖——联合国行使否决权纪实》,当代世界出版社1998年版,第19页。

二战结束不久，分别以苏联和美国为代表的东西方两大阵营便陷入意识形态和地缘政治的冲突中，最后形成冷战。整个世界都处在冷战阴影下，世界各国的内政、外交几乎无不受冷战的影响。就是后来声称奉行"第三条道路"的一些发展中国家、不结盟运动国家，也都难脱冷战的干系，比如印度，在一段时间内实际上成了苏联的准盟友。所以，冷战时期的国际秩序又带有强烈的冷战色彩和两极色彩。特别是在两大集团内部，都各有一套关系准则，各成一个亚体系。比如在华沙条约组织中，根据勃列日涅夫的"主权有限论"，成员国的主权就是有限的，苏联可以干涉匈牙利的内政，可以出兵占领捷克斯洛伐克。① 在西方阵营，日本、西德接受别国的安全保护和驻军，实际上也是一种主权的让渡。

从某种意义上说，两极格局的秩序也是形成于二战期间，这就是人们常说的雅尔塔体系。② 二战后两大阵营的势力范围是在雅尔塔会议上确定的。雅尔塔会议通过了一系列文件，西方认可了苏联在战后国际政治中的地位和作用以及在东欧与远东的权益。③ 如果联系几个月前斯大林同丘吉尔秘密划定的苏联同英美对东欧国家的控制范围，④ 更可以看出，雅尔塔体系是苏联同西方共同掌控世界的体系。后来的历史表明，苏联和西方基本上遵守了雅尔塔体系划定的势力范围。双方都容忍对方在各自势力范围内的所作所为，可谓井水不犯河水。这也正是冷战没有

---

① 宫达非主编：《苏联剧变新探》，世界知识出版社1998年版，第443页。
② 有的学者将联合国也算成雅尔塔体系的内容，笔者认为不妥。虽然联合国与雅尔塔会议及雅尔塔体系有很大关系，但毕竟以联合国为框架的体系和雅尔塔体系在基本精神上是相背的，所以还是将二者分开为好。前者可以称作联合国体系。
③ 刘金质：《冷战史》上册，世界知识出版2003年版，第4页。
④ 1944年，丘吉尔访问苏联，丘吉尔同斯大林达成了一个划分势力范围的协议：罗马尼亚，俄国90%，其他国家10%；希腊，英国（与美国一起）90%，俄国10%；南斯拉夫，50%—50%；匈牙利，50%—50%；保加利亚，俄国75%，其他国家25%。见姜长斌、左凤荣：《读懂斯大林》，四川人民出版社2001年版，第402—403页。

第六章 "民主联盟"战略对国际政治可能产生的影响评估

转为热战的重要原因。但是,这个体系毕竟是继承了传统的强权政治的精神,两大阵营最终走向了冷战对抗。

两个体系和秩序互相交叉,互相作用。冷战的主要角色都是联合国的重要成员,它们都试图利用联合国来实现自己的战略利益,于是便以联合国为舞台展开了一幕幕惊心动魄的外交斗争。可以说,在联合国成立后的最初阶段,联合国成了冷战的一个主战场——外交战场。这个时候,联合国秩序完全从属于冷战秩序,联合国很难发挥自己应有的作用,也没有独立自主的地位。当然,联合国对协调大国行动,避免大国间直接军事冲突发挥了不可忽视的作用。毕竟,通过在联合国内的外交博弈,冷战对手都能及时了解对方的战略意图,避免战略误判。

帮助联合国冲破冷战秩序束缚的是民族解放运动。伴随着民族解放运动的一个又一个高潮,一批又一批国家争取到了国家主权,它们纷纷加入联合国,它们的主权也就受到联合国的保护。这些后来被称作第三世界的国家,在联合国内基本上属于"第三种力量",在许多国际事务中,不追随两大阵营的任何一方,尽管许多国家在某一段时间内受到冷战的影响。联合国开始有了真正属于自己的声言,开始走向独立自主,开始按照自己的宗旨,干自己的事。1971年恢复中华人民共和国在联合国的合法席位,就是联合国干成了自己要干的一件非常重要的事,而此举无疑又加强了联合国的独立自主性。这时,联合国秩序开始独立发挥作用,成了与冷战秩序并行的一个国际秩序。

冷战结束宣告了两极格局的解体,也标志着冷战秩序和雅尔塔体制的结束。但是联合国并未因冷战结束而瓦解,反倒是在国际政治中的地位更加突出。联合国秩序在国际政治中占据了主导地位。不仅如此,安理会五大常任理事国还加强了彼此间的协调,其突出表现就是安理会中的否决票大幅减少。从1946到1990年,否决票出现193次,平均每年

4次还多；从1991年到2003年只有12次，平均每年1次。①

冷战秩序结束后，国际社会出现了各种建立国际新秩序的呼声。最有代表性的主张有两种，一种就是美国提出的，试图将联合国改造成其制度霸权的工具；另一种是中国提出的。

中国早在20世纪70年代就提出了建立国际经济新秩序的主张，邓小平1974年在联合国大会第六届特别会议上代表中国政府发言，就阐述了这个问题。到了80年代末，邓小平又提出了建立国际政治新秩序问题。他在会见印度总理拉吉夫·甘地时说："世界总的局势在变，各国都在考虑相应的新政策，建立新的国际秩序。""世界上现在有两件事情要同时做，一个是建立国际政治新秩序，一个是建立国际经济新秩序。"②苏东剧变开始后，③面对急剧动荡的国际局势，邓小平更加强调建立新秩序。1990年3月3日，他在同几位中央负责同志的谈话中指出："我们的对外政策还是两条，第一条是反对霸权主义、强权政治，维护世界和平；第二条是建立国际政治新秩序和经济新秩序。"④1992年，江泽民在中国共产党十四大政治报告中正式将建立新秩序定为中国对外政策的重要内容，而且对新秩序的内涵做了系统阐述："建立什么样的国际新秩序，是当前国际社会普遍关心的重大问题。根据历史经验和现实状况，我们主张在互相尊重主权和领土完整、互不侵犯、互不干涉内政、平等互利、和平共处等原则的基础上，建立和平、稳定、公

---

① 宋黎磊：《联合国安理会改革及其发展趋势》，《国际形势研究报告（2004—2005年度）》，南京大学国际关系学院，2005年6月，第2页。
② 《邓小平文选》（第3卷），人民出版社1993年版，第282页。
③ 冷战结束和两极格局结束在含义上略有不同。一般将柏林墙倒塌作为冷战结束的标志，邓小平在1989年11月就讲到"可能是一个冷战结束了，另外两个冷战又已经开始"（《邓小平文选》（第3卷）第344页），表明他认为那时冷战已结束；美国1990年出台的《国家安全战略报告》也认为正在出现"冷战后世界"（见梅孜编译：《美国国家安全战略报告汇编》，时事出版社1996年版，第191页）。而两极格局结束的标志，通常被看成是1991年底苏联解体。
④ 《邓小平文选》（第3卷），人民出版社1993年版，第353页。

正、合理的国际新秩序。这一新秩序包括建立平等互利的国际经济新秩序。"① 这一政策一直被坚持下来。十五大和十六大的政治报告都专门用一段来阐述建立新秩序问题。

综合来看，中国所倡导的新秩序的核心内容有两个：一是反对霸权主义和强权政治；二是以和平共处五项原则为基础。这个新秩序的基本精神与联合国宪章的宗旨是相一致而不是相违背的。如果结合冷战结束以来中国对联合国的政策，则可以看出，中国要建立的新秩序，并不是要抛开联合国体系而"另起炉灶"。中国明确提出：中国重视联合国的作用，并且要积极参与联合国事务，支持联合国在维护世界和平等国际事务中发挥积极作用。② 中国所要建立的新秩序是以加强联合国的作用、提高联合国的地位与权威为前提的。

中国的新秩序主张得到了一些大国的积极响应。1997年4月23日，中国与俄罗斯签署了《关于世界多极化和建立国际新秩序的联合声明》，阐述了建立多极世界和国际新秩序的主张。2005年7月1日，中俄签署了《关于21世纪国际新秩序的联合声明》，根据新的国际形势进一步阐述了建立国际新秩序的主张。③ 欧盟、印度以及广大发展中国家虽然没有像中俄那样旗帜鲜明地阐明建立国际新秩序的主张，但从他们的外交实践以及对外政策宣示来看，它们赞同建立公正、合理的国际新秩序并提高联合国的地位。比如已经逐步成为联合国内一支相对独立的政治力量的欧盟，就主张通过改革来加强而不是削弱联合国的地位与作用，联合国"不应沦为少数国家谋求国家利益的工具"。④

可见，中国所倡导的国际新秩序与美国所要建立的国际新秩序以及

---

① 《中国共产党第十四次全国代表大会文件汇编》，人民出版社1992年版，第42页。
② 同上，第43页。
③ 《新华月报》2005年第8期，第27—28页。
④ 扈大威：《走向"有效的多边主义"——试析欧盟与联合国的伙伴关系》，载《国际问题研究》2005年第5期。

双方对联合国的态度是有本质区别的。一个是坚持霸权主义和强权政治思维，建立一个以美国霸权为基础的新秩序，一个是要建立一个更加公正、合理的新秩序；一个是要将联合国变成"制度霸权"的工具，一个是要提升联合国在新秩序中的地位，加强其作用，使之成为新秩序的核心机制。

两种秩序都需要对联合国进行改革，但是改革的目标截然不同。中国的新秩序实际上代表了广大发展中国家的利益和愿望。美国的新秩序是从美国的利益出发，在某些方面代表了发达国家的利益，能够得到发达国家的拥护，而某些方面则与一些发达国家的利益相悖。

当然，联合国存在着许多问题，需要进行改革，但是改革的正确方向应当是继续提升其地位，增强其权威，加强其工作效率，而不是反之。2005年联合国改革《成果文件》的通过表明，世界绝大多数国家还是认可联合国的地位的，希望在联合国的大家庭内和平共处，加强合作，共同维护世界和平，促进共同发展。[①] 可以说，联合国地位的提升和作用的增强有利于国际秩序朝着更加公正、合理的方向发展，而通过建立"民主联盟"来降低联合国的地位，削弱其作用，结果必定是不利于国际秩序更加公正合理化，而是使国际秩序朝着更加有利于霸权主义和强权政治的方向发展。

二、"民主联盟"战略对国际安全的影响

从逻辑上讲，建立"民主联盟"也可以直接作为实施推进民主战略

---

① 参见刘建飞：《联合国在国际关系中地位与作用的演变》，载《国际问题研究》2005年第5期；《国际新秩序与联合国改革》，载《现代国际关系》2005年第12期；《联合国近年改革与中国外交》，载《国际关系学院学报》2006年第4期。

第六章 "民主联盟"战略对国际政治可能产生的影响评估

的重大措施和重要途径。"民主联盟"战略同推进民主战略结合在一起，将对国际安全形势产生复杂而深刻的影响。

从世界和平与发展的角度看，推进民主和建立"民主联盟"会带来双重影响。一方面，从欧美的经验来看，民主的推进有利于国家的稳定与发展，也有利于和平，但这却是个长期的效应。但是，另一方面，根据"民主战争论"的观点，在向民主转型过程中的国家更倾向于战争。[①] 如果美国的推进民主战略将主要矛头对准专制型和混合型国家，促使它们向民主型国家过渡，那么其结果肯定是不利于世界和平的。从发展的角度看，一些国家的经验表明，在完成向民主型国家过渡后，经济发展不是更顺利，而是停滞下来。[②]

从国际安全的角度看，推进民主和建立"民主联盟"并不一定有助于改善国际安全环境，这从美国近些年在中东的实践就可以看出。正如美国著名战略家、美国外交学会会长理查德·哈斯在分析中东局势的前景时所指出的："没人应该指望用民主来平息该地区乱局。创造成熟的民主体制并非易事。那些在民主制度下长大的人仍可实施恐怖活动，那些赢得选举的人仍可选择战争。"[③] "9·11"后，美国将反恐作为全球战略的首要目标，并且将推进民主作为解决恐怖主义问题的根本途径。但是已经有学者对此提出质疑。美国加利福尼亚蒙特雷海军研究生院教授麦克尔·付利民认为："尽管扩展民主已经变成美国政府打击恐怖主义战略的重要组成部分，但是这个战略并不像它的提议者所期望的那样

[①] Edward D. Mansfield and Jack Snyder, "Democratization and War", *Foreign Affairs*, May/June 1995, p.97.

[②] 当然，人们也能找到许多"不民主"国家经济发展缓慢的例证，而且，发展并不仅限于经济，而是社会的全面发展，而实行民主法治也是社会发展的一个很重要方面。但是，民主与经济发展应当协调起来，没有经济基础的民主是不稳固的。

[③] ［英］《金融时报》2006年10月17日文《一个纷扰不断的中东时代即将到来》。转引自《参考消息》2006年10月22日。

有积极影响。"①看来，无论是作为全球战略目标的推进民主，还是作为反恐战略实现手段的推进民主，都是存在着问题的。

总的来看，"民主联盟"战略会给国际安全带来诸多不利影响。

首先是不利于全球范围的国际合作。建立"民主联盟"在一定程度上具有冷战思维的味道。因为很显然，"民主联盟"将使世界上的国家划分成"民主联盟"成员和非"民主联盟"成员两部分，即民主的和非民主的两部分。虽然《普林斯顿报告》声称不赞成将国家划分成"民主的"和"不民主的"，认为这种分法同将国家划分成"善和恶"一样，"会使美国与其他国家的关系复杂化"，并提出"取而代之的应是真正推动法治下的自由世界"；然而，建立"民主联盟"的客观效果，极有可能是强化"民主国家"与"不民主国家"之间的差异甚至对立。这不符合当今世界和平、发展、合作的潮流，也与全球化大趋势相背。美国的"民主联盟"战略将使世界发达国家和相当一部分发展中国家联合到一起，从而对"非民主"的发展中国家以及社会主义国家造成巨大战略压力。一些美国学者也批评这个主张。奥巴马的外交政策顾问、斯坦福大学"民主、发展与法治研究中心"主任麦克尔·麦克法尔（Michael McFaul）教授认为，"民主联盟"战略可能会不利于美国同"非民主"国家的接触与合作，进而也不利于在这些国家推进民主。美国卡内基和平基金会副总裁、著名民主问题专家凯若瑟斯教授还专门撰文批评"民主联盟"构想，称它是一个"孤立的联盟"，即使麦凯恩当选总统，也不可能得到贯彻。②不过，值得注意的是，这两位专家都是普林斯顿项目的参与者。当然，有些美国专家不同意上面的分析。斯劳特教授就强调：创建"民主联盟"不是冷战思维的体现，"我们不想把世界分成对立的

---

① Michael Freeman, "Democracy, Al Qaeda, and the Causes of Terrorism: A Strategic Analysis of U.S. Policy," *Studies in Conflict & Terrorism*, Vol. 31, No. 1, 2008, p. 53.

② Thomas Carothers, "A League of Their Own," *Foreign Policy*, July/August 2008.

第六章 "民主联盟"战略对国际政治可能产生的影响评估

两部分"。

如果结合推进民主战略,更能看出"民主联盟"战略对国际安全的负面影响。面对全球化带来的各种挑战,国际社会需要合作。而美国的推进民主战略,使国际合作的环境受侵蚀。比如在核扩散问题上,美国为了推进民主而在核扩散上奉行双重标准,对印度、以色列这样的"民主国家"网开一面,甚至还同它们进行核合作,鼓励、支持它们开发核力量,而对"不民主"的伊朗则连和平利用都加以限制。美国学者波科维奇将布什政府的这种政策称为"民主炸弹战略",而这种战略必将导致美国核不散战略的失败。①

其次是影响一些地区局势的稳定。在美国推进民主战略中,一些被美国认定为不民主的国家,自然会成为美国的对手或敌人。而这些国家为了防范美国策动"颜色革命"或者其他形式的颠覆政权行为,必然在对外政策中表现出反美倾向,并且寻求更有力的维护国家安全的手段,比如朝鲜寻求掌握核武器,在很大程度上就是要应对美国的威胁。而这些国家发展军备,又会引起周边国家的不安。此外,按照新保守主义的主张,美国应该采取包括武力在内的一切手段来推进民主。如果美国采取这样的政策,必然是以牺牲和平与稳定来换取民主的推进。

再次是影响大国关系。大国合作对维护国际局势稳定起着非常重要的作用,甚至是关键的作用。但是美国的推进民主战略不利于大国合作。民主问题一直是影响美国同中国建立战略互信的最重要因素。随着中国的崛起,美国越来越担心一个"强大而不民主"的中国会对美国构成威胁。美国对俄罗斯普京总统搞"民主倒退"的批评以及对独联体国家"颜色革命"的大力支持,成了美俄关系降温的重要原因。2004年乌

---

① George Perkovich, "'Democratic Bomb': Failed Strategy", *Policy Brief*, Carnegie Endowment for International Peace, No. 49, November 2006, pp. 2-3.

克兰"颜色革命"后不久,俄罗斯总统普京在国际记者会上表示,"希望颜色革命不是美国意图使俄国动荡的做法",表现出俄罗斯对美国插手策动颜色革命的警觉和不满。普京的怀疑后来被布什证实。布什后来在一次国际记者会上回答记者针对普京的怀疑而提出的问题时,直言不讳地说:"协助别的国家获得自由,这不能叫做煽动革命,而是美国适当的外交政策"。① 普京对美国有损俄罗斯利益的政策做出了强烈的反弹。他在 2006 年 5 月 10 日发表的国情咨文中称美国为"狼同志"。"我们看到世界上在发生着什么,都看在眼里了。如俗话所说,'狼同志知道该吃谁'。吃起来,谁的话都不听。种种迹象表明,根本不准备听。"② 按说,美国从反恐防扩战略出发,应当加强同俄罗斯的合作,不应刺激俄罗斯同美国对抗。在美国的全球战略中,美国一方面需要中国和俄罗斯在反恐、防止大规模杀伤性武器扩散、地区安全、经贸、能源、环境等方面进行合作,另一方面又在推进民主上向它们施加压力。这种矛盾的政策不可避免地会影响合作的效果。

总的来看,美国"民主联盟"战略对世界和平、发展、稳定、安全的影响有利有弊,但是弊大于利。此外,推进民主的影响如何,还取决于美国采取什么样的手段。如果只是采取接触、示范、融合等"软性"的方式,对国际局势的负面影响会小一些;如果采取施压甚至武力的方式,则负面影响肯定要大得多。

三、"民主联盟"战略对世界政治格局的影响

当今世界格局是"一超多强加其他"或"单极—多极—非极"并

---

① 转引自《参考消息》2010 年 2 月 24 日文章:《颜色革命的退潮与教训》。
② 俄罗斯克里姆林宫总统网站 2006 年 5 月 10 日。

第六章 "民主联盟"战略对国际政治可能产生的影响评估

存。多极化和非极化是大趋势,世界格局将朝"多极-非极"并存的方向演进。

冷战后,美国实施霸权战略,极力打造单极世界,但是多极化趋势却不依任何人的意志为转移,美国在许多方面遇到其他大国的挑战。按尼克松的"五大力量中心"说以及目前学界主流的看法,中国、欧盟、俄罗斯和日本是目前的"多强"成员,即"四强"。有些学者将印度也算进来。但是,从综合实力来看,将印度算作"多强"中的成员有些勉强,无论从哪一项指标看,印度都有较大差距。仅从经济来说,按世界银行公布的数据,印度的 GDP 在 2009 年仅有 1.3 万亿美元,按国家排序位居世界第 11 位,即使将欧盟作为一个统一单位来排序,将在其前面的德、英、法、意、西五国算到一起,印度也只排第七位,也未进前五名。三名印度学者在《印度将赶上中国吗?》一文中通过分析增长率、工业生产、社会及其他指标,得出结论:印度在 2050 年前不可能赶上中国。[1] 而在综合实力的其他方面,印度也并没有超越"四强"的明显优势。不过,从印度的人口规模、发展态势和潜力来看,印度具有成为大国的条件,成为多强中的一员是早晚的事情。

在"四强"中,欧盟在经济上可与美国平起平坐,而且有两个联合国安理会常任理事国、两个法定有核国家、四个八国集团成员。欧盟的最大缺陷是在政治上行为能力太弱,甚至有些时候还时常出现分裂。俄罗斯是当今世界无可争议的第二军事强国,是联合国安理会常任理事国,法定有核国家。俄罗斯的弱项是经济实力较弱,2009 年的国内生产总值仅有 1.23 万亿美元,排世界第 12 位,不到中国的 1/4,美国的 1/10。近些年,俄罗斯经济表现不凡,而且地域辽阔、资源丰富、科技

---

[1] Mohan Guruswany, ed., *Emerging Trends in India – China Relations*, Hope India Publication, Gurgaon, 2006, p. 172.

发达、国民素质较高，因此，发展潜力比较大。中国虽然军事实力远不如俄罗斯，经济实力与欧盟、日本相比仍有很大差距，①但中国的力量结构比较均衡，国际影响力可与欧盟、俄罗斯相比，经济实力若按 GDP 总量算居世界第二，军事实力也可位居前列，政治行为能力远超过欧盟。特别是中国的发展势头强劲，颇受世人瞩目。日本虽然遭遇了冷战后十多年的经济衰退，但至今仍是世界第二经济强国，而且与经济实力相对应，其军事实力也在大幅度提升。日本的弱项是政治实力。它目前缺少联合国安理会常任理事国这样的身份，特别是同美国的"依附性"联盟关系，接受美国的安全保护，给人以缺少独立自主的印象。此外，它在历史问题上的错误做法也伤害了它的软实力。不过，日本成为政治大国和军事大国是既定的战略目标，而且成功的可能性比较大。所以，日本应当被看成是"多强"中的一员。

从发展态势来看，"四强"中的中国最被看好。中国目前的发展势头最猛，而且发展潜力较大，特别是中国的人口、幅员、文明，使中国具有大国的气质。一些美国战略专家将中国看成是"正在崛起的超级大国"，甚至是"头号超级大国候补"，虽然有警告美国要关注中国崛起的意思，但也反映出他们对"多强"实力增长态势的判断。著名国际政治理论家肯尼思·华尔兹甚至认为将来世界会走向两极格局，即美国和中国。也有一些战略专家对欧盟和俄罗斯也比较看重。美国芝加哥大学教授米尔斯海默、哈佛大学肯尼迪政府学院教授斯蒂芬·瓦尔特认为未来世界会形成美、中、欧三个主要力量中心。中国的崛起和欧洲一体化都是大势所趋，而美国的相对实力趋于下降，最后退回美洲，但仍保持强大的实力。美国哈佛大学费正清东亚研究中心研究员罗伯特·罗斯则认

---

① 中国 GDP 总量在 2010 年超过了日本，但是如果考虑经济的"质量"，中国经济实力还是在日本之下。

第六章 "民主联盟"战略对国际政治可能产生的影响评估

为,未来世界将形成美、中、俄三极格局,只有这三个国家具备成为世界级大国的条件,而欧盟不可能发展成一个国家,如此,就不会改变"政治侏儒"的局面。① 还有一些战略专家比较看好印度。著名英国学者布瑞恩·彼得汉姆在《新地缘政治学》一文中预测了2050年时的世界地缘政治形势,认为届时可能出现六个巨大的权力中心,即美国、欧盟、中国、俄罗斯、日本和印度。② 如果将未来的多极世界限定在"五极"上,日本很有可能被印度取代。日本的幅员、地理位置和人口将成为日本保持大国地位的重要制约因素。布热津斯基在《大棋局》一书中提出欧亚大陆五个"主要和积极的地缘战略棋手",即法国、德国、俄罗斯、印度、中国。③ 法德是欧盟的核心力量,可以算成一个。这样,四大棋手加上美国正好是"五极"。

与多极化相伴随的,还有"非极化"趋势,而且后者的发展势头更强劲。所谓"非极化",就是"极"以外的力量不断发展壮大,最终导致"极"在世界政治中的地位下降、影响减弱。

在两极时代,第三世界兴起,逐渐发展成为一股独立于两极之外的力量。当尼克松提出"五大力量中心"时,并没有将第三世界纳入进来。这是因为,第三世界虽然是一股独立的力量,但却不是统一的力量,第三世界在国际舞台上不能用一个声音说话。这一点与欧共体/欧盟不同。欧盟虽然有时也不能统一行动,如伊拉克战争时就分成对立两派,但毕竟在一些事务上还是能够统一的。所以说,当多极化在冷战期间初步显现时,第三世界就已经成了"非极"力量,"非极化"也开始显现。

---

① 刘建飞:《大博弈:中国的"太极"对美国的"拳击"》,浙江人民出版社2005年版,第64—66,102页。

② Brian Beedham, "The New Geopolitics", *The Economist*, July 31st – August 6th 1999, pp. 15–16.

③ [美]兹比格纽·布热津斯基:《大棋局——美国的首要地位及其地缘战略》,中国国际问题研究所译,上海人民出版1998年版,第55页。

"非极"力量在国际舞台上大显身手,两伊战争可以算作典型事例。两伊开战,是两国的自主行为,是"一次没有超级大国直接插手下的第三世界国家之间的大规模冲突",① 虽然美、苏两国都试图利用这次战争来谋取自己的利益,但它与由超级大国操纵的"代理人战争"是不同的。"非极"力量得以展示的另一事例是发生在 20 世纪 70—80 年代的三次"石油冲击"(Oil Shocks)。石油输出国组织及其成员都不属于"五大力量中心",但是它们以石油为武器,给依赖石油进口的工业国,特别是西欧、日本这些"力量中心"造成沉重打击。② 中国能够取得重返联合国的成功,在很大程度上也是得益于"非极"力量。在第 26 届联合国大会上,支持中国、投票赞成 2758 号决议的 76 个国家中,有 62 个是亚、非、拉国家,即"五大力量中心"之外的国家。

冷战后,"非极"力量发展得更快。如果暂且将被战略家们看好的美欧中俄日作为"极",按照约瑟夫·奈的三维空间棋盘作为分析框架,可以看出,"极"的力量是相当有限的。

军事上,在"极"之外,仍然有印度、巴基斯坦、以色列、朝鲜等国家掌握着核武器,伊朗等许多国家都拥有开发核武器的能力;"极"外国家的军费开支仍占世界的 1/4。随着全球化的推进和科学技术的传播,"极"外国家所掌握的军事资源会越来越多,军事实力相应趋于增大。特别是随着大规模杀伤性武器的扩散,中小国家会掌握越来越多的威慑、反制大国军事威胁的手段,从而使大国所具有的军事力量优势难以发挥出来。伴随着全球化,新的科技成果迅速向世界各地传播,那些没有能力独自研发新技术的国家,可以通过各种方式获取新科技成果。

---

① 刘志功、何春超主编:《战后国际关系手册》,广西人民出版社 1987 年版,第 629 页。
② Graham Evans and Jeffrey Newnham, *The Penguin Dictionary of International Relations*, Penguin Books, London, 1998, p.397. 另见查道炯:《中国石油安全的国际政治经济学分析》,当代世界出版社 2005 年版,第 43—45 页。

第六章 "民主联盟"战略对国际政治可能产生的影响评估

与此同时，那些与武器有关的先进技术也相对容易地为中小国家掌握，尤其是大规模杀伤性武器。

经济上，在"极"之外，既有加拿大、澳大利亚、韩国、以色列等经济发达国家和新兴工业国家，又有像印度、巴西、墨西哥、南非、越南、印度尼西亚、阿根廷、土耳其这样的发展中大国和中等国家，更有中东、中亚等地区的拥有丰富能源的国家。东南亚、拉美都是经济发展较快的地区，其在世界经济总量中所占有的份额趋于上升。特别值得注意的是，"非极"力量拥有世界大部分人力资源、能源和原材料，随着国际关系民主化的推进，它们会越来越善于运用自己的资源和"权力"，从而增大它们对世界经济的影响力。有一个重要的事实非常值得注意：尽管发展中国家的发展水平很不平衡，而且有些国家长期停滞不前，但是在过去的半个多世纪中，"作为整体，发展中国家的经济发展速度高于发达国家"。① 除了中国，发展中国家都属于"极"外力量。

政治上，诚如约瑟夫·奈所说的，除了"非极"的国家行为体之外，还有非国家行为体，包括国际组织（特别是没有"极"参加的国际组织，如非洲联盟、石油输出国组织、东南亚国家联盟）、跨国公司、非政府组织、各种恐怖组织和犯罪组织以及特殊的个人。金融大亨索罗斯在东南亚金融危机中的作用甚至超过许多国家行为体。基地组织对美国搞的"9·11"恐怖袭击，对美国和世界所造成的影响，胜过那些"极"们。"在这个层面上，力量非常分散，根本无法用单极、多极或霸权加以描述"。②

冷战后，文化、文明因素对国际政治的影响趋于增大，亨廷顿的

---

① 刘青建：《当代国际关系新论——发展中国家与国际关系》，清华大学出版社2004年版，第11页。
② Joseph S. Nye Jr., *The Paradox of American Power: Why the World's Only Superpower Can't Go It Alone*, Oxford University Press, Oxford, 2002, p.39.

"文明冲突论"虽然有许多值得质疑的地方，但有一点是值得肯定的，即文明因素在国际政治中的作用在冷战后明显增大。按照他对文明的划分，只有基督教文明、儒教文明和日本文明与"极"有关，而其他几大文明，特别是与西方基督教文明具有明显冲突倾向的伊斯兰教文明，都属于"非极"力量。随着亚非拉地区发展，那些"非极"力量的文明、文化会越来越繁荣、发达。

除了力量对比外，力量之间的关系也能反映"非极化"。当今世界，主要的冲突并不是发生在所谓的"极"之间，而是"极"与"非极"之间。冷战结束以来的几次战争——海湾战争、科索沃战争、阿富汗战争、伊拉克战争——并不是发生在"极"之间，除了科索沃战争还能找到一点大国竞争的影子——以美国为首的北约挤压俄罗斯的战略空间——之外，其他几次战争很难发现大国竞争的背景，可以说都是"非极"力量与"一超"之间的较量。目前，让美国最为头痛，对"单极"构成直接挑战的并不是那些"极"，而是所谓"无赖国家"、"邪恶轴心"、"暴政前哨"和恐怖组织等"非极"力量。美国2006年发表的《四年防务评估报告》列出了美国国防战略所面对的四个优先领域和四个方面的挑战。四个优先领域是：打击恐怖主义网络；深度保卫国土安全；塑造处在战略十字路口国家的选择；防止敌对国家和非国家行为体获取或使用大规模杀伤性武器。四个方面的挑战是：非常规的挑战（如恐怖主义）；毁灭性的挑战（如核扩散）；扰乱性的挑战（比如某些国家掌握一些先进武器，从而使美国的传统军事优势丧失，进而扰乱其全球战略的实施）以及传统的挑战。其中传统的挑战趋于减弱，其他三种挑战趋于增强。上述的四个优先领域就是应对这三种挑战的。[①] 可见，美国所面对的安全

---

① Department of Defense of USA, *Quadrennial Defense Review Report*, February 6, 2006, p. v. http://www.comw.org/qdr/qdr2006.pdf.

第六章 "民主联盟"战略对国际政治可能产生的影响评估

挑战主要来自于"非极"力量,优先领域主要也是指向"非极"力量。

如果用矛盾来描述当今国际政治的话,那么当今世界的主要矛盾并不是在大国之间,而是在美国与恐怖主义及极端伊斯兰势力之间,而后者绝对算不上"极"。这些挑战美国的"小角色"们实际上都是独立自主的,正如美国著名学者托马斯·巴尼特所说:它们"在今天并不接纳任何人的建议,更何况命令了。中国并未控制巴基斯坦和朝鲜,俄罗斯操纵其前附属国的能力实际上已不存在。"① 虽然在美国的全球战略中,防范崛起大国的挑战也是重要目标之一,但是当务之急并不是对付那些有可能成为"极"的国家的崛起,而是打击恐怖主义。美国宣称它正处在一场"长期化的战争中",而这场战争并不是同其他"极"的战争,而是同"非极"力量的战争。为了打赢这场战争,美国还要联合这些"极"。与之相应,其他"极"们,也并未将其与"一超"之间或相互之间的竞争作为本国对外战略的最主要目标。特别值得注意的是,"多强"经常与"一超"站到一起,共同对付"非极"力量。近年来,联合国五个常任理事国及日本、德国(基本上就是"五极"力量)在朝核、伊核问题上表现出了前所未有的协调一致。当然,不可否认,伊朗、朝鲜在发展核力量时一直在利用大国之间的矛盾,而且两个问题至今没有得到很好的解决,重要原因之一就是大国没能精诚合作,而是各有自己的盘算。但是在国际舞台上,大国之间有矛盾、冲突、不一致是常态,而协调一致则是非常态。充满着利益矛盾、存在着地缘战略竞争的大国们能够协调一致,恰恰说明了它们力量的有限性,需要团结起来应对那些来自于"非极"力量的挑战。

不过,多极化与非极化虽然是大趋势,但是美国正力图通过推进霸

---

① Thomas P. M. Barnett, *The Pentagon's New Map: War and Peace in the Twenty - first Century*, G. P. Putnam's Sons, New York, 2004, p.156.

权战略来延缓多极化和非极化进程。霸权战略的一个重要内容就是推进民主，而建立"民主联盟"则是推进民主的重要途径和方式。如果"民主联盟"战略得以实施，美国不仅可以使其同传统盟友的关系得以巩固、加强，而且还可以将一大批有影响力的发展中国家凝聚到自己的麾下，比如印度、印度尼西亚、巴西、南非。更为重要的是，通过建立"民主联盟"，可以使那些成熟的民主国家形成一股统一的力量，进而影响、主导国际事务。如此一来，美国作为最强大的民主国家和"民主世界的领袖"，其在国际舞台上的地位可以进一步巩固，甚至还会大大提高。

建立"民主联盟"将大大增强美国的软实力。从发展趋势看，美国的硬实力趋于相对下降，这是难以逆转的，因为随着多极化和非极化的推进，美国经济在世界经济中所占的比重会越来越小，进而制约其科技实力和军事实力的发展。但是，"民主联盟"的建立，会大大提升美国这个"民主样板"的软实力，从而一定程度上减缓美国综合实力衰落的进程。实际上，美国战略界一直将民主看成是美国软实力的重要内容。

建立"民主联盟"会进一步影响多极化进程。当今世界有六大力量中心：美国、中国、俄罗斯、欧盟、日本、印度，可以称为"一超五强"。其中，美国、欧盟、日本和印度都极有可以成为"民主联盟"的成员。如此一来，即便五强的综合实力都在上升，但美国可以凭借"民主联盟"来影响欧盟、日本和印度的对外政策，从而实际上形成了"美欧日印"对"中俄"的"两极"格局。在这个"两极"格局中，"民主联盟"成员处于绝对优势，而非"民主联盟"成员则处于绝对弱势。如此，即便美国不再是"一超"，多极格局也只是形式上的，真正意义上的多极世界仍难见到。奥巴马政府上台后推出的"多伙伴世界"政策，从某种意义上说就是试图用各种伙伴关系，特别是美国同"民主国家"的伙伴关系，来影响多极化进程，使多极化进程偏离既有的轨道，从而使美国霸权以或明或暗的方式继续存在下去。

第七章

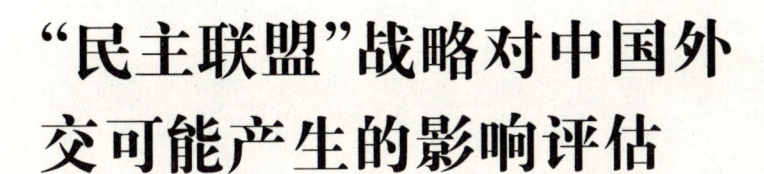

"民主联盟"战略对中国外交可能产生的影响评估

第七章 "民主联盟"战略对中国外交可能产生的影响评估

如果"民主联盟"成为现实，在对国际秩序和安全环境带来冲击的同时，也会对中国外交产生重大负面影响。"民主联盟"战略对中国外交带来的挑战主要表现在对联合国地位、中国与西方的关系以及中国同周边国家的关系上。

一、"民主联盟"战略对联合国及中国国际地位的影响

联合国是当今世界最重要的国际组织，是国际秩序的重要载体。如果"民主联盟"战略得以实施，势必降低联合国的地位，弱化其作用，与之相应，中国的国际地位也会受到影响。

中国非常重视联合国，重视同联合国的关系，将之视为外交战略的重要一环。

中国与联合国有着不解之缘。中国作为二战期间反法西斯同盟的重要成员，也是联合国的创始国和拥有否决权的常任理事国。中国共产党作为一支重要的反法西斯力量，也参与了联合国的创建工作。中华人民共和国成立后，中国政府为恢复在联合国的合法席位进行了长达22年的不懈努力。

作为长期遭受霸权主义和强权政治之苦的中国，非常重视联合国，支持联合国的工作。中国外交的基本理念与联合国的宗旨和原则是完全一致的。中国所倡导并身体力行的和平共处五项原则，其基本内容在联合国宪章里都有所体现。当然，当联合国在美国操纵下干涉中国内政的

时候，中国也一度出现排斥联合国的态度。比如，当时广为流传的一句电影台词就是："联合国算得了什么，它认得我，我还不认得它呢！"①可以说，这时的联合国并没有很好地实践自己的宪章，中国对联合国持排斥态度也是情有可原的。不过，总的来讲，中国还是对联合国持肯定态度的，正因为这样，中国才为恢复联合国合法席位进行了艰苦的斗争。

中国恢复在联合国合法席位后，积极参与联合国事务。从1972年开始，中国陆续参加了联合国下属的开发署、环境规划署、工业发展组织、贸发组织、粮农组织、教科文组织等重要机构。从1980年起，中国开始参加联合国系统的裁军谈判会议，比如，1983年起派出专职裁军事务大使常驻日内瓦，1986年以后参与了对禁止核试验、防止核战争、制止太空军备竞赛、禁止化学武器等重要议题的审议工作。②冷战结束后，联合国的地位与作用更加突出，联合国在解决柬埔寨问题、海湾危机以及维护和平行动、反对恐怖主义、裁军等政治、安全领域的事务中发挥了重要的、不可替代的作用。与此相应，中国更为重视联合国的作用。中共十四大报告明确提出："中国作为联合国成员国和安理会常任理事国，重视联合国的作用，积极参与联合国事务。我们支持联合国及其安理会在维护世界和平，推进裁军进程，促进全球发展，以及解决国际争端方面发挥积极的作用。"③20世纪90年代以来，中国更积极地支持、配合联合国的工作，推进联合国各项目标的实现，比如，中国直接赞同并签署了一系列获得国际社会好评的裁军与军控的文件，在诸如柬埔寨问题、海湾问题（1990）、维和行动问题、伊拉克重建问题（2004年）等政治、安全领域事务以及经济社会发展领域事务中，中国都配合

---

① 王逸舟：《全球政治与中国外交——探寻新的视角与解释》，世界知识出版社2003年版，第245页。
② 同上。
③ 《中国共产党第十四次全国代表大会文件汇编》，人民出版社1992年版，第43页。

第七章 "民主联盟"战略对中国外交可能产生的影响评估

联合国,发挥了建设性的作用。90年代末以来,美国大行霸权主义和单边主义,多次不经联合国授权就对联合国成员国动武(如科索沃战争和伊拉克战争),挑战联合国的权威,损害联合国的形象。每当这种时候,中国都是坚定地站在联合国一边,旗帜鲜明地捍卫联合国的权威。

中国之所以重视维护联合国的权威,是因为联合国在中国外交战略大棋盘中占有重要位置。根据中国共产党第十六次全国代表大会的政治报告,中国外交战略的基本框架有三个层次:第一层次是对外政策的宗旨;第二层次是中国对国际事务的基本主张,或称处理国际事务的具体目标;第三层次是外交布局或外交工作的努力方向。中国对外政策的宗旨就是"维护世界和平,促进共同发展"。中国的基本主张有四项:"顺应历史潮流,维护全人类的共同利益";"建立公正合理的国际政治经济新秩序";"维护世界多样性,提倡国际关系民主化和发展模式多样化";"反对一切形式的恐怖主义"。外交布局有六点:"继续改善和发展同发达国家的关系";"把同周边国家的交流与合作推向新水平";"继续增强同第三世界的团结和合作";"继续积极参与多边外交活动,在联合国和其他国际及区域性组织中发挥作用";"同各国各地区政党和政治组织发展交流与合作";"继续广泛开展民间外交"。[①] 在这个战略框架中,中国外交政策的宗旨与联合国的宗旨完全相符;四项主张也都符合联合国的宗旨和原则,特别是建立公正合理的国际新秩序,是以提升、加强联合国的地位和作用为基础的;在外交布局中,第四点本身就是强调在联合国等国际组织中发挥作用,前三点涉及中国同三类国家的关系,联合国为中国改善同这些国家的关系,特别是同第三世界国家的关系,提供了一个重要平台。可见,中国同联合国的关系,是中国外交战略的一个

---

① 《中国共产党第十六次全国代表大会文件汇编》,人民出版社2002年版,第46—48页。

重要环节;联合国的前途,直接影响到中国外交战略的实现。从这个意义上讲,联合国改革将影响到中国的重大战略利益。

需要指出的是,中国要加强联合国的地位和作用,并不仅仅是符合中国的国家利益,也符合世界多数国家的利益和愿望,特别是符合世界潮流。联合国是当今世界最大的国际组织,是集体安全机制的核心,是公正、合理国际新秩序的主要载体。加强联合国的地位和作用,有利于国际秩序朝着更加公正合理的方向发展,有利于维护世界和平,促进共同发展。同时,中国是联合国安理会五大常任理事国之一,联合国地位和作用的加强,也有利于提升中国在国际社会中的地位,扩大中国的影响。更为重要的是,中国作为最大的发展中国家和正在和平崛起的大国,需要一个和平稳定的外部环境,也需要一个更为公正、合理的国际政治秩序和国际经济秩序,而这两样都需要加强联合国的地位和作用。

总的来说,联合国是中国发挥国际影响力的最主要舞台,如果联合国的地位被降低,那么作为安理会常任理事国之一的中国,在国际事务中利用联合国这个舞台发挥作用的机会就会大大减少。按照《普林斯顿报告》的设想,如果联合国被"民主联盟"架空,那么中国作为安理会"五常"之一的影响力肯定就会相对下降;如果联合国按照美国的意愿进行改革,取消安理会常任理事国的实质否决权,也会产生同样的结局,即中国作为安理会"五常"之一的影响力会相对下降。无论哪一种情况,中国的利益都会受到伤害。更为重要的是,按照《普林斯顿报告》为"民主联盟"所设定的成员标准,中国肯定是不够格的。如果"民主联盟"真的将世界分成了两部分,那么中国肯定不属于"民主联盟"成员那一部分。如果"民主联盟"成了与联合国并立的一个维护国际安全的机制,那么中国不在其中,因此也就没有参与制定规则的权力和机会。总的来看,"民主联盟"的建立既不利于国际秩序朝着中国所希望的方向——在提高联合国地位的基础上更加公正合理——发展,也

第七章 "民主联盟"战略对中国外交可能产生的影响评估

不利于中国国际地位的提高。

二、"民主联盟"战略对中国与西方关系的影响

如果"民主联盟"战略得以实施,势必会对中国同西方国家以及"西方化的发展中国家"或"准西方国家"的关系造成负面影响。[①]而这两部分国家合起来已占联合国成员国的大多数。其中,中国同西方国家关系更受瞩目。

由于冷战和意识形态对抗的原因,新中国成立后,一度同西方处于对抗状态。1949年10月1日,共产党领导的中华人民共和国成立。一夜之间,以美国为首的西方世界对中国的态度来了个180度的大转弯,中国由西方的盟友变成了敌人。多数西方国家拒绝承认新中国。在新中国成立最初的半年中,西方大国中只有英国宣布承认了新中国,但是却未建立外交关系。另外两个北约成员荷兰和挪威也是如此,只承认不建交。西方国家中只有丹麦、瑞士、瑞典和芬兰在新中国成立不久同中国建交,其中后三个是中立国。西方国家对新中国的态度同以苏联为代表的社会主义阵营形成鲜明对比。这促使新中国在外交上向社会主义阵营"一边倒"。朝鲜战争期间,中国同所谓"联合国军"在朝鲜半岛交战三年之久。参加"联合国军"的16个国家(美国、英国、法国、加拿大、澳大利亚、新西兰、希腊、荷兰、比利时、卢森堡、土耳其、菲律宾、泰国、哥伦比亚、阿比尼西亚、南非)中,10个是西方发达国家。战争

---

① 有一些发展中国家,如印度、韩国、菲律宾等,虽然仍属于发展中国家,但是采用了西方模式的民主制度,认同西方的价值观;在推进民主上,西方对它们高看一眼,将它们看成是盟友;这些国家对推进民主虽然不像西方国家那样积极,但也乐见西方拉拢它们,愿意同西方站到一起。笔者将它们称为"西方化的发展中国家"或"准西方国家"。

促使中西关系进一步恶化。到了 60 年代,虽然法国同中国建交,但并未改变中国同西方总体上处于对抗状态的格局。

直到 60 年代末 70 年代初,美国出于战略需要才积极缓和对华关系。中美关系解冻促使一大批西方国家同中国建交。不过这时,中西关系还只是限于战略上的合作,即共同对付苏联的威胁。中国实行"一条线"战略,就是要联合美欧日这些西方大国和国家集团,抗衡苏联。这种关系的基础还是比较单一、脆弱的。

1979 年中国开启的改革开放为发展中西关系注入了强大而持久的动力。中国要搞现代化,要搞市场经济,就需要向发达的市场经济国家学习,向它们开放,为此就要同它们保持良好的关系。改革开放的总设计师邓小平在 70 年代主政时一再强调:"现在是我们向世界先进国家学习的时候了。关起门来,固步自封,夜郎自大,是发达不起来的。"① 那么谁是先进国家呢?如果说在新中国成立时,中国领导人心目中的先进国家是苏联,那么到了 70 年代,邓小平的看法已经变了,他心目中的先进国家(在经济、科技上)不是苏联,而是西方。"所谓现代化水平,就是接近或比较接近现在发达国家的水平",也就是"通常所说的西方的水平"。他还坦言:"过去,我们很多方面学苏联,是吃了亏的"。② 1978 年底,两件大事几乎同时发生,一个是中共十一届三中全会召开,一个是中美建交谈判成功。两件事都是邓小平亲自抓的。中美建交不到一个月,邓小平访美。他在访美时表达了良好的愿望:"我们相信中美关系正常化能为美国用先进的东西帮助我们实现四个现代化创造更有利的条件。"③ 在邓小平出访美国期间,陪同访问的一位资深国际问题专家

---

① 中共中央文献研究室编:《邓小平思想年谱 1975—1997》,中央文献出版社 1998 年版,第 85 页。
② 同上,第 10、44 页。
③ 同上,第 109 页。

曾问邓小平，中国为何要开放？又为什么主要向美欧开放？邓小平回答说，跟着美国的那些国家都富强了。① 如果联系不久前中日签署和平友好条约和邓小平访日，更能体会出邓小平对发展同西方国家关系的重视。

改革开放，搞市场经济，是1979年以来中国发展同西方国家关系的强大动力。与此同时，中国的改革开放也是维系中国与西方国家关系的强有力的纽带。

西方国家出于种种原因，对社会主义、共产主义一直持敌视态度。从十月革命后对苏俄武装干涉，到二战前搞"祸水东引"；从对苏冷战，到对新中国的封锁、遏制；都体现出西方从内心里对社会主义国家的敌视态度，试图扼杀、消灭之。但是，西方国家又是现实的，它们的利益是多元的。在扼杀不了之时，西方会考虑同社会主义国家打交道，或者获取经济利益，或者结成暂时联盟共同对付更主要的敌人。西方还寄希望于在同社会主义国家的交往、接触、合作的过程中，影响、塑造、"和平演变"它们。基于多重动机，西方对中国的开放和以开放为导向的改革是持欢迎态度的。它们认为，经过开放和改革，中国正在向它们所希望的方向"演变"。用美国著名战略家布热津斯基的话说是正在变成"商业共产主义"国家。而这样的国家已经不同于苏联，不再是西方的敌人。

苏东剧变后，不仅西方"联华制苏"的战略动机不复存在，而且由于中国陡然成了惟一的社会主义大国，西方实施的反共主义意识形态外交的主要矛头也由苏联转向了中国。受其影响，西方发展对华关系的动力锐减，对华政策中遏制的成份锐增。然而，中国同西方的关系没有退回到50—60年代那种状况，新的冷战并未爆发。中国同西方各国的关

---

① 袁明：《中国现代化进程中的美国因素》，载《外交评论》2005年第3期。

系不仅保持着正常状态,而且还建立起了各种伙伴关系或合作关系。从中国方面讲,对外开放所形成的发展同西方国家关系的动力依旧;从西方国家方面说,中国的对外开放也依然是它们发展对华关系的动力。西方从自己的利益出发,欢迎一个更加开放的中国,而不是闭关锁国的中国。一个更加开放的中国,有利于西方在同中国交往中获取经济利益,更有利于它们影响、塑造中国。

不管西方各国在支持中国对外开放时出于什么动机,客观上,中国的对外开放构成了西方发展对华关系的强大动力。也许是出乎西方的预料,对外开放使得西方与中国在经济上形成了严重的相互依赖和巨大的共同利益。就拿中美贸易来说,1979 年,中美贸易额仅为 24.51 亿美元,到了 2007 年,跃升到 3020.83 亿美元。2006 年,中国取代墨西哥成为美国第二大贸易伙伴;而美国则是中国的最大贸易伙伴。尽管中美贸易存在着不平衡,美国一直抱怨中国顺差过大,甚至有些对华强硬派还炒做"中国廉价商品夺走了美国工人的就业岗位"等议题,鼓吹"中国经济威胁论",但是,美国的有识之士还是清醒的。美国四位著名战略专家在《中国:一个两面性的国家》一书中指出:"美国从与中国的日益增长的经济互动中每年实质上获益 700 亿美元,平均每户 625 美元。"[①] 可以说,中美在经济关系上是一损俱损,一荣俱荣。冷战后中美关系即使在最困难的时候,也没有爆发像美苏之间那样的"新冷战"。密切的经济关系起着维系纽带的作用,不能说不是一个重要原因。正如美国亚洲协会前主席尼古拉斯·普励德(Nicholas Platt)所说,"经济关系是中美关系的压载舱"。乔治·W·布什就任总统之初奉行强硬的对华政策,曾声称中国是美国的"战略竞争对手",但是他仍然称中美是

---

① C. Fred Bergsten, Bates Gill, Nicholas R. Lardy, Derek Mitchell, "China: The Balance Sheet——What the World Needs to Know Now about the Emerging Superpower", *Public Affairs*, New York, 2006, p.116.

"经济上的伙伴",表示需要同中国发展关系。面对中国经济快速发展,美国战略界热议"中国崛起",探寻应对"中国崛起"之道。时任常务副国务卿的佐利克提出"负责任的利益攸关方"之说,代表了美国战略界主流的共识。"利益攸关方"的一个重要内涵,就是中美两国在很多利益上已经深度捆绑,其中最为重要的就是经济利益。中美战略经济对话的启动和推进就表明两国都认可:中美经济关系具有重要的战略意义。而奥巴马政府将战略经济对话改为"战略与经济对话",突显出在应对全球经济危机的背景下,中美两国共同的经济利益和战略利益已经交织在一起。

中国同日本及欧盟国家的关系也有类似的情况。密切的经济关系也是中日关系和中欧关系的压载舱和强有力的维系纽带。冷战结束后,中日政治关系趋于冷淡,到小泉首相执政期间,几乎冷到了极不正常的状态,两国最高层中断互访达5年之久。然而,中日两国的经济关系却仍然热和,一直互为最重要的贸易伙伴之一。如果没有密切的经济关系,很难想象中日政治关系会如此迅速地"破冰"、"融冰"、"迎春"、"暖春"。欧盟许多国家在中国1989年政治风波后曾同美国一道制裁中国,但是不久,它们就寻求同中国改善关系,一个重要动力就是它们不愿意将中国这个新兴大市场拱手让给其竞争对手——美国和日本。冷战后,欧盟国家与中国在人权问题上时有摩擦,导致双边关系震荡。最近的事例就有德国总理默克尔和法国总统萨科齐会见达赖事件以及奥运圣火传递在巴黎受阻事件。然而,这些领导人很快就做出姿态,愿意改善对华关系。世人皆知的一个原因就是,他们受到了来自工商界的强大压力。而且,毕竟经济利益对这些国家来说是更重要和实惠的,当人权利益与经济利益撞车之时,任何头脑清醒的政治家都会选择后者,而不是前者。

不过,意识形态始终制约着中西关系。就目前状况来看,中国同主要西方国家虽然建立起了各种伙伴关系，在经济、非传统安全、地区安全方面进行着卓有成效的合作，但是意识形态和政治制度差异一直是影响西方国家对华政策的重要因素。在它们的心目中，中国是当今世界最大的"不民主"国家，是推进民主战略的重要对象。美国国家情报委员会在2009年发表的一份报告中称，中国共产党所实行的一系列改革"好像并没有涉及放开体制，实行选举自由和新闻自由"，"还看不到能促使中国在2025年实现真正民主的社会压力"。① 尽管目前美国推进民主战略的重心是中东，对此欧盟国家也给予配合，但是从长远来看，中国民主政治建设的进程与西方的期望值之间肯定会有很大的差距，中国所采取的民主政治模式也很难得到西方的认同，因此，中国极有可能成为西方推进民主战略的最主要目标。而且就近年的动向看，日本安倍晋三政府曾大力倡导"价值观外交"，鼓动在东亚地区建立日美澳印民主联盟，而美国并未反对，实际上是乐见其成。对美国来说，它只是出于自己的全球战略考虑，不愿意因推进民主而损害美中关系，因此不愿意将推进民主的矛头直接对准中国，也不愿意挑头组建针对中国的东亚民主联盟，但是它乐见别的国家比如日本来挑这个头。如果"民主联盟"得以建立，必定会强化"民主联盟"成员国与中国之间的制度差异以及在推进民主上的不同立场，这不利于双方在各领域的合作。作为一个国际组织，一旦建立起来，它就要为自己的存在和发展而设定议题，并为之造势、运作。为此，它有可能不断寻找推进民主的目标和对象国，而中国则很难避免不在视野之内。而作为一个组织的集体行动，其威力必定要大于某一两个国家的个体行动，而且会更有持久性。如果说日本安倍晋三政府建立东亚民主联盟的努力因安倍下台而流产，表明个别政府

---

① 美国国家情报委员会编：《全球趋势2025：转型的世界》，中国现代国际关系研究院美国研究所译，时事出版社2009年版，第47页。

第七章 "民主联盟"战略对中国外交可能产生的影响评估

的推进民主政策可能缺乏持久性的话,那么类似的政策一旦作为一个国际组织的集体行动则会具有相对持久性,不会受个别国家政局变化的制约。

中国同"准民主国家"的关系也受到意识形态和民主因素的制约,尽管不如中西关系那么严重。这些"准民主国家"在同中国发展关系时,更多地关注经济、文化合作,而回避政治问题。笔者于2010年夏赴苏里南和特多(特立尼达和多巴哥)参加学术活动,中国驻特多的外交官介绍说:"像特多这样的国家,只愿意同中国进行经济合作,而回避政治议题。实际上,他们在政治上同美欧有相同的价值观,实行相近的社会制度,因此在国际事务中,更认同美欧的理念。"不仅如此,这些"准民主国家"基本都是"民主共同体"的成员国,它们同美欧日都是共同体内的"同志"。按照斯劳特女士的说法,"民主联盟"如果建立起来,成员国虽然会比"民主共同体"要少许多,但是也会包含一些"准民主国家"。这些国家同美欧日又会成为"民主联盟"中的"同志"或"盟友"。

总之,"民主联盟"战略如果得以实施,极有可能强化民主因素对中国与西方国家以及"准西方国家"关系的负面作用,恶化双方在各个领域进行合作的政治环境。

三、"民主联盟"战略对中国周边环境的影响

中国与14个国家接壤,还与许多国家隔海相望,如果算上大洋洲,则与近10个国家隔海相望。中国将发展同周边国家关系作为外交工作的一项重要任务。但是,在中国周边国家中,有相当多的是西方和"准西方"国家。其中,日本、澳大利亚、新西兰是美国眼中"成熟的西方

民主国家",韩国、印度、印度尼西亚、泰国、菲律宾、蒙古、东蒂汶也是合格的"民主国家",柬埔寨、马来西亚、尼泊尔、不丹、阿富汗、巴基斯坦是"转型中的民主国家",新加坡是"半民主"国家。在东亚峰会的 16 个成员中,有一多半属于美国心中的"民主阵营"成员,其中包括日本、澳大利亚、新西兰、印尼、韩国、印度这些比较有实力的国家。美国战略界在提出构建全球范围"民主联盟"的同时,也提出了加强亚洲民主国家联合的构想,试图建立亚洲"民主国家联盟"。其中较有影响的是"新美国安全研究中心"提出的加强亚洲民主伙伴关系的战略思想。这个战略思想同"民主联盟"战略构想一脉相承,如果得以贯彻,将对中国的外部环境和中美关系带来深远的影响。

美国智库"新美国安全研究中心"于 2009 年 9 月发表了题为《中国的登场:一种全球关系的战略框架》,① 试图为奥巴马政府提供一个应对中国崛起的新战略思路。报告包括导论和正文八章,分别由不同的专家撰写。各部分的一些具体观点、分析有一定的差异,但总体上是一致的。导论题为《美中关系的战略环境》,主要是论述了中国崛起这个现实对美国全球战略造成的影响。报告称:"中国的崛起是现代历史最重要的地缘政治事件之一,可与一个世纪前美国登上历史舞台相提并论。"而且,中国崛起的速度是惊人的。30 年的经济快速增长,给中国带来了现代史上从未有过的政治影响力和军事影响力。不过,中国仍面临着许多严重的结构性问题,它们有可能使中国崛起半途而废。报告基本上继承了美国战略界已经形成的共识:中国崛起对美国既构成挑战,也带来机遇。

报告前四章分别探讨了影响美中关系的四个重要领域:能源安全与

---

① Abraham Denmark and Nirav Patel, ed., *China's Arrival: A Strategic Framework for a Global Relationship*, Center for a New American Security, 2009.

第七章 "民主联盟"战略对中国外交可能产生的影响评估

气候变化；中国的海洋战略；中国的核态势；防扩散与军控。在这四个领域，中美之间有明显的矛盾和冲突，但是也有合作的空间。美国应当努力寻求同中国合作，同时防范中国损害美国的利益。第五至七章为决策者提供了理论和战略思路。第五章探讨了美国如何利用亚太地区的国际组织来影响、束缚、塑造中国，将中国纳入到地区秩序中来，并使中国的竞争性行为最小化。第六章分析了民主价值观在亚洲的发展态势，提出美国在继续与中国进行全面接触的同时，谋求与地区民主伙伴进行战略和外交合作，将之作为塑造中国和亚洲秩序的一部分。第七章探讨了如何通过两国政府机构之间的合作来推动中美关系发展。第八章带有结论性质，提出了美国应对中国崛起的总体思路。报告认为，现行的美国对华战略是"接触和两面下注"，这容易让人误解，以为美国国务院是负责"接触"的，而国防部则主要负责"两面下注"。应当将"接触和两面下注"战略改进为"接触、融合、平衡"战略，并在全球、地区、双边和单边层面全面展开。

总的来看，《中国的登场》报告基本反映了从布什第二任期到奥巴马的对华政策，即在正视中国崛起的前提下，寻求同中国合作、接触，谋求通过合作、接触来融合、塑造中国，将中国融入美国所主导的国际体系，并塑造成美国的"合作伙伴"，但同时又加以防范，防止中国损害美国的利益。不过，与以往的一些战略报告相比，《中国的登场》也颇有新意，其中最为重要的就是提出"接触、融合、平衡"战略，"接触"、"融合"、"平衡"这三者既有交叉，又有区别。其中，"平衡"是一个新提法。实际上，报告用"平衡"取代了"防范"。原来的"防范"主要是局限在军事上，美国要通过加大在西太平洋地区的军力部署和加强美日军事同盟来防范中国崛起成为美国的敌人后威胁美国的安全。而"平衡"则不仅体现在军事上，而且还在政治上。美国在政治上"平衡"中国影响力的主要途径就是加强亚洲民主伙伴关系。

《中国的登场》研究报告的第六章题为《美国亚洲战略中的权力与准则：构建一种观念体系以促进中国和平崛起》，着重从意识形态和美国亚洲战略的角度论述应对中国崛起。报告特别强调，美国要谋求与亚洲地区民主伙伴进行战略和外交合作，将亚洲民主伙伴关系作为"平衡"中国的重要手段。

报告论述了民主在美国亚洲战略中的重要地位。报告称，"民主是美国在亚洲软实力的最大来源"。像印度尼西亚、蒙古、日本、印度这些存在巨大差异的国家能够被联合到一起，"其基础就是各国对代议制政府和法治的共同信仰"。而这种"自由主义信仰的普遍性"已经成为真正的"亚洲价值观"。这些亚洲的民主国家"不仅将民主制度带来的合法性看作国内的力量源泉，在地缘政治角度同样如此"。报告进而分析了这些亚洲民主国家在美国亚洲战略中可能扮演的角色：尽管"没有一个国家寻求建立一个积极的联盟以遏制中国"，但这些美国的"民主盟友"可以帮助美国构建"观念意义上的权力平衡"，这"对塑造中国的行为方式至关重要"；这些"民主国家"可以通过传播民主的价值观和普遍准则来为中国的行为方式划定一条重要的界限，一旦中国违反本地区的行为准则，这些国家就将结成更紧密的联盟以制衡中国；鉴于美国单方面将民主价值和准则强加给亚洲国家的任何努力都不太可能成功，因此，美国必须利用亚洲各国日益接受民主价值观这一现实，通过加强亚洲民主伙伴关系来贯彻平衡中国的战略。

报告进一步论证了加强亚洲民主伙伴关系的有利条件。

第一，亚洲民主国家普遍对中国崛起有疑虑。据民意调查，亚洲民主国家虽然认为中国将在10年后成为亚洲最强大的国家，但是却将中国列为10年后对和平与稳定的头号潜在威胁，同时将美国列为10年后和平与稳定的最大推动力。

第二，亚洲一些民主国家开始重视价值观外交。亚洲民主大国——

第七章 "民主联盟"战略对中国外交可能产生的影响评估

日本和印度近些年在外交上都打民主牌。日本重视价值观外交最早体现在 1996 年发表的《日美安全保障联合宣言》中,该宣言强调共同价值观是日美结为盟友的基础。2010 年 1 月 19 日,日美两国外长发表了庆祝日美安保条约签署 50 周年的共同声明,仍然强调"支持民主、个人自由和法治原则"。日本自小泉纯一郎任首相时起,就在外交上强调民主。小泉在 2001 年提出建立"泛亚洲经济共同体"设想,日本在其中要发挥重要作用,而日本发挥作用的重要基础就是民主。以后安倍晋三和麻生太郎在任时还呼吁建立亚洲"民主国家联盟"。印度在进入 21 世纪后非常重视利用民主牌来打造自身形象并拉近同西方国家的关系。印度精英阶层将"民主"看成是印度区别于中国的重要标志,也是印度的一个重要外交资源。印度总理辛格声称:"当今世界,自由民主制是政治组织的自然法则。所有其他制度都是误入歧途。"亚洲中等民主国家也有重视价值观外交的趋向。韩国于 2002 年承办了"民主共同体"会议。特别是代表保守势力的李明博政府上台,更加强调在外交中致力于"普遍准则"。2008 年 10 月,韩国承办了"亚太民主伙伴关系"高级官员第一次会议。另一个中等民主国家印度尼西亚也是这样。自 2004 年印尼成功举行了首次总统选举、实现了"民主转型"后,"民主成为雅加达新国家形象的中心主题"。印尼不仅在东盟内要承担确保"东盟国家走民主的道路并尊重人权"的责任,而且还积极参加美国发起的"亚太民主伙伴关系"的活动。印尼还发起成立了"巴厘岛民主论坛"。

巴厘岛民主论坛是由印度尼西亚总统苏西洛·尤多约诺发起的、成立于 2008 年 12 月 10 日的政府间论坛,旨在促进亚洲地区各国之间以及国际间在民主与政治发展领域的合作。它不是民主国家之间的一个排外性论坛,而是一个亚洲国家分享他们在发展民主过程中的经验的开放性、包容性的论坛。通过对话和实际合作促进民主思想的发展,通过巩固各国的民主机构消除亚洲政治发展过程中的隔阂。论坛每年召开一次，是一个由外交部长以及相关部长和杰出人物参加的高层论坛。与会者商讨大家共同关心的民主问题，为下一年在民主和政治发展领域的合作制定议程。在两届年会召开之间，会有定期的技术性活动，以研讨会、研习会、培训、调查研究、发表刊物的形式展开。为了组织这些技术性活动，并保障其顺利运转，印尼政府外交部与乌达亚纳大学共同组建了"和平民主研究所"（Institute for Peace and Democracy, IPD）。IPD成立后与外交部合作，在2009年7月6—9号印尼大选期间，开展了"选举访问者计划"（Election Visitor Program）活动，邀请27个国家的50个高级官员召开以"印尼总统大选：民主测评"为主题的研讨会，讨论印尼的改革和政治发展、大选规则以及地方政治的活力。第一届论坛于2008年12月10—11日在印尼巴厘岛举行，主题为"发展并巩固民主：亚洲战略议程"。由印尼总统苏西洛和澳大利亚总理陆克文共同主持，来自亚洲的32个国家代表以及亚洲以外的8个观察国代表参加了会议。第二届论坛于2009年12月10—11日在印尼巴厘岛举行，有35个亚洲国家代表出席，分别是：阿富汗、澳大利亚、阿塞拜疆、孟加拉共和国、文莱达鲁萨兰国、中国、印尼、印度、伊拉克、日本、约旦、哈萨克斯坦、韩国、科威特、吉尔吉斯斯坦、老挝、黎巴嫩、马来西亚、马尔代夫、蒙古、缅甸、尼泊尔、新西兰、巴基斯坦、巴布亚新几内亚、菲律宾、卡塔尔、沙特阿拉伯、新加坡、斯里兰卡、塔吉克斯坦、泰国、东帝汶、乌兹别克斯坦以及越南。同时还有亚洲以外的13个国家的代表作为观察员参加，分别是：奥地利、比利时、加拿大、德国、意大利、荷兰、挪威、葡萄牙、西班牙、瑞士、瑞典、英国以及美国。本届论坛主题为"推动亚洲民主与发展协同前进：区域合作前景"，由日本首相鸠山由纪夫作为联合主席与印尼总统苏西洛共同主持领导人会议，辩论环节则由印尼外交部长主持。

第三，亚洲民主国家已经开始进行合作。东南亚国家联盟2007年

第七章 "民主联盟"战略对中国外交可能产生的影响评估

签署了新的《东盟宪章》，里面"承诺要保护人权并促进政府管理民主化"。更值得注意的是亚洲民主国家同地区外民主国家的合作。日本、澳大利亚、美国和欧盟四方就保持中国台湾地区民主价值观的重要性达成共识。这不仅是干涉中国内政，而且对中国实现国家统一造成更大的困难和挑战。

在亚洲民主国家的合作中，最有影响的是"亚太民主伙伴关系"的成立。2007年9月7日，在悉尼召开的亚太经合组织峰会上，美国总统布什呼吁建立一个新的区域组织，实现"自由国家通过合作支持民主价值观，巩固民主组织，并帮助那些致力于在亚太地区建立并维持自由社会的国家"。不久之后，澳大利亚、加拿大、印度、印尼、日本、蒙古、新西兰、菲律宾、韩国、泰国、美国以及东帝汶联合起来组建了"亚太民主伙伴关系"（Asia Pacific Democracy Partnership，APDP），这是亚洲第一个区域性民主组织。韩国和加拿大撰写了该组织的第一本白皮书。APDP第一届高官会于2008年10月31日在韩国首都首尔举行，商讨APDP基本框架问题，包括具体运作、结构以及未来走向。共有12个国家的代表参加，分别是：澳大利亚、加拿大、印度、印尼、日本、蒙古、新西兰、菲律宾、韩国、泰国、东帝汶、美国。成员国不受法律义务的约束。APDP是一个行为导向的组织，基于共有的价值观和利益通过自愿行动和具体计划推进民主。第一届APDP选举观察团在2008年6月被派往蒙古，监督6月29日的议会选举。APDP于2008年7月在乌兰巴托召开规划会。日本主持并资助了该组织的首次选举监督活动——监督蒙古的选举。2009年9月，APDP选举观察团对密克罗尼西亚的选举进行监督，澳大利亚对促成此次行动发挥了重要作用。

报告还提出了利用亚洲民主伙伴关系来平衡中国的战略思路。一是建立亚太地区民主国家的各种小型多边组织，如美日澳、美日印、美日澳印、美日韩等。二是建立并完善亚洲民主国家的多边组织和机构，比如"亚太民主伙伴关系"、"亚太经合组织友好成员"。即使是对那些将美国排除在外但却有中国参加的组织，比如"巴厘岛民主论坛"，美国也应当持欢迎态度。三是在全球层面促进亚洲民主国家提升国际地位，"以使重要的亚洲民主国家成为负责任的国际管理者而非二流公民"。为此，美国要带头改革国际机构，特别是推动日本和印度成为联合国安理会常任理事国。报告还提出，由于二十国集团中有许多成员不是民主国家，所以它不应当被赋予除经济以外的重要职责。

特别值得注意的是，报告将美国推进民主战略作为加强亚洲民主伙伴关系的战略指南。为此，报告论证了奥巴马政府并未放弃推进民主战略。报告认为，美国民主党与共和党在制定美国外交政策过程中、在寻求实现民主主义价值观上一直在通力合作。对《普林斯顿报告》提出建立一个"民主联盟"的主张，两党都是赞成的。奥巴马政府驻北约大使伊沃·达尔德还呼吁按照"北约全球化"的模式建立全球民主国家联盟。

很明显，报告将美国在全球推进民主并实施"民主联盟"战略作为美国加强亚洲民主伙伴关系的重要背景和前提。实际上，实施"民主联盟"与加强亚洲民主伙伴关系这两者是相辅相成、相互促进的。推进民主和实施"民主联盟"战略为加强亚洲民主伙伴关系提供了全球战略的指南，而加强亚洲民主伙伴关系在某种程度上就是"民主联盟"战略的推进。加强亚洲民主伙伴关系一方面有助于亚洲民主国家的联合，进而推进亚洲"民主国家联盟"的形成，另一方面又为全球范围"民主联盟"的建立创造了条件。

中国虽然同周边国家保持着良好的关系，但是毕竟还同一些国家存在着领土、领海权益等方面的纠纷，其中有些就是所谓的"民主国家"。如果"民主联盟"或"亚洲民主国家联盟"得以建立，一些同中国有领土、领海等方面利益纠纷的"民主国家"有可能成为"民主联盟"的成

第七章 "民主联盟"战略对中国外交可能产生的影响评估

员。这些国家会凭借"民主联盟"的撑腰在利益纠纷问题上对中国采取更为强硬的立场,从而使问题更加难以解决,并增大诱发冲突的可能性。此外,中国周边还存在一些所谓"不民主"国家,"民主联盟"有可能对这些国家采取更为强硬政策,更为积极地支持该国的"民主运动",策动"颜色革命"。如此,这些国家就难免出现动荡,甚至冲突,中国稳定周边的战略就会面临严峻挑战;与此同时,中国也会更经常地遭受"民主联盟"施加的有关不要支持"专制政权"等问题的压力。

总之,"民主联盟"将对中国外交带来诸多负面影响,中国应当未雨绸缪,妥善应对。

第八章

中国应对"民主联盟"战略的方略初探

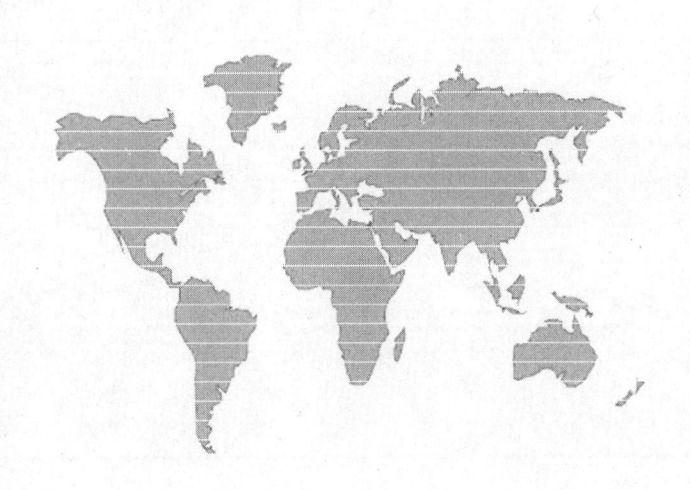

第八章　中国应对"民主联盟"战略的方略初探

应对美国"民主联盟"战略固然需要从中国外交战略以及大战略的各个方面着手,但还是需要在更有针对性的应对方略上下功夫。有效地应对"民主联盟"战略,除了要科学评估这个战略所带来的挑战外,最为重要的是推进中国的民主政治建设和加强同世界各国的民主合作。

一、科学评估"民主联盟"战略的挑战

中国要应对"民主联盟"战略的挑战,首先要科学评估该战略所带来的挑战,要认清它被实施的可能性如何?对中国外交会带来哪些可能的负面影响?因为该战略毕竟目前还只是战略界提出的构想,尚未被美国政府采纳而成为现实。

如第六章和第七章所述,如果"民主联盟"战略得以实施,肯定会对国际政治带来深刻的影响,进而对中国外交带来诸多负面影响。现在的问题是,"民主联盟"战略能否被实施?

如第五章所述,"民主联盟"战略提出至今已四年过去,不仅没有被美国政府采纳,而且美国战略界呼应这个战略构想的人并不多。可以说,"民主联盟"战略遭遇了挫折。但是,也必须清醒地看到,推进民主是冷战后美国全球战略的一根重要支柱,是不会被放弃的。在推进民主上,美国只会根据实际情况做出策略上的调整,而不会终止这个进程。建立"民主联盟"只是美国推进民主战略的一种具体形式。即使"民主联盟"建立不起来,美国仍然会一如既往地贯彻推进民主战略。而且,"民主联盟"仍然存在着被实施的可能性,只是要待时机成熟。

应对美国"民主联盟"战略，要避免两种错误倾向。一种是过高估计该战略的实践性，以为它马上就要成为现实。另一种是忽视该战略成为现实的可能性，以为它已胎死腹中，因而其危害、对中国外交所构成的挑战只是虚拟的。后一种倾向更值得注意。考察美国"民主联盟"战略，一定要同美国推进民主战略结合到一起。从贯彻推进民主战略的角度讲，建立"民主联盟"不失为一种有效的方式，因此建立"民主联盟"的动力始终是存在的，而且提出、支持该战略的人士大有人在，有些人还在美国政府内参与制定政策。此外，还需要看到，即使从外交策略的角度考虑不建立"民主联盟"，美国也有可能推动、支持建立其它形式的推进民主的国际组织，以发挥同"民主联盟"类似的作用。所以，对美国"民主联盟"战略，还是要未雨绸缪，尽早筹划应对方略。

二、坚定不移地稳步推进中国民主政治建设

应对美国"民主联盟"战略，最为根本的是要把中国自己的事情办好。俗话说，"脚正不怕鞋歪"，"人正不怕影斜"。"民主联盟"战略之所以会对中国外交带来诸多挑战，一个重要原因就是美国及西方至今仍然视中国为"不民主"国家，而且是快速发展、正在崛起的"不民主"力量。如果"民主联盟"建立起来，中国势必会被置于其对立面。而事实上，中国并非"不民主"力量。中国已经追求民主近100年，至今仍然高举民主的旗帜，而且在民主政治建设上取得了许多成就。对未来中国来说，继续推进民主政治建设，不仅是中国发展战略的需要，而且也是应对"民主联盟"战略的最有效途径。

在推进民主政治建设上，要从观念和实践两个方面入手，一方面坚持民主价值观，另一方面加强中国特色社会主义民主政治建设。

第八章　中国应对"民主联盟"战略的方略初探

1. 坚持民主价值观

在当今世界，民主首先是一种价值观，而且是被世界普遍接受的价值观。世界多数国家和包括联合国在内的多数国际组织，都将民主作为推崇的价值观和指导原则。即使是一些被西方认为是"不民主"的国家，也是推崇民主的。甚至可以说，当今世界没有哪一个国家公开反对民主。

中国从五四运动起就推崇民主，将民主作为一个追求的目标。中国共产党一诞生，就举起了民主的旗帜。1922年召开的第二次代表大会就将中国革命的奋斗目标确立为："统一中国本部（包括东三省）为真正民主共和国"和"蒙古西藏回疆三部实行自治，成为民主自治邦"。①以后，中国共产党一直高举民主的旗帜，同国民党的专制独裁做斗争。中国共产党先后提出了"工农民主"、"人民民主"、"新民主主义"等民主概念，丰富了马克思主义的民主政治理论。在实践中，中国共产党先后实行了罢工工人代表大会、农民协会、工农兵代表苏维埃、参议会、各界人民代表会议等民主政治实现形式。②在延安时期，中国共产党领导的边区称作民主政府，而且共产党边区的民主得到国内国际有识之士的公认。1945年6月，毛泽东在回答民主人士黄炎培提出的中国共产党能否跳出历代王朝"其兴也勃焉，其亡也忽焉"的周期率时称："我们已经找到了新路，我们能跳出这个周期率。这条路就是民主。"③抗日战争胜利前夕，在具有重大历史意义的中国共产党第七次全国代表大会上，毛泽东对国际形势的认识是："现在的世界潮流，民主是主流，反民主

---

① 中央档案馆编：《中共中央文件选集》（1），中共中央党校出版社1989年版，第115页。

② 中华人民共和国国务院新闻办公室：《中国的民主政治建设》（白皮书），新星出版社2005年版，第5页。

③ 黄炎培：《延安归来》，中苏友好协会1946年版，第43页。

的反动只是一股逆流"。①

中华人民共和国成立后,中国共产党将自己领导的国家定性为"人民民主专政"的国家。1949年9月中国人民政治协商会议第一届全体会议通过的《共同纲领》具有临时宪法的性质,它明确规定:"中华人民共和国为新民主主义即人民民主主义的国家","中华人民共和国人民依法有选举权和被选举权","有思想、言论、出版、集会、结社、通讯、人身、居住、迁徙、宗教信仰及示威游行的自由权","妇女在政治的、经济的、文化教育的、社会的生活各方面,均有与男子平等的权利"。② 1954年,新中国制定了第一部宪法。经毛泽东审定的《宪法草案初稿说明》指出:"国家的社会主义化从根本上保证国家的民主化。同时国家的社会主义化也要求国家的进一步民主化。宪法草案关于国家机构和人民权利的各项规定从法律上保障了国家民主化的发展。"③ 可见,中国共产党将民主与社会主义紧密联系在一起。正如中共十四大政治报告所指出的:"人民民主是社会主义的本质要求和内在属性。没有民主和法制就没有社会主义,就没有社会主义现代化"。④ 中国国务院总理温家宝在公开发表的文章中指出:"社会主义制度与民主政治不是相背离的,高度的民主、完备的法制,恰恰是社会主义制度的内在要求,是成熟社会主义制度的重要标志。我们完全可以在社会主义条件下,建成民主和法治国家。"⑤

经过近100年的发展,民主在中国已经成为被推崇的价值观,中国

---

① 毛泽东:《愚公移山》,引自《毛泽东选集》第3卷,人民出版社1991年版,第1103页。
② 中央档案馆编:《中共中央文件选集》(18),中共中央党校出版社1992年版,第585页。
③ 中共中央文献研究室编:《毛泽东传1949—1976》上册,中央文献出版社2003年版,第323页。
④ 《中国共产党第十四次全国代表大会文件汇编》,人民出版社1992年版,第33页。
⑤ 温家宝:《关于社会主义初级阶段的历史任务和我国对外政策的几个问题》,载《人民日报》2007年2月27日,第2版。

第八章　中国应对"民主联盟"战略的方略初探

人民普遍认可"民主是个好东西",也就是说,民主既不是可要可不要的一般东西,更不是坏东西。

然而,在民主价值观问题上,在思想理论界和学术界仍然存在着两种错误认识。

一种是认为中国只要有法治就够了,不需要民主,民主不适合中国国情。①这种观点有三个理论支点:第一,中国坚持中国共产党的领导,就是不接受西方的民主政治模式,就是不想搞民主。第二,中国的现实情况决定,中国不能全盘照搬西方模式,因此,中国不能搞民主。第三,中国历史上的一些盛世表明,没有民主一样可以繁荣昌盛,只要有法治就可以了,所以中国完全可以仿效历史上的盛世,建设一个有法治而没有民主的和谐社会。

这三个理论支点的第二个是正确的,中国确实不能照搬西方的民主模式。但是其他两个支点是错误的。

首先,它将西方模式看成是惟一的民主模式,只要不搞西方的模式就是不搞民主。实际上,西方的代议制民主只是民主的一类模式,而且在这类模式中也有许多不同的具体模式,比如美国民主就与欧洲、日本的有很大差异。除了现行于西方的这类模式外,还存在过其他种类的民主模式。英国学者赫尔德在《民主与全球秩序》一书中将民主分成三种基本变化形态或模式:"首先是直接民主制或参与民主制,即公民直接介入公共事务的决策制度。这是民主制的'原型',发源于古代雅典等地。第二种是自由主义民主制或代议民主制,这种统治制度是由经选举产生的'官员'在严格界定的地域内行使权力以'代表'公民的利益或主张坚持'法治'。第三种是以一党模式为基础的民主制的变化形态

---

① 关于这种观点以及对之的批评参见:Suisheng Zhao, ed., *Debating Political Reform in China: Rule of Law vs. Democratization*, M. E. Sharpe, New York, 2006.

（尽管有人会对其究竟算不算民主制表示质疑）。前不久，苏联、东欧社会和许多发展中国家仍恪守这种观念。"① 这里他将苏联模式的政治制度作为一种"民主的基本变化或模式"，尽管有人对之有质疑。许多西方学者将多党制作为民主的一个重要标准，实际上是犯了一个逻辑错误，既用具体取代一般。多党制只能是西方代议制民主的标准，而不是一般民主的标准。古希腊的民主是得到公认的，但是古希腊没有政党，至少没有现在意义上的政党，因此也就不存在什么多党制、两党制。可见，什么样的政党制度并不是民主的必要条件。可以有无党民主，同理也可以有一党民主。那种认为不照搬西式民主模式就是不搞民主的观点，实际上是将民主当成了西方的专利。

第二，认为中国共产党不想搞民主，这实际上是对中国共产党性质、纲领的无知或误读，也是对中国共产党的理论基础马克思列宁主义的无知和误读。从本质上说，马克思主义是主张民主的理论。马克思主义经典作家对资本主义民主首先是肯定的，肯定其进步性，承认它是比封建专制进步的东西。马克思称美国是"最先产生了伟大的民主共和国思想的地方"。马克思还高度赞扬了林肯所领导的反对南方奴隶制的战争，称"自从巨大的搏斗在美国一展开，欧洲的工人就本能地感觉到他们阶级的命运是同星条旗连在一起的。"② 马克思主义主要是批判了资本主义民主制度中的缺陷，并在批判资本主义民主的基础上提出了建立无产阶级民主制度的设想。马克思主义民主理论的核心内容就是使无产阶级争得民主。马克思恩格斯指出："工人革命的第一步就是使无产阶级上升为统治阶级，争得民主。"③ 不过马克思主义认为，无产阶级民主与

---

① [英]戴维·赫尔德：《民主与全球秩序：从现代国家到世界主义治理》，胡伟等译，上海世纪出版集团2003年版，第5页。
② 《马克思恩格斯全集》第16卷，人民出版社1964年版，第20页。
③ 《马克思恩格斯选集》第1卷，人民出版社1995年版，第293页。

资产阶级民主有本质的区别，前者是工人阶级和劳动人民当家作主，是绝大多数人的民主，而后者只是资产阶级少数人享有的民主。1871年法国巴黎公社革命是无产阶级民主的第一次尝试。公社的成员是由普选产生的工人或公认的工人代表，他们对选民负责并随时可以撤换。行政机关的官员以及司法机关的法官也由公社随时选举、任命或撤换，并领取相当于熟练工人的工资。① 列宁将他所创立的苏维埃制度与民主紧密联系起来："苏维埃民主即无产阶级民主已在俄国产生。与巴黎公社比起来，这是具有世界历史意义的第二步。"他认为："苏维埃民主即无产阶级民主在世界上第一次把民主给了群众，给了劳动者，给了工人和小农。世界上还从来没有过像苏维埃政权那样的属于大多数人的国家政权，实际上属于大多数人的政权。"②

由于苏联等国在民主实践中出现了许多问题，马克思主义与苏联模式的政治制度被西方普遍看成是与民主相对立的理论体系和制度。即便如此，还是有一些西方学者肯定马克思主义的进步性和苏联模式政治制度的民主性。美国历史学家斯塔夫里阿诺斯在《全球通史》一书中将以马克思主义为理论基础的"社会主义"同"自由主义"、"民族主义"并列，作为19世纪欧洲政治革命的"主要成分"；他还将美国的《独立宣言》、法国的《人权和公民权宣言》和马克思恩格斯的《共产党宣言》这三大文件并列，作为当代世界政治革命的思想基础。而这些政治革命的本质就是争取民主，即使民众觉醒起来，参与政治，而且还把参与政治看作是自己固有的权利。③

如前所述，中国共产党从一成立时起就高举民主的旗帜并积极推进

---

① 编写组：《国际共产主义运动史》第1卷，人民出版社1977年版，第267页。
② 《列宁选集》第3卷，人民出版社1995年版，第794页。
③ ［美］斯塔夫里阿诺斯：《全球通史——1500年以后的世界》，吴象婴等译，上海社会科学出版1992年版，第322—325页。

民主。中国共产党在同国民党的斗争中之所以能够以少胜多，一个重要原因就是它的理论、纲领、政策使广大人民群众感受到，它能够领导中国走向繁荣、富强、民主。1911年辛亥革命后，以孙中山为代表的革命者们试图模仿西方民主制度的模式，包括议会制、多党制等，但是很快就在中外各种反动势力的冲击下归于失败，中国人民要求独立、民主的愿望不但未实现，而且还陷于军阀混战的苦难中。中国共产党能在中国大地上诞生并成长壮大起来，自有其历史的逻辑。20世纪20—30年代，许多西方的思想都传入中国，出现了百家争鸣的局面，而马克思列宁主义最后能一枝独秀，这不是偶然的。

在民主革命时期，中国共产党除了在社会管理上进行了民主的实践外，在党内生活中也是比较民主的。一个重要表现就是党的中央领导机构都是由选举产生的。而选举是比较开放、公正的。一个事例是：李立三任中央主要领导时曾犯过左倾错误，使革命事业遭受严重损失；1931年他到苏联后，共产国际对他进行审查，最后决定将他开除出中国共产党（当时中国共产党是共产国际的一个支部）；此后，他一直在苏联过着普通人的生活；然而，出人预料的是，在1945年中国共产党第七次代表大会上，他竟被选为中央委员；于是他于1946年回国，负责领导工会的工作。①

中国共产党执掌政权后，也是以推进民主为己任。新中国成立不久，1953年在全国范围内进行了中国历史上第一次规模空前的普选，人民通过选举自己的代表行使当家作主的权利，自下而上地逐级召开人民代表大会。在这次普选中，有3.2亿多人进行了选民登记，占进行选举地区18周岁以上人口总数的97.18%。各地公开张贴选民榜，领到选民证的公民普遍感到兴奋和自豪。在全国基层选举中，参加投票的选民有

---

① 林利：《往事琐记》，中央文献出版社2006年版，第184—185页。

2.78亿多人，占登记选民总数的85.88%。① 有3亿多人享受到了民主选举的权力，这在中国历史上是破天荒的。

毛泽东在总结中国人民争取民主的历史时指出："中国人民从清朝末年起，五六十年来就是争这个民主。从中日甲午战争到辛亥革命这个期间是一个高潮。那个时候是向清朝政府要民主，以后是向北洋军阀政府要民主，再以后就是向蒋介石国民党政府要民主。"②中国共产党参与、领导了后两个阶段的争民主斗争。

当然，中国共产党在民主政治建设上走过弯路，特别是在"文革"期间搞"大民主"，结果是天下大乱，不仅破坏了社会政治稳定，影响了经济社会发展，而且民主也没有搞好，甚至还出现了个人崇拜现象。

改革开放以后，随着中国经济社会的发展，中国在民主政治建设上也取得了较大的成就。中国共产党将"把我国建设成为富强、民主、文明的社会主义现代化国家而奋斗"作为社会主义初级阶段基本路线的内容并写进了党章。中国共产党十六大政治报告还将"民主更加健全"作为建设更高水平小康社会的重要内容。1982年颁布的《中华人民共和国宪法》也写上了"把我国建设成高度文明、高度民主的社会主义国家"。这些都表明，民主是中国共产党和中国人民的一个奋斗目标，这是无可置疑的。

第三，主张用法治替代民主，实际上无视世界潮流。中国历史上确实出现过一些盛世，那时没有民主，君王治理国家靠的是法治。但是，当今世界，民主已经是一大潮流。中国在走向现代化、建设和谐社会、实现和平发展的过程中，如果只靠法治，而没有民主，尽管也有可能实

---

① 中共中央文献研究室编：《毛泽东传1949—1976》上册，中央文献出版社2003年版，第28页。

② 同上，第310页。

现繁荣、富强、发达，但是却是与国际主流社会格格不入的，在国际舞台上就会成为孤家寡人，在别人眼中就是异类，甚至是潜在的威胁。因为人家无法了解你的行为规则和方式，也无法判定你的战略走向。如此，中国在外交上就总是会面临"民主国家"所没有的挑战和压力。更为重要的是，没有民主，只有法治，很难实现长治久安。历史上的盛世毕竟只是个案，尽管不是单一的个案。纵观世界历史，不民主的乱世要比不民主的盛世多得多。世界历史走到今天，越来越多的国家都接受民主价值观，采纳民主政治制度，不是偶然的，尽管民主政治也有许多问题，甚至是乱象。在民主政治问题上一定要弄清楚，走自己的路，建设有中国特色的民主政治制度绝对不是不要民主。这是两个性质完全不同的问题。从中国与世界的关系角度来说，要不要民主，是本质问题，是能不能融入世界潮流问题；而采用什么样的民主模式，只是形式问题，是如何融入世界潮流问题。这就如同着装一样，比如在一个国际会议中，着什么装，是西装还是民族服装，那只是形式，即使别人都着西装而只有你一个人着民族服装，别人只是觉着新奇，毕竟还是能接受；但是，如果某个人不着装，裸身而出，则问题就严重了，你可能就被看成是异类，就会被拒绝入场，甚至被人指责。

在民主价值观问题上的另一种错误认识是，认为中国必须照搬西方的民主模式，将民主价值观看成是西方的专利。这种认识，首先是忽视了民主模式的多样性。尽管当前世界的民主国家所采用的都是西方模式，但那并不是惟一模式，而且也不适合中国国情。

关于中国国情，有两点是与民主政治建设密切相关的。一是中国共产党的领导地位，而这是历史形成的。

自1840年鸦片战争后，中国就一步步地走入殖民地、半殖民地的深渊，亡国灭种的危机一步步逼近中国。从那时起，无数志士仁人开始寻找救国图存之路并开始向西方学习。西方所用过的办法，无论是改良的还是革命的，都用过了，但是都失败了。洋务运动、戊戌变法、清末宪政改革、辛亥革命……都是想学习西方，然而，西方这个老师不仅不帮助学生，反而总是欺负学生，就像毛泽东所说的那样，"先生老是侵略学生"。① 严酷的现实迫使中国的有识之士将目光转向刚刚取得了革命胜利的俄国。领导了辛亥革命并建立西方式的民主共和国的孙中山先生到了晚年提出了"联俄、联共、扶助农工"三大政策。中国共产党也应运而生。非常值得深思的是，在20世纪初叶，中国一度出现过政党林立、诸子百家相互争雄的局面，西方各种思潮都涌入中国，仅社会主义流派就有诸如无政府主义、新村主义、合作主义、泛劳动主义、基尔特社会主义、社会民主主义等，但是最终共产主义占了上风，共产党在中国政坛崛起。

中国共产党从诞生时起就以救亡图存为己任。中国共产党虽然奉行无产阶级国际主义，而且在组织性质上还是共产国际的一个支部，但是中国共产党人也是爱国主义者，她要维护民族的利益，为争取民族独立而奋斗。中国共产党高举反帝的大旗，英勇奋斗，赢得了广大中国人民的拥护。在抗日战争中，也正是中华民族处于最危机的时刻，中国共产党同中国国民党合作，浴血奋战，最终打败了日本帝国主义。抗战胜利使中华民族亡国灭种的威胁得以消除。中国共产党在这场关系到民族存亡的大搏斗中表现非凡，深受欢迎。

在抗日战争结束之前，中国共产党曾经设想同国民党及其他政党一道建立联合政府。在中国共产党第七次全国代表大会上，毛泽东做了以《论联合政府》为题的政治报告，系统阐述了中国各种政党进行合作、建立民主联合政府的建国思路。然而，中共的建议并未得到国民党的响

---

① 毛泽东：《论人民民主专政》，《毛泽东选集》第4卷，人民出版社1991年版，第1470页。

应。随后进行的国共内战，实际上是以冷战为国际背景、代表中国两种发展道路的国共两党争夺统治权的斗争。在这场战争中，在硬实力上完全处于劣势的共产党在短短的三年多时间内就打败了在世界头号强国美国支持下的、硬实力占绝对优势的国民党。其根本原因就在于，中国共产党得到了广大中国人民和各种进步力量的支持，中国人民选择了共产党和她所要走的道路。这个时候的共产党，已经有充分的力量主导中国的政治发展。在《论人民民主专政》一文中，毛泽东明确提出要建立共产党领导的人民民主专政的国家。

中华人民共和国的成立，标志着中华民族彻底摆脱了殖民主义和帝国主义的压迫，取得了民族独立地位。此后，中国共产党一方面努力巩固民族独立，维护国家主权、领土完整和民族尊严，促进国家统一，另一方面致力于经济社会发展。从1949年到1978年，中国共产党在领导国家经济发展上进行了积极的探索，虽然遭受过严重挫折，走过弯路，但是也有一定的成绩。改革开放就是在经过十年"文革"大动乱、中国的国民经济到了崩溃的边缘时，中国共产党所实施的重大战略转折。如果没有此前的探索和经验教训，改革开放政策很难顺利实施。

改革开放，无论是对内改革，还是对外开放，都是在中国共产党的领导下，自上而下，有计划、有步骤地推进的。从沿海战略，到西部大开发；从允许一部人先富起来，到建设和谐社会；从三步走战略到全面建设小康社会；都是中国共产党所制定的发展战略的组成部分。从某种意义上说，中国能够实现近30年的经济快速增长，是与中国共产党领导下的高度中央集权的体制分不开的。在这种体制下，有许多行之有效的做法在西方的体制下是不可能做到的。比如对口援藏，中国内地各省市与西藏各地区结成固定的援助与受援关系单位，效果良好。"中国发展模式"、"北京共识"这样词语的出现，表明了国际社会对中国共产党领导经济发展所取得的成就的认可。而此前，国际社会普遍对共产党领导经济发展的能力持怀疑态度。比如,日本前首相中曾根康弘在上个世纪末还认为:"在共产党体制下经济是否能够取得发展,是否能够适应21世纪的世界,在这些方面依然留有很大的疑问和不确定性。"①

中国共产党在中国的领导地位有其合理性。在可预见的未来,还没有哪一个政治力量能够取代中国共产党。

二是中国特别需要强有力的政治领导核心和执政党。

中国的发展是以现代化为导向的。而中国的国情决定,中国在现代化进程中对政治稳定有特别的需求。对所有国家来说,政治稳定都是非常重要的,而政治稳定则需要有效的政府。亨廷顿认为:"各国之间最重要的政治分野,不在于它们政府的形式,而在于它们政府的有效程度。"他把国家分成两类,即政治稳定的国家和政治动荡的国家。他进而认为,"这两类国家之间的差异比民主国家和独裁国家之间的差异更大。"②现代化必然导致社会的剧烈变动,所以处在现代化进程中的国家尤其需要政治稳定。而对中国来说,对政治稳定的需求远远超出一般的国家。这种需求是由中国的特殊国情决定的。

中国最大的国情是人口众多。这个人口规模是已经实现了工业化、现代化的欧美国家无法比拟的。10多亿人口要走向工业化、现代化,这是史无前例的事情。这不仅决定,任何欧美国家的发展经验,包括苏联的经验,都不可能完全适用于中国,中国必须摸索自己的发展道路;而且还决定,中国特别需要社会政治稳定,需要秩序和有效治理,需要强有力的政府和执政党。有些小国,当国内出现动乱时,可以寻求国际社会或大国的帮助,而且国际社会也有可能提供有效的帮助。而像中国这

---

① [日]中曾根康弘:《日本二十一世纪的国家战略》,海南出版社、三环出版社2004年版,第21页。
② [美]塞缪尔·P·亨廷顿:《变化社会中的政治秩序》,王冠华等译,三联书店1989年版,第1页。

样的大国，国际社会恐怕无能为力。更何况中国是社会主义国家，西方大国也很难提供真心的帮助。

中国人口多，又贫穷，用十三大报告中的说法就是"底子薄，人均国民生产总值居于世界后列"，"十亿多人口，八亿在农村，基本上还是用手工工具搞饭吃"。这种国情决定，在现代化过程中极易出现政治动荡。中国历史上经常出现农民起义，重要原因就是贫穷。"穷则思变"，就要革命。贫穷是革命的土壤，也是政治动乱的温床。中国共产党就是靠领导工人、农民革命而崛起的，所以深知贫穷对政治稳定的危害。如果贫穷有"不均"做催化剂，就更加危险。中国历史上许多农民起义就是以"均贫富"为旗号。现代化往往伴随着利益的重新分配，很容易造成"不均"。所以，要想避免改革开放和现代化进程被政治动乱阻断，就需要维护政治稳定，需要有效的政府。

中国的另一个重要国情是，封建社会的历史特别长，封建制度和思想的影响根深蒂固。在中国历史上，经常出现的一个现象是封建割据以及由此引起的内战和内乱。到了近现代，特别是辛亥革命后，中国一度陷入军阀混战。军阀混战不仅导致民不聊生，而且还破坏了国家发展经济的社会政治环境，甚至还会给外敌入侵造成可乘之机。所以，在中国这样的国度，防止封建割剧，维护政治稳定尤为重要。

费正清在考察了中国近现代历史后得出结论：中国遭受内战和内乱之苦远胜于外敌入侵。[①] 这些内战和内乱的起因，或农民起义，或革命运动，或军阀割据，或统治者内部政治斗争，最终都可以归结为缺乏有效的政府。而中国共产党则提供了有效政府。正如亨廷顿所说："20世纪中期最突出的政治成就之一，就是1949年中国在经过百年的动乱后

---

① [美] 费正清：《伟大的中国革命（1800—1985）》，刘尊棋译，世界知识出版社2000年版，前言第6页。

首次建立了一个真正能治理中国的政府。"①

当然，中国共产党在维护政治稳定上也出现过失误，那就是"文革"十年动乱。也正因为这样，中国共产党从改革开放一开始就十分重视政治稳定和安定团结。邓小平强调："中国不能乱哄哄的，只有在安定团结的局面下搞建设才有出路"，"一切导致中国混乱甚至动乱的因素都要排除"。② 1989 年政治风波之后，邓小平更是强调："中国最关键的问题是稳定，中国乱不得。中国乱起来，不仅是中国的问题，也不仅是亚洲、太平洋地区的问题，会影响整个世界。中国一乱，将出现内战局面，难民往外跑，周围国家都要受影响。"③

中国的现代化和改革开放需要政治稳定，而政治稳定需要有效的政府。就现实来看，只有中国共产党有能力提供有效的政府。

认为中国必须照搬西方民主模式观点的另一个误区是，不了解中国共产党要建设中国特色社会主义民主政治的信念与决心。中国所要搞的是社会主义民主，历史上没有成功的经验，只有苏联东欧失败的教训。但是，中国共产党要坚定不移地走自己的路，要创造一种全新的适合中国国情的民主模式。社会主义民主肯定有许多自己独有的特色，正如《中国的民主政治建设》白皮书所指出的："中国的社会主义民主政治建设，始终坚持以马克思主义民主理论与中国实际相结合的基本原则为指导，借鉴了人类政治文明包括西方民主的有益成果，吸收了中国传统文化和制度文明中的民主性因素，因此，中国的社会主义民主政治具有鲜

---

① [美] 塞缪尔·P·亨廷顿：《变化社会中的政治秩序》，王冠华等译，三联书店 1989 年版，第 314 页。

② 邓小平：《有领导有秩序地进行社会主义建设》，引自《邓小平文选》第 2 卷，人民出版社 1983 年版，第 212 页。

③ 中共中央文献研究室编：《邓小平年谱 1975—1997（下）》，中央文献出版社 2004 年版，第 1314 页。

明的中国特色。"①这些特色主要体现在四个方面：中国的民主是中国共产党领导的人民民主；中国的民主是由最广大人民当家作主的民主；中国的民主是以人民民主专政作为可靠保障的民主；中国的民主是以民主集中制为根本组织原则和活动方式的民主。具有中国特色的民主政治建设必须遵循5个原则：坚持中国共产党的领导、人民当家作主和依法治国的有机统一；发挥社会主义制度的特点和优势；有利于稳定、经济发展和人民生活水平的不断提高；有利于维护国家主权、领土完整和尊严；符合渐进有序发展的客观规律。中国虽然将民主作为一个奋斗目标，但是与经济发展、政治稳定、维护国家主权相比，是第二位的。如果因为民主而损害了经济发展、政治稳定和维护主权，那么这样的民主就是不可取的。只有当民主有利于经济发展、政治稳定和维护主权时，它才是可取的，才是值得大力推进的。

2. 加强社会主义民主政治建设

中国民主政治建设已经取得了相当大的成就，包括民主政治的制度建设和基础建设。

经济民主和社会民主是政治民主的基础，②没有坚实基础的政治民主通常是有名无实的，广大人民群众不能真正享受到民主权利和民主政治所带来的利益。

所谓经济民主，主要是指绝大多数人享有进行投资、经营等经济活

---

① 中华人民共和国国务院新闻办公室：《中国的民主政治建设》（白皮书），新星出版社2005年版，第9页。
② 1951年7月社会党国际第一次代表大会通过的宣言《民主社会主义的目标与任务》提出了四项民主目标：政治民主、经济民主、社会民主、国际民主。（见中共中央党校科学社会主义教研室国外社会主义问题教学组编：《社会党重要文件选编》，中共中央党校科研办公室1985年版，第3—8页）。笔者认为，这种分法有其合理性。当然，对每一项民主的具体内容，笔者有自己的看法。

动的权利和机会,以及国家经济发展的成就能够使最广大的人民群众受益。新中国经过60多年的建设,经济发展取得了举世瞩目的成就。特别是自1978年改革开放以来,中国进行了深刻的经济体制改革,建立了市场经济体制,使绝大多数人都享有从事经济活动的权利和机会。市场经济是经济民主的最重要标志,也是政治民主的最重要基础。

所谓社会民主,主要是指多数人在社会生活中享有充分的权利,包括思想、言论、出版、集会、结社、通讯、人身、居住、迁徙、宗教信仰及示威游行的自由权,以及妇女在社会生活各方面享有同男人平等的权利。60多年来,特别是改革开放近30年来,中国的社会民主取得了很大进步。就拿思想、言论自由来说,人们可以在各种场合特别是在互联网上对各种问题发表言论,表达思想,这是有目共睹的。再拿宗教信仰来说,中国公民可以自由地选择、表达自己的信仰和表明宗教身份。据不完全统计,到1997年,中国有各种宗教信徒1亿多人,宗教活动场所8.5万处,宗教教职人员约30万,宗教团体3000多个;宗教团体还办有培养宗教教职人员的宗教院校74所。[1] 从现实生活中的感觉来看,宗教在中国的发展很快。有人在谈教育时,曾将宗教教育与国民教育、职业教育、成人教育和党校教育并列为中国的五类教育。

非政府组织(民间组织)的存在是社会民主的一个重要表现。中国改革开放后涌现出了许多不归属任何政府机关和企业的研究机构和媒体,如"天则研究所",《财经》杂志、《证券市场周刊》、《南风窗》杂志、《比较》杂志。截至2004年底,中国有各类民间组织28.9万个,其中社会团体15.3万个,民办非企业单位13.5万个,基金会近900

---

[1] 中华人民共和国国务院新闻办公室编:《中国政府白皮书》(1996—999),外文出版社2000年版,第228页。

个。① 2006年10月11日，中国共产党第十六届中央委员会第六次全体会议通过的《中共中央关于构建社会主义和谐社会若干重大问题的决定》明确提出了"健全社会组织，增强服务社会功能"的目标，鼓励"社会力量在教育、科技、文化、卫生、体育、社会福利等领域兴办民办非企业单位"，强调要"发挥行业协会、学会、商会等社会团体的社会功能，为经济社会发展服务"，"发展和规范各类基金会，促进公益事业发展"。② 有专家认为，该《决议》指明了通过"开放社会"（即发展民间团体和公民社会）建设和谐社会的方向。"如果说上世纪80年代的'开放经济'是中国大陆的第一轮改革，那么'开放社会'就是真正意义上的第二轮改革，具有划时代意义。"③ 可以预计，伴随着中国和谐社会的建设，非政府组织会有一个飞跃式的发展。社会民主为政治民主营造了良好的社会条件，同时也培育了民主的政治文化。

新中国成立60多年来，中国人民在民主政治制度建设上做出了重要探索，特别是改革开放30多年来，中国的民主政治制度建设更是取得了长足进步。《中国的民主政治建设》白皮书将中国民主政治建设的进展归结为8个方面，即：人民代表大会制度、中国共产党领导的多党合作和政治协商制度、民族区域自治制度、城乡基层民主、尊重和保障人权、中国共产党民主执政、政府民主、司法民主。笔者以为，在这8个方面中，最有意义的是人民代表大会制度、城乡基层民主和中国共产党民主执政这三个方面。笔者将这三方面归结为宪政民主、基层民主和党内民主。

---

① 中华人民共和国国务院新闻办公室：《中国的民主政治建设》（白皮书），新星出版社2005年版，第49页。
② 《中国共产党第十六届中央委员会第六次全体会议文件汇编》，人民出版社2006年版，第27页。
③ 阳敏：《"开放社会"启动第二轮改革——对话李昌平》，载《南风窗》半月刊2005年6月上，第46页。

（1）宪政民主

所谓宪政民主就是在宪法框架内所规定的有关国家权力的民主制度。在中国，宪政民主主要体现在人民代表大会制度上。1982年通过的宪法第二条规定："中华人民共和国的一切权力属于人民。人民行使国家权力的机关是全国人民代表大会和地方各级人民代表大会。人民依照法律规定，通过各种途径和形式，管理国家事务，管理经济和文化事业，管理社会事务。"第三条规定："全国人民代表大会和地方各级人民代表大会都由民主选举产生，对人民负责，受人民监督。国家行政机关、审判机会、检察机关都由人民代表大会产生，对它负责，受它监督。"①

人民代表大会有五级：全国、省（直辖市、自治区）、市、县（县级市、市辖区）、乡。县、乡两级人民代表大会的代表都由选民直接选举产生，多年来享有选举权和被选举权的人数占18周岁以上公民人数的99%以上，参选率在90%左右。根据中国的情况，目前县以上的各级人民代表大会代表通过间接选举产生，即由下一级人民代表大会选举产生上一级人民代表大会代表。无论直接选举，还是间接选举，都依法差额选举。到2005年，全国各级人民代表大会代表共有280多万人，他们来自各民族、各行业、各阶层、各党派，具有广泛的代表性。各级人民代表大会每届任期5年。五年内，全国人民代表大会会议每年举行一次；地方各级人民代表大会会议每年至少举行一次。由于人民代表大会代表人数较多，不便经常开会议事，县级以上各级人大设立常务委员会，在人民代表大会闭会期间行使权力机关的职能。各级人民代表大会常务委员会组成人员由代表大会在代表中通过差额选举产生，每届任期同代表大会相同。

---

① 《中华人民共和国宪法》，法律出版社1999年版，第5—6页。

根据宪法规定，人民代表大会的职权主要有四项：立法、监督、人事任免、重大事项决定。这四项职权的行使，体现了人民代表大会制度是符合中国国情、能够保证中国人民当家作主的根本政治制度。仅就立法权来说，全国人民代表大会和全国人民代表大会常务委员会行使国家立法权，地方各级人民代表大会根据本行政区域的具体情况和实际需要，可以在不同国家宪法、法律、行政法规以及上一级行政区域的法规相抵触的前提下，制定地方性法规。根据中国国务院新闻办公室公布的情况，从1949年中华人民共和国成立至1978年的30年间，全国人民代表大会曾制定法律134件，其中至今仍然有效的有16件。自改革开放以来，中国的社会主义民主法制建设进入一个崭新的时期。全国人大及其常委会制定了200多件现行有效的法律和200多件关于法律问题的决定；地方人大及其常委会制定了7500多件现行有效的地方性法规；民族自治地方的人民代表大会制定了600多件自治条例和单行条例。在立法过程中，中国重视立法民主。近年来，几乎每一件法案的起草都采取专家座谈会、论证会等形式，听取专家的意见。对于调整重要社会关系的立法项目，地方人大常委会还经常召开听证会，让不同利害关系方发表意见。①

(2) 基层民主

基层民主是指在城市和农村居民居住地区以及企业设立民主的自治组织，主要是农村村民委员会、城市居民委员会和企业职工代表大会。按宪法规定，这些组织是"基层群众性自治组织"，而不是一级权力机构。宪法规定的基层政权是乡政府和城市街道办事处。所以由这些群众性自治组织所体现出来的民主不属于宪政民主的范畴。但是它又是政治

---

① 中华人民共和国国务院新闻办公室：《中国的民主政治建设》（白皮书），新星出版社2005年版，第17—20页。

制度的一部分，不同于社会民主。在基层民主中，较为重要的是农村和城市居民居住区这两部分，因为这两部分居民实际上涵盖了中国几乎所有的人，是每一个中国人都能体验到的民主。"广大人民在城乡基层群众性自治组织中，依法直接行使民主选举、民主决策、民主管理和民主监督的权利，对所在基层组织的公共事务和公益事业实行民主自治，已经成为当代中国最直接、最广泛的民主实践。"① 中国领导人对基层民主政治建设非常重视。2006 年 11 月 30 日，中共中央政治局进行了第三十六次集体学习，内容就是中国社会主义基层民主政治建设研究。胡锦涛总书记主持了这次集体学习。他强调："扩大基层民主，保证人民群众直接行使民主权利，依法管理自己的事情，是社会主义民主最广泛的实践，是社会主义民主政治建设的基础性工作。"中央党校主办的《学习时报》发表文章认为："基层民主就如同一所民主的'大学校'，农民群众在这所大学校里学会投票和选举，学会管理基层公共事务，这就如同办好一个民主的'培训班'，亿万人民群众在这个培训班里学习和实践民主。"②

基层民主的主要内容有四个方面：民主选举、民主决策、民主管理和民主监督。其中最为根本的是民主选举。宪法第 111 条规定：居民委员会、村民委员会的主任、副主任和委员由居民选举。居民委员会、村民委员会同基层政权的相互关系由法律规定。

村民自治发端于 20 世纪 80 年代初期，发展于 80 年代，普遍推行于 90 年代。按照法律规定，村民委员会成员由村民直接选举或罢免。村民委员会由主任、副主任和委员 3 至 7 人组成，每届任期三年。在选举过程中，村民委员会成员候选人由村民直接提名和参加投票，当场公布选

---

① 中华人民共和国国务院新闻办公室：《中国的民主政治建设》（白皮书），新星出版社 2005 年版，第 39 页。

② 王金华：《民主政治建设的突破口》，载《学习时报》2006 年 12 月 18 日。

举结果。从实践的情况看,村民的参选热情很高。据不完全统计,全国农村居民的平均参选率在80%以上,有的地方高达90%以上。

新中国成立后,即在全国各个城市普遍建立居民委员会,实现城市居民对居住地公共事务管理的民主自治。1999年,国家在全国26个城区开展了社区建设的试点和实验工作。此后,在全国开展了社区建设示范活动。到2004年底,全国城市已经建立了符合新型社区建设要求的71375个居民委员会。[①] 城市社区居民自治的主要内容也是实行民主选举、民主决策、民主管理和民主监督。在民主选举上,选举形式经过不断改进,民主程度越来越高。据有关部门调查表明,城市居民对社区居民委员会直选持积极参与的态度,投票率达90%。

(3) 党内民主

中国共产党是执政党,是中国现代化建设和改革开放的领导者,也是中国民主政治建设事业的领导者。中国共产党在中国政治生活中的特殊地位决定了中国共产党的党内民主建设是整个中国民主政治建设的最重要、最关键环节。同时,党内民主还"对人民民主具有重要的示范和带头作用"。[②]

中国共产党发展党内民主,在十六大以后比较突出,主要表现在:建立健全保障党员民主权利的机制;健全和完善党的代表大会制度;发挥党的委员会全体会议的作用;完善党内选举制度;建立健全党内监督机制。在党内民主建设过程中,伴随着不断的改革。就拿党内选举制度改革来说,十六大以来在地方试点和地方实践中实现了三个突破。一是推行党代表直接选举;二是通过地方党委和乡镇党委换届选举,加大改

[①] 中华人民共和国国务院新闻办公室:《中国的民主政治建设》(白皮书),新星出版社2005年版,第42—43页。
[②] 《中国共产党第十六届中央委员会第六次全体会议文件汇编》,人民出版社2006年版,第50页。

革力度和广度；三是启动了"扩大基层党组织领导班子成员直接选举的范围"的试点工作。①

当然，中国民主政治建设虽然取得了一定的成就，但也存在着许多问题。《中国的民主政治建设》（白皮书）指出了"需要克服和解决的问题"主要表现在："民主制度还不够健全，人民在社会主义市场经济条件下当家作主管理国家和社会事务、管理经济和文化事业的权利在某些方面还没有得到充分实现；有法不依、执法不严、违法不究的现象依然存在；官僚主义作风、腐败现象在一些部门和地方滋生和蔓延；对权力运行进行制约和监督的有效机制有待进一步完善；全社会的民主观念和法律意识有待进一步提高；公民有序的政治参与尚需扩大。"② 此外，民主政治的基础也待进一步牢固、扩大。

中国民主政治建设的努力方向就是要巩固已有的成就，解决现存的问题。在民主政治建设上，要注意克服两种偏向：一是否认成就；二是夸大成就。

有一种观点以西方民主的标准为参照系来衡量中国的民主状况，认为中国还没有实行普选、多党制等，所以中国在总体上是不民主的，尽管在基层已经推广了民主。这种观点没有认识到中国民主的特殊性。中国特色社会主义民主政治发展方向不可能是多党制，而只能是共产党领导的多党合作制。在相当长时间内，中国很难实行像西方那样的普选。但是，没有西方民主的这些形式，并不表明中国不民主。考察一个国家的民主状况，不仅要看形式，更重要的是看内容和本质。民主的本质就是"人民当家作主"，或者用林肯的说法就是"of the people, by the people, for the people"（可以译成：来自于民，决定于民，为了人民）。形

---

① 杨琳：《民主图景步步清晰》，载《瞭望新闻周刊》2007年3月12日，第75页。
② 中华人民共和国国务院新闻办公室：《中国的民主政治建设》（白皮书），新星出版社2005年版，第75—76页。

式是为内容服务的，形式好坏就看其是否有利于"人民当家作主"。许多发展中国家，虽然拥有了普选、多党制等民主形式，但是人民真正享受到的民主权利却少得可怜，除了到选举时投一次票外，再就与国家政治生活没有任何联系了。欧洲学者高大伟（David Gosset）认为："后帝国时代和后毛泽东时代的中国正经历着政治的现代化。这种具有中国特色的民主化，将有助于西方政治学家发现'民主'这一概念的更丰富内涵。中国人今日享有的个人自由在中国过去是史无前例的，随着法治建设的推进，中国将在社会、经济与政治各个方面取得更大进步。"① 高大伟还对比了中印两国的民主和自由状况，他得出结论："中国公民无论男女都享有比印度公民更多的受教育和工作的机会，也更能享有真正的多元社会。在印度，个人的自由仍然受到了一些隐形却无处不在的哲学或宗教信仰的强烈束缚；而在中国，社会政治的改革却能真正影响并改善人们的生活。"②

与上述观点相对并走向另一个极端的是夸大中国民主政治建设的成就，认为中国民主政治已经非常完善了，无需再进行政治体制改革。不可否认，中国共产党领导中国人民已经在民主政治建设上付出了不懈的努力，进行了积极的探索，取得了相当大的成就。但是，下述三种情况决定，中国民主政治建设还需要继续发展、完善。第一，中国社会是不断发展的，会不断有新情况、新问题出现。因此，中国民主政治建设也需要与时俱进，已经建立起来的制度也需要不断改革。第二，中国民主政治是一种全新的模式，没有现成的模式可以仿效，而且才存在、运行了相当短的时间。已经建立起来的制度，有可能存在这样那样的问题，或者不适应实际情况的需求；或者是不够具体，缺乏可操作性；因此需

---

① ［法］高大伟：《西方对中国常见的误解》，香港亚洲时报在线2007年8月20日文章。转自《参考消息》2007年8月30日，第16版。
② 同上。

要不断细化、完善、改革。第三，中国几千年封建社会的影响根深蒂固，导致相当多的干部、群众缺乏民主意识，进而影响民主政治建设的"质量"。有些地方、单位，虽然有相当完善的民主制度，但却得不到有效的贯彻，干部喜欢搞"一言堂"，认为实行民主会影响工作效率，而群众也愿意服从于"领导"，有些人甚至不能正确行使自己的民主权力。

推进民主政治建设是中国共产党和中国人民面临的一项光荣而又非常艰巨的使命。之所以说非常艰巨，不仅在于它是一种全新的模式，更在于中国在推进民主政治建设的过程中必须保持社会政治稳定。像中国这样一个国情如此复杂的大国，如果没有社会政治稳定，什么事情也干不成，包括推进民主政治建设。如果在民主政治建设问题上急于求成，不仅不会成功，可能会引起社会政治动乱，最终导致民主开倒车。中国在20世纪10—30年代曾有过深刻的教训。辛亥革命后，表面上实行了西方式的民主政治，国家领导人实行普选，但实际上广大人民群众并没有真正享受到民主权利。随之而来的是军阀混战和新的专制独裁，已取得的民主成果又丧失殆尽。历史教训表明，中国的民主政治建设必须采取渐进的方式，通过自上而下的改革，一步一步地推进。

在民主政治建设问题上，国际社会一直有两种主张：一种是先实现宪政民主，然后在宪政民主的框架内推进经济社会发展；另一种是优先推进经济社会发展，为宪政民主创造条件，在条件成熟后再实现宪政民主。如果用简单的二分法，在上述两种思路中必选其一，那么更适合中国的是后一种，即优先推进社会经济发展。但是，从世界民主政治发展的经验教训来看，两种思路都有片面性、局限性。美国著名政治学家托马斯·凯若瑟斯批判了那种认为必须在经济社会充分发展之后才能发展民主的"排序主义"观点，他认为，在那些经济社会发展比较落后的国家，在推进民主政治上应当实行"渐进主义"，即在经济社会发展过程中，逐步、渐进地推进民主，民主与经济社会发展同步进行，而不是等待经济社会发展起来之后再推进民主。① 中国实际上走的就是这条路。

不过，中国经过30多年的改革开放，虽然经济发展水平有了提高，社会取得了很大进步，民主政治建设也有许多值得肯定的成就，但是仍然不具备全面实行宪政民主（如果以国家领导人通过普选产生作为宪政民主的主要标志的话）的条件。普选是西方对中国民主政治最为关注的事情，被当成是民主政治的主要标志。对这一点，中国虽然不一定完全认同，但是，中国并不绝对排斥普选。关于普选，邓小平曾讲过，"大陆在下个世纪，经过半个世纪以后可以实行普选"，② 这表明他认为，普选并非与社会主义民主不相容。1989年邓小平对美国总统（老）布什说："美国有一二百年搞选举的经验。如果我们现在搞十亿人的选举，一定会出现与'文化大革命'一样的混乱局面……根本谈不上搞经济建设了。"③ 这里邓小平并未否定普选，而是强调中国暂时不具备搞普选的条件。中国著名学者俞可平认为：如果"一些政治家不了解民主政治的客观规律，不顾社会历史条件，超越社会历史发展阶段，不切实际地推行民主，结果只会适得其反。"④ 笔者赞成他的观点。

美国政治学家亨廷顿虽然主张西方在世界推进民主，但是却把民主政体看成是比有效政府和秩序次要的东西。从这个角度说，他应当赞成中国所走的渐进式的民主政治发展道路。笔者2004年采访他时，他也道出了这个观点。笔者从发展中美关系的角度问他，是否中国实行激进的民主改革会有利于中美关系发展，因为这样就消除了中美之间的意识形态障碍。他对这种观点持否定态度。他认为，如果中国过快地实现民

---

① Thomas Carothers, "How Democracies Emerge: the 'Sequencing' Fallacy", *Journal of Democracy*, January 2007, Volume 18, Number 1, pp. 26–27.
② 《邓小平文选》第3卷，人民出版社1993年版，第220页。
③ 中共中央文献研究室编：《邓小平关于建设有中国特色社会主义的论述专题摘编》，中央文献出版社1992年版，第223页。
④ 俞可平：《民主是个好东西》，载《学习时报》2006年12月25日，第12版。

主化，会导致反美民族主义泛滥并失去控制，那样更不利于中美关系发展。①

当然，在推进民主政治建设上，也需要注意克服另一种错误倾向，即过于强调政治稳定和经济发展，从而不敢、不愿在发展民主上花功夫，尤其是怕在发展民主上犯政治错误。在民主建设上，急躁冒进是错误的，但是在有条件推进时而不去推进，保守僵化、裹足不前、瞻前顾后，也是错误的。正确的做法是使民主政治建设与经济发展、政治稳定协调起来，相互促进。

中央党校教授沈宝祥认为：中国的民主政治建设可以借鉴经济发展的经验，即从不平衡发展特点出发有先有后地推进。"在经济发展较快、人的素质较高、条件较好的地区，民主政治建设可以先行一步。比如，人们所关注的直接选举，就可以在某些地区先行在更高层次展开。"② 笔者十分认同沈教授的观点。

当然，加快民主政治建设要与巩固已取得的民主政治建设成果结合起来。否则，已取得的成果巩固不住，新的成果就很难取得。就目前的状况来看，如下几方面是有条件向前推进的：

① 巩固基层民主建设的成果。中国农村和城市社区的基层民主建设虽然已经全面展开，但仍存在许多问题，特别是农村村委会选举，还存在着许多不良现象。对存在着的问题，应当正确看待，不能将之当成否定民主的理由，而应看成是前进中的问题。正如沈士光先生所指出的："表面上看，村民自治的民主制度陷入了困境，但认真想一想，我们应该为出现这样的民主难题感到高兴，因为它从一个侧面反映了村民自治

---

① 刘建飞：《大博弈：中国的"太极"对美国的"拳击"》，浙江人民出版社2005年版，第204页。

② 沈宝祥：《从发展不平衡的特点出发推进民主政治建设》，载《学习时报》2006年12月4日。

在农村得到了基本的然而又是真实的落实。""民主难题的发生是一件好事"。①

②在经济较为发达的地区，如浙江、江苏、广东、上海、北京，试行更高层次权力机构和行政领导的直选，然后根据条件成熟情况逐渐展开。

③逐渐推广浙江省杭州市建立"人大代表之家"的作法，通过各种机制加强人大代表的作用。

④逐渐推广浙江省台州市椒江区"党代会常任制"的作法，通过各种机制加强党代会和党代表的作用。

⑤逐渐推广浙江省温岭市"民主恳谈会"的作法，通过各种机制加强协商民主。

三、加强同世界各国的民主合作

"民主联盟"战略是中国外部世界的事情，它能给中国外交带来挑战，就是因为这个战略的实施国——美国，和有可能协助美国实施这个战略的国家——其他西方国家以及"准西方国家"，对中国的民主状况缺乏了解，或存有偏见、成见。解决这个问题的出路，除了把中国自己的事情办好，即不断推进民主政治建设外，就是要加强同世界各国的民主合作，让它们了解中国的民主发展状况以及前进方向，逐渐消除对中国民主政治存有的偏见、成见。可以说，这种民主合作是有基础的。就拿中美两国来说，虽然中美两国的政治制度有很大区别，甚至中国政治制度中的民主成份目前仍然不被美国认同，但是在政治发展的大目标

---

① 沈士光：《破解村民自治中的"民主难题"》，载《学习时报》2006年12月4日。

上,中美是相近、相容的。中国将民主作为自己的目标。邓小平明确说过:"民主是我们的目标"①。美国在外交上利用民主问题对中国施加压力,固然有想"西化"中国的目的,而且社会主义民主与资本主义民主也有着本质的区别,但是,社会主义民主与资本主义民主并不是截然对立的,它们也有共同点。首先,在基本价值取向上有一致性,都反对专制和独裁。中国"五四"时期所倡导的民主应该说是资本主义民主,但无人否认那是进步的行为。延安时期,中国共产党提出建立民主联合政府的主张,这里的"民主"也不是社会主义民主。这些都表明,社会主义民主对资本主义民主有一定的继承性。邓小平所讲的作为"我们的目标"的民主,当然是社会主义民主,但也绝不是与资本主义民主完全不相容的。20世纪90年代以来中国实行农村村委会直选,美国等西方国家就大加赞扬,但这绝不意味着中国做错了,是在向"西化"迈进。其次,在民主的实现形式上,双方有一定的共识,比如普选。在民主问题上,中美实际上目标一致,只不过是所走的道路不同。

同世界各国的民主合作,包括学习别国的民主的经验,传播中国民主政治发展的信息、情况,在民主理论与实践的研究上进行交流、合作,参与各种民主国际组织的活动。

1. 学习别国发展民主的经验

在民主政治建设上,中国属于后来者,欧美走在了前面。民主政治是全人类的财富。"在人类迄今发明和推行的所有政治制度中,民主是弊端最少的一种。也就是说,相对而言,民主是人类迄今最好的政治制度。"② 已经实行了民主制度的国家,特别是那些比较成功的国家,在民

---

① 中共中央文献研究室编:《邓小平关于建设有中国特色社会主义的论述专题摘编》,中央文献出版社1992年版,第224页。
② 俞可平:《民主是个好东西》,载《学习时报》2006年12月25日,第12版。

主政治建设上有许多好的做法和经验，值得学习和借鉴，尽管不必照搬其模式。以美国为例，在民主政治建设上，美国可以在如下几个方面提供可以借鉴的经验和教训：

（1）代议民主制度。美国在实行议会民主制度上有较为悠久的历史和丰富的经验，中国的人民代表大会制度虽然与美国的议会民主制度有很大区别，但是也有一定的共性：二者都不是直接民主，都属于间接民主。无论是人民代表大会制度，还是美国的议会制度，都具有"代议"的特质，都是由选民通过选举产生的代表或议员来代表选民行使民主权力。美国议会制度中一些成功、有效的机制和做法，可以为中国完善人民代表大会制度提供参考。实际上，中国全国人民代表大会常务委员会下属的研究机构一直在研究包括美国在内的一些国家的议会制度。比如，全国人大常委会办公厅研究室于2001年编纂出版了介绍世界各国议会最新情况的大型工具书《世界各国议会全书》；从1998年始，该机构组织国内专家编写了《国外议会丛书》，介绍了包括美国、英国、德国、法国、日本等近20个国家的议会以及欧洲议会的情况。笔者应邀主持编写了《英国议会》一书。这套丛书已由华夏出版社出版。

（2）政党政治。中国实行中国共产党领导的多党合作制度。中美两国的政党制度在性质和内容上有很大差异，但是政党政治也是存在着共性的。美国的主要政党与政党制度存在、运行了近200年时间，有许多成熟的机制、做法和经验可供参考、借鉴。中国共产党中央对外联络部和中央党校等机构一直在从事包括美国在内的国外政党的研究。中联部编纂出版了大型工具书《当代国外政党概览》；中央党校党建教研部于1995年成立了世界政党比较教研室，一些专家撰写出版了《世界政党比较研究》等著作。

（3）选举制度。随着民主政治建设的推进，选举活动在中国越来越普遍。涉及到普通群众的选举就有：每三年一次的农村村委会选举、城市社区居委会选举；每五年一次的各级人民代表大会代表的选举。美国在实行选举上有许多经验可以借鉴。笔者于2000年和2008年两次参加美国国务院安排的国际访问学者项目，赴美国考察了总统初选的情况。回国后撰写了考察报告上交校领导。当然，美国选举制度也有一些弊端，比如在选举过程中耗费财力过大，几乎成了候选人财力的较量，以至于被人批评为"金钱政治"，是"钱主"而不"民主"；有时（比如2000年）会出现选举结果争端，最后不得不由法院介入裁定胜负；每两年就有一次全国性的选举，过于频繁。这些弊端是中国在完善、改革选举制度时应当尽量避免的。

（4）法制建设。法制是民主的重要保障。中国在进行民主政治建设过程中也在不断推进法制建设。美国在法制建设上有比较悠久的历史，有一套成熟的法律制度，值得中国学习、借鉴。实际上，中国非常重视学习美国的法制建设经验和一些行之有效的具体法律制度。许多学者到美国专修美国法律。中央党校从2000年起开设"五当代"课程，"当代世界法律"就是"五当代"之一，其中涉及美国的法律制度。中国的社会科学文献出版社于2001年出版了《当代美国丛书》，其中就有《当代美国法律》一书。

（5）大众传媒与政府的关系。大众传媒的地位与作用与民主政治发展的程度密切相关，二者相辅相成。如何有效地发挥大众传媒的信息传播、舆论导向和监督政府的作用，是中国民主政治建设中的一个重大课题。美国的大众传媒十分发达，而且与政府之间有比较融洽的关系。美国的大众传媒既保持着相对的独立性，可以有效发挥对政府的监督作用以及传播信息的作用，同时又不是处在与政府对立或隔绝的状态。在涉及关系到整个国家、民族重大利益的事务中，传媒往往能与政府保持一致，形成有利于政府的舆论导向。中国虽然有自己的国情，不能照搬美国的模式，但是可以借鉴美国的一些经验。

(6) 公众的民主意识。民主政治需要公众的广泛参与，而公众的民主意识影响着他们参与民主政治的效果和质量。美国的民主制度能够有效地运作，一个重要原因就是公众普遍具有较强的民主意识，珍视自己的民主权利。他们不会为了一点物质利益就出让自己的民主权利，也不会容忍自己的民主权利被随意剥夺。这就使贿选、操纵选举等不良现象失去了存在的基础。在中国民主政治建设过程中，可以在提高公众民主意识上向美国学习，借鉴美国的经验。

(7) 公民社会建设。公民社会的发达程度与民主政治发展状况有密切关系，二者相辅相成，互相促进。在美国，公民社会非常发达，是独立于政府和企业之外的第三种力量，对维护社会稳定，促进经济社会发展发挥着不可替代的作用。在建设公民社会上，美国有丰富而成熟的经验可供借鉴、学习。

2. 让世界了解中国民主政治发展进程

中国民主政治建设有很多成就，但是并不为西方国家所了解。西方人对中国民主政治的认知可以分成两种情况：一种是愿意了解而且能够客观看待，但却由于各种原因而缺乏了解；另一种是出于意识形态偏见，根本就不想了解，或者是对中国民主政治的成就进行歪曲的解读。

对前一种情况，完全可以通过加强交流、传播，让他们如实地了解。拿美国学界来说，越来越多的人开始关注、研究中国民主政治问题，并且承认中国在民主上的进步。比较有代表性的是美国布鲁金斯学会董事局主席约翰·桑顿先生（John L. Thornton）。他在美国《外交》杂志（*Foreign Affairs*）2008 年 1—2 月号上发表了《民主的长征》（*Long Time Coming: The Prospects for Democracy in China*）一文，以一个美国人的视角考察了中国的民主进步，包括选举、法治、监督等方面。尽管他以西方民主模式的标准来衡量中国的民主，认为中国的民主进步还只是量变阶段，尚未达到质变，但是他所描述的中国民主的进步现象却是属实的。

另一位值得一提的人物是提出"历史终结论"的弗朗西斯·福山。他在评论中国模式时，承认"中国经济令人惊异的快速发展体现了中国模式的有效性"，并且认为，"中国今后的民主法制建设不太可能全盘引进西方理念"，"历史终结论还待于进一步推敲和完善，人类思想宝库需为中国留下一席之地。"① 福山曾经认为西方的自由民主主义是人类最好的意识形态，冷战结束后，将不会再有挑战自由民主主义的意识形态。然而，面对中国的民主政治发展，他不得不修正他的观点。

笔者曾经分别于2007年和2010年两次在美国就中国民主政治做演讲，介绍中国民主政治的理论和实践，特别是阐述了成就与存在的问题。参加交流的美国学者都给予肯定，并承认过去他们对中国民主政治发展状况确实了解甚少。

对于后一种情况，让那些抱守冷战思维的人改变他们的观念的确是很难的，甚至是不可能的。但是，可以通过交流和传播，让他们攻击中国"不民主"的言论越来越失去听众，越来越没有底气。

当然，对外交流，向外传播，需要掌握方式方法，要进行有效的交流与传播，而不是做表面文章，只简单重复官方的说法，做让老外们望而生畏、听而生厌的"Propaganda"（该英文词含贬义，与中文"宣传"的含义不完全相同）。进行有效的交流与传播，需要有学术底蕴，要用学术的语言而不是政治的语言；同时还要了解传播对象国的文化，掌握受众的心理。要让受众能愿意听，听进去，进而愿意同你交流、探讨问题。

---

① 日本《中央公论》2009年9月号对福山的专访：《日本要直面中国世纪》。转引自赵启正、[美]约翰·奈斯比特、[奥]多丽丝·奈斯比特：《对话中国模式》，新世界出版社2010年版，第10页。

3. 加强民主政治理论与实践的国际学术交流与合作研究

民主是个大问题，也是非常复杂的问题，甚至至今也没有一个能让人们普遍接受的定义。许多西方学者给民主下的定义，其实只是西方代议制民主的定义，并不是"民主"本身的定义。在民主理论与实践上，还有许多问题值得深入研究，比如什么是民主？民主的表现形式有哪些？民主的标准是什么？民主有哪些模式？应该如何发展民主？等等。

拿什么是民主来说，恐怕应当遵照唯物辩证法的原理来定义。首先是从实际出发，而不是从理论、原则出发。许多西方人不理解中国的民主模式，就是因为他们用西方已有的民主理论来套中国的现实。其次，要与时俱进，而不是固守教条。有些理论是在过去的实践基础上形成的，因此一些概念、原理只适用于过去的实际。但是社会在发展、变化，理论应当随着社会发展而不断调整。这里仅举一个简单的例子：《现代汉语词典》是这样定义"车"的："陆地上有轮子的运输工具"；[①] 这个定义放到 30 多年前，是完全正确的；但是，现在情况不同了，已经出现了磁悬浮等无轮的运输工具，恐怕很难将它们排除在"车"家族之外；所以，原有"车"的定义肯定已经过时了。民主问题专家、德国学者约翰·凯恩就指出："民主的价值和制度绝不是铁板一块，甚至民主的含义都是随着时间变化而变化的。"[②]

再拿如何发展民主来说，民主应当与本国国情适应，而不是由外面移植进来。当今世界号称有 130 多个民主国家，但是其中多数国家的经济、社会发展并不让人称道，甚至有些国家经常发生"民主乱局"，如

[①] 中国社会科学院语言研究所词典编辑室编：《现代汉语词典》，商务印书馆 1979 年版，第 127 页。

[②] John Keane, *The Life and Death of Democracy*, W. W. Norton & Company, New York · London, 2009, p. xv.

近年泰国闹"红衫军"、"黄衫军"。在非洲、亚洲、拉美，有许多国家的民主几乎是从西方移植过来的，有些水土不服。

再比如，如何实现民主？美国一直将自己作为民主的楷模。然而，美国大选时的投票率只有50％左右，中期选举的投票率更低；赢得选举者只要获得选票的一半以上即可；这就意味着，当选总统通常只得到1/4多选民的支持。对美国人来说，这种选举是不平等的参与。香港学者王绍光将这种状况称作"选主"体制，而不是真正意义上的"民主"体制。①

总而言之，在民主理论与实践的研究上，仍有许多工作要做，中国在这方面可以做出自己的贡献，特别是在民主实践创新的基础上进行理论创新。与此同时，中国可以而且也应当同世界各国进行合作。

4. 积极参与各种民主国际组织的活动

民主国家趋向于加强联合是与世界民主化浪潮相伴随的一个趋势。以发展民主为宗旨的国际组织越来越多，除了"民主共同体"这个全球性的组织外，还有一些区域性的组织。这些国际组织将成为美国实施"民主联盟"战略的援军。有效应对"民主联盟"战略，需要中国与这些国际组织沟通、交流，积极参加他们的活动。近年来，中国参加印尼主办的"巴厘岛民主论坛"的活动，就是非常好的举措。中国还应当积极寻求参加"民主共同体"的活动以及其他亚太地区的民主国际组织的活动，比如"亚太民主伙伴关系"。中国如能参与这类组织的活动，肯定有利于中国同这些国家的交流、沟通，让这些国家了解、认识中国的民主发展进程。

在参与民主国际组织活动上，还需要关注的一个问题是台湾。台湾

---

① 王绍光：《民主四讲》，生活·读书·新知三联出版社2008年版，第227页。

被西方看成是儒家文化圈中的民主样板，而台湾也乐意充当这么一个角色。台湾正在利用这个身份参加一些民主国际组织的活动，以拓展生存空间。如果中国能够参加这些组织的活动，台湾在其中的地位就势必受到影响。从促进祖国统一的角度出发，民主国际组织这个阵地也必须争夺。

如果"民主联盟"有朝一日得以建立，中国应当积极、主动地与之沟通，参与其活动。即使不能被其接纳为正式成员，也可以通过参与其活动了解其情况，甚至通过同各成员国进行协调，影响其决策，尤其是对中国不利的决策。从最低处着眼，即使主动要求参与其活动而被拒绝，也可突显出中国愿意同"民主国家"合作的姿态，而反对中国参与的"民主国家"则处于道义上的被动境地，甚至美国实施"民主联盟"战略的真实意图以及公益性都会受到质疑。

致　谢

在这项研究成果终于确期出版之际,我要特别感谢为之做出了重大贡献的人们。

在课题研究过程中,得到了多方的支持和帮助。尤其是我的博士研究生闫坤女士协助翻译、整理了关于"民主共同体"和《普林斯顿报告》的英文资料,并审读书稿、处理一些技术问题。中央党校国际战略研究所张仕荣博士也审读了全部书稿。为了出版本书,当代世界出版社贾丽红女士付出很多心血。对他们的帮助和贡献,表示由衷的感谢!

刘建飞

2012 年 11 月